팀장인데,
1도 모릅니다만

팀장인데,
1도 모릅니다만

스티븐 더수자 · 다이애나 레너 지음
김상겸 옮김

21세기북스

이 책에 보내는 찬사

매우 중요하고 뜻깊은 책이다. 짜임새 있고 명료하며, 풍부한 사례를 활용해 흥미진진한 방식으로 주장을 전개한다. 이 책이 전달하고자 하는 메시지는 지금처럼 어려운 시기에 대단히 중요하다. 합리적인 사람이라면 반드시 읽어야 하는 책이다.

개러스 존스(Gareth Jones), IE 경영대학원(IE Business School)의 객원교수이자 베스트셀러 《당신이 리더가 되어야 하는 이유(Why Should Anyone Be Led By You?)》의 저자

'모르는 것'을 편안하게 받아들이는 능력은 오늘날 훌륭한 리더십을 요하는 모든 일의 핵심이다. 리더십의 본질은 새로운 미래 가능성을 감지하고 수용하며 실현하는 것이다. 스티븐과 다이애나는 새로운 리더십에 관해 매우 매력적인 설명을 들려준다.

오토 샤머(Otto Scharmer), 매사추세츠 공과대학(MIT) 부교수이며 'U 이론'의 창시자이자 프리젠싱 연구소(Presencing Institute)의 설립 의장

'모르는 것'은 우리 사회에서 리더들이 복잡한 문제를 다루는 데 꼭 필요한 중요한 기술이다. 스티븐과 다이애나는 우리가 가진 전문 지식의 한계를 직시할 수 있는 용기 그리고 미지의 영역을 모험함으로써 새로운 가치를 창출할 수 있다는 자신감을 준다.

카르슈텐 쥬트호프(Carsten Sudhoff), 세계경제포럼(World Economic Forum)의 전 최고 인사관리 책임자이자 서큘러 소사이어티(Circular Society)의 창립자 겸 최고경영자

한때는 아는 것이 힘이었지만, 이제는 호기심이 힘이다. 호기심을 가지려면 우

리가 모든 것을 알지는 못한다는 사실을 받아들이고, 미지의 영역에 있던 무수히 많은 정보를 탐색하는 데 열린 마음을 가져야 한다. 나는 이 책이 마음에 든다. 우리에게 용기를 줄 뿐만 아니라 '모르는 것'에 편안함을 느끼도록 해주기 때문이다. 또한 우리가 노력한다면 새롭고 신나는 길을 개척할 수 있다는 사실을 깨닫게 해준다. 21세기에 성공을 꿈꾸는 사람이라면 꼭 읽어야 할 필독서다.

레베카 밀러(Rebecca Miller), 내셔널 오스트레일리아 은행(National Australia Bank)의 미래역량팀 팀장(Head of Future Capability)

이 책은 호기심을 편안하게 받아들이며 즐기라고 이야기한다. 스스로의 힘으로 미래를 창조하고 싶다면 말이다. 미지의 세계를 밝혀내는 것이야말로 기업가의 재능이다. 뛰어난 이야기꾼인 스티븐과 다이애나는 흡인력 있는 방식으로 매혹적인 미지의 세계를 탐험할 수 있도록 우리를 이끈다. 이 세계에서 우리는 모두 변화를 주도하는 사람들이 펼치는 이야기 속의 일부가 된다.

영국 훈작사 셰리 쿠투(Sherry Coutu CBE), 기업과 대학, 자선 단체의 비상임 이사이며 투자자이자 고문

가장 일을 잘하는 사람조차 불안에 떨게 하는 이 위태로운 시기를 뛰어난 통찰력으로 고찰했다. 불안감의 정체를 실질적으로 탐구해 리더들에게 안도감을 주는 책이다. 우리 모두가 경험하고, 걱정하며, 기피하고 싶지만 감수해야 하는 것들에 대해 밝히고 있는 이 책은 '알려지지 않은 것'에 직면하거나 새로운 발견의 언저리에서 갈팡질팡하고 있는 사람들, 그리고 기존의 틀에서 벗어나고 싶은 사람들을 위한 필독서다. 내가 운영하는 모든 리더십 프로그램에서 이 책을 추천할 것이다.

막달레나 백마이어 박사(Magdalena Bak-Maier Phd.), 재능 코치 및 리더십 개발 전문가이자 《생산적이 되자!(Get Productive!)》의 저자

우리의 두뇌는 확실한 것을 찾도록 프로그래밍되어 있다. 그러나 벤저민 프랭클린이 말한 것처럼, '인생에서 유일하게 확실한 것이라고는 죽음과 세금'뿐이다! 스티븐과 다이애나는 우리의 일상과 직장생활에 불확실성이 미치는 영향을 활기차고 명료한 실례를 들어 탐구한다. 팀의 비전을 전략적으로 향상시키고자 하는 관리자들의 참고서가 될 운명을 타고난 책이다. 끊임없이 변화하는 불확실한 세상에서 평정을 찾는 법에 대한 귀중한 통찰력과 조언을 제공한다.

산티아고 이니게스데온소노(Santiago Iniguez de Onzono), IE 경영대학원 학장

현재와 미래의 리더를 위한 중요한 안내서다. 우리를 기다리고 있는 미지의 세계에 성공적으로 대응하기 위해 그 세계를 항해하고 수용할 능력을 갖춘 리더가 필요한 시점이다. 이 이야기는 강력하다. 스티븐과 다이애나가 들려주는 이야기를 마음속 깊이 받아들이라. 그리고 나서 이 시기를 이끌어나갈 나만의 능력이 무엇인지 스스로 질문해보라.

케이트 해리스(Kate Harris), 지속가능성 리더십 센터(Centre for Sustainability Leadership)의 최고경영자

기발하다. 스티븐과 다이애나는 아는 것은 받아들이고 모르는 것은 유익하게 활용할 방법을 찾도록 우리를 훈련시킨다. 아는 게 당연하다고 여겨지는 지식을 모른다고 해서 내가 어리숙한 사람은 아니다. 오히려 '모르는 것'은 더 큰 진전을 이루기 위한 관문이다. 이론과 실례를 유용하게 배합한 이 책은 현실적이며 적절한 연구로 그 주장을 뒷받침하는 근거를 제시한다. 훌륭하다! 내게 큰 도움이 된 이 책을 적극 추천한다.

에드 오맬리(Ed O'Malley), 캔자스 리더십 센터(Kansas Leadership Center)의 회장 겸 최고경영자

상호 연결된 세계에서 훌륭한 리더와 괜찮은 관리자를 구분하는 잣대는 바로 '복잡한 문제를 처리하는 능력'이다. 미래 충격(급격한 사회적·기술적 변화에 대응하지 못하는 데서 오는 심리적, 육체적 충격-옮긴이)과 티핑 포인트(tipping point, 작은

변화들이 일정 기간 쌓여 작은 변화만으로도 큰 영향을 초래할 수 있는 상태에 이른 단계—옮긴이)는 우리를 피니스테레(Finisterre)곶, 즉 지식의 한계까지 몰아붙인다. 인류가 만든 시스템 속에서 우리의 삶은 이제 새로운 접근법을 필요로 한다. 이 책은 우리를 이끌어줄 새로운 통찰력과 실질적인 도구를 제공한다.

리처드 덴트(Richard Dent), 리더십 빅토리아(Leadership Victoria)의 최고경영자

스티븐과 다이애나의 전제는 직관적으로 명백하지만 이를 알아차리는 경우는 드물다. 그들은 '확실성'에 반대한다. 사람들은 지식은 유한하며, 인지적 턱시도를 걸치고 있는 자신을 위해 대기실에서 기다리고 있는 신부와 같다고 믿으려 애쓴다. 이 책은 그러한 오만함에 반박하고 있다. (뛰어나고 성공한 사람조차) 우리가 하는 모든 일에 영감을 주는 것은 '알려지지 않은 것'이라는 사실을 깨닫게 될 것이다. 가능성이 우리 세계의 신비를 벗기는 그 순간, 그것이 맞다고 밝혀지는 것은 정말 매력적인 일이다. 이 책을 읽고 실천한다는 것은 생활과 창조의 진정한 즐거움으로부터 우리를 멀어지게 하는 습관과 태도를 떨쳐낸다는 의미다. 침대맡에 두고 읽어야 할 책이다.

테리 피어스(Terry pearce), 《세계 최고의 리더들은 어떻게 말하고 어떻게 다가가는가(Leading Out Loud)》와 《클릭 앤드 모르타르(Clicks and Mortar)》의 저자이며 리더십 커뮤니케이션(Leadership Communication)의 창립자이자 회장

우리 모두 안정과 친숙함을 필요로 한다. 그럼에도 우리 삶의 질을 결정하는데 핵심적인 역할을 하는 것은 '미지의 것과 나의 관계'이다. '미지의 것'을 가능성과 잠재성이 가득한 무언가로 보게 되면 나 스스로 흥이 나고, 영감을 얻으며, 호기심이 생기고, 자율적이 되며, 용감해진다. 스티븐과 다이애나의 이 책은 미지의 세계를 탐험할 수 있는 초대장이며 미지의 것과 새로운 관계를 발전시킬 수 있는 기회다. 그러니 읽으면서 호기심을 가져보라.

닉 윌리엄스(Nick Williams), 《우리가 태어나 꼭 해야 할 일(The Work We Were Born To Do)》 등 여덟 권의 책을 낸 저자

우리는 직면한 문제가 우리의 능력으로 감당 가능한 범위에 있을 때 가장 편안해하고 자신감을 느낀다. 하지만 그 범위를 벗어난 미지의 영역으로 들어서면 이런 자신감은 급격히 줄어든다. 우리의 삶과 일에서 마주치는 복잡하고 혼란스러운 문제들은 리더들이 앞으로 '알려진 것'보다 '알려지지 않은 것'에 점점 더 많이 직면하게 될 것을 암시한다. 스스로는 물론 다른 사람들이 이런 알려지지 않은 문제에 참여하도록 이끄는 리더의 능력은 향후 10년간 성공적인 리더십의 결정적 요소가 될 것이다. 이 책은 이러한 여정을 위한 귀중한 안내서다.

배리 베일스 박사(Dr. Barry Bales), 텍사스 대학(The University of Texas) 린던 B. 존슨 행정대학 (Lyndon B. Johnson School of Public Affairs)의 부학장

확실성이란 늘 어느 정도 허상에 불과했지만 오늘날은 그 정도가 더욱 심하다. 그럼에도 사람들은 새로운 발견을 위해 서두르기보다는 급한 문제를 해결하는 데 얽매여 있다. 역설적으로, 21세기의 심각한 문제들을 해결하려면 알려지지 않은 것을 받아들이고 그것에 편안해져야 하며 그 진가를 찾아내야 할 뿐만 아니라, 알고 있는 것의 한계를 넘어서기 위해 그에 몰두해야 한다. 이것이야말로 통찰력을 얻고, 기회를 포착하고, 혁신을 창출하며, 우리를 해법으로 이끌 방법이다. 이 책의 이야기를 통해 여러분은 다른 사람들이 이 문제를 어떻게 다루었는지 배우게 됨은 물론 모르는 것들 속에서 번창할 수 있다는 자신감을 얻게 될 것이다. 어쩌면 여러분의 이야기를 이 책의 끝에 추가하게 될지도 모를 일이다.

데버라 밀스(Deborah Mills), 스코필드사(Scofield LLC.), 브라운 대학(Brown University) 객원연구원이자 글렌게리사(Glengary LLP.)의 파트너

조직이 직면하고 있는 복잡성과 모호함을 극도로 단순화할뿐더러, 직관적이지만 위험한 진실을 표면화한 진귀한 책이다. 누구나 모르는 것이 있기 마련이다. 스티븐과 다이애나는 "쉬운 답이라는 거짓된 안정감 속에 안주하지 말고

우리가 얽매여 있는 것들에서 벗어나, 불확실성 속에서 번창하기 위한 하나의 방법으로 무지를 수용하라."고 우리를 독려한다.

앤드루 스티븐스(Andrew Stevens), 애들레이드 대학(The University of Adelaide) 경영자 교육 (Executive Education) 총괄 책임자

미래는 아는 사람의 것이 아니라 배우는 사람의 것이다. 스티븐과 다이애나는 뛰어난 이야기꾼이며, '모르는 것'이라는 호기심의 경계를 향한 여행으로 우리를 안내한다. 이 책에서 만나는 사람들은 우리와 여행을 함께할 동행이자 영감의 원천이 될 것이다.

리처드 라이더(Richard Leider), 《목적의 힘(The Power of Purpose)》《인생의 절반쯤 왔을 때 깨닫게 되는 것들(Repacking Your Bags)》《다시 생각해보는 인생(Life Reimagined)》 등 세계적 베스트셀러 작가

빠르게 변화하는 세계에서, 학식과 전문 지식은 안도감과 해답을 제공하는 것처럼 보인다. 분명 지식은 힘이 될 수 있다. 그러나 '모르는 것'은 진정한 리더십을 발휘하고 심오한 의미를 추구할 수 있는 공간을 창출한다.

데이비드 스위니(David Sweeney), 호주 뉴사우스웨일스주 건강 교육 및 훈련원(NSW Health Education and Training Institute) 리더십 책임자

우리 사회가 20년 후에 어떤 모습으로 변모할지, 또 경제 체제가 어떻게 달라질지 아는 사람은 아무도 없다. 이 새로운 세상으로 우리를 이끌 사람들은 긍정적으로 불확실성을 다룰 수 있어야 할 것이다. 스티븐과 다이애나의 책은 우리 모두에게 '모르는 것'을 다루는 데 필요한 기초 체력을 길러준다.

톰 리핀(Tom Rippin), 온 퍼포스(On Purpose)의 최고경영자

리더십은 의존성이 아닌 능력을 만들어내며, 적응적 도전 과제에 대처할 수 있는 새로운 능력을 갖추기 위해서는 현재 지닌 능력의 경계를 뛰어넘을 수 있

는 용기와 허용이 필요하다. 흥미롭고 유쾌하며 읽기 쉬운 방식으로, 적응 능력을 향상하는 것을 목표로 하는 전 세계의 모든 이들에게 본질적인 지혜를 제공한다.

로널드 하이페츠(Ronald Heifetz), 공공 리더십 센터(Center for Public Leadership)의 상무이사이자 설립이사이며 하버드 케네디스쿨(Harvard Kennedy School) 공공 리더십(Public Leadership)의 부교수

수십 년 전, 노벨상 수상자 베르너 하이젠베르크(Werner Heisenberg)는 물리학이 자연을 설명하는 것이 아니라 자연에 대한 현재의 지식을 설명한다는 사실을 상기시켰다. 하지만 종종 우리는 세상에 대한 지식과 세상 자체가 똑같다는 착각에 빠진다. 2008년의 금융위기가 보여준 것처럼, 이것은 위험한 가정이다. 이 책은 지도가 영토는 아니며, 모든 지식은 부분적이므로 잠정적일 수밖에 없다는 사실을 시기적절하게 상기시켜준다. 우리는 '모르는 것'의 불확실성을 받아들이고 이에 따라 행동하는 법을 배워야 한다.

마틴 가르지울로(Martin Gargiulo), 인시아드(INSEAD) 경영대학원 조직행동학 교수

우리의 부모님께

우리의 부모님, 크리스틴과 실베리오 더수자
그리고 마르기트과 페트루 게오르기우.
친숙한 해변을 떠나 미지의 세계로 모험을 감행한
이 분들의 용기는 끊임없는 영감의 원천이 되었다.

차례

1장   똑똑하고 유능한 전문가가 빠지는 함정

뭐든 알고 있다는, 뭐든 알고 있어야 한다는 환상에 대하여

2장   # 앎과 무지의 경계에서

모르는 것과 맞닥뜨릴 때 우리는 무엇을 해야 할까

3장　미지의 세계를 탐험하는 즐거움

새로운 기회를 만들어내는 방법, '부정적' 수용 능력 기르기

마셜 골드스미스 서문

변화는 기회다. 이것이 스티븐 더수자와 다이애나 레너가 이 책에서 자세히 설명하고 있는 메시지다.

이 책의 부제가 말하는 바와 같이 불확실성을 기회로 바꾸는 것은 기술이다[원서의 제목과 부제는《낫 노잉: 불확실성을 기회로 바꾸는 기술(Not Knowing: The art of turning uncertainty into opportunity)》- 옮긴이]. 불확실성을 다루어 경쟁적 이점으로 바꾸기 위해서는 아주 특별한 유형의 리더가 필요하다.

크게 성공한 리더들은 불확실성을 당연한 과정으로 받아들이고 길을 찾는다. 사실 이것은 어떤 리더들에게는 자연스러운 성향이다. 예컨대, 애플의 설립자인 스티브 잡스는 스탠퍼드 대학(Stanford University) 졸업생들에게 "늘 갈망하라. 늘 엉뚱하라(stay hungry, stay foolish)."는 말로 모험을 하고 위험을 감수하는 것이 유익하다는 믿음을 갖도록 조언했다.

너무나 많은 리더들이 변화를 주도하는 데 있어 이런 재주가 없다. 리더들이 불확실성을 기회로 바꾸는 것을 망설이게 하는 요소들 중 하나를 나는 '성공에 대한 환상(Success Delusion)'이라고 부른다.

간단히 말해, 성공에 대한 환상은 "사실 어떤 사람이나 어떤 동물도 긍정적 강화(positive reinforcement)가 뒤따르는 행동을 반복하는 경향이 있다."는 사실에서 기인한다. 더 많은 성공을 거둘수록 우리는 더 많은 긍정적 강화를 얻게 되며, 성공에 대한 환상을 경험하게 될 가능성이 더욱 커진다. 그 개념은 이렇다. "나는 이런 식으로 행동한다. 나는 성공한다. 고로 나는 이런 식으로 행동하기 때문에 틀림없이 성공할 것이다."

우리가 해왔던 것이 계속 효과가 있을 거라는 환상 때문에 우리는 알려지지 않은 것에 대한 모험을 하는 것을 망설이게 된다.

우리들 중 성공에 대한 환상에 면역성이 있는 사람은 거의 없다. 이것을 극복하려면 자신의 행동이 자신의 성공에 타당한 이유가 있는지, 그저 착각에 불과한지 경계하며 자신에게 끊임없이 질문해 봐야 한다.

재빨리 기어를 변속해 새로운 기회를 추구하거나 변화를 위해 꼭 필요한 자아 탐구의 재주와 열정이 없다면, 스티븐 더수자와 다이애나 레너의 이 책을 읽어라. 이 타고난 성향이 없을 경우에도, 이 책을 읽을 것을 적극 추천한다. 변화라는 주제에 정통한 두 사람이 쓴 이 책을 읽음으로써 당신은 자신의 매우 가치 있는 재능을 확장할 수 있다. 내가 지금까지 읽은 책 중 이 책의 작가들만큼 이 주제에 정통한 사람은 찾아보기 힘들다.

내가 그랬던 것처럼 여러분도 이 책을 즐기길 바란다!

인생은 즐거운 것이다.

마셜 골드스미스(Marshall Goldsmith), 베스트셀러 《트리거》의 작가

마티 린스키 서문

'모르는 것'의 장점에 대해 책을 쓰려면 담대함이 필요하다. 나의 친구
이자 동료인 다이애나 레너와 스티븐 더수자가 우리로 하여금 자신의
무지를 인정하고 미지의 세계로 뛰어들어 그 보상을 즐기게 하길 원
한다면, 그들은 한 권의 책을 쓸 만큼 '모르는 것'에 대해 잘 알고 있는
셈이다. 어떻게 이 아이러니를 이해할 수 있을까?

'모르는 것'에 대해 알기 위한 이 역설적인 탐구는 직장인뿐 아니라
심지어 부모들에게도 반향을 불러일으킬 것이다. 내 경우에는 틀림없
이 그랬다. 직장생활을 하는 내내, 그리고 자식을 기르는 내내 '알아야
한다'는 중압감이 항상 나를 따라다녔다.

젊고 학력도 높았지만 경험이 부족한 정치 지망생이었던 나는 매사
추세츠주 검찰총장에 출마한 내 멘토를 위해 대규모 선거운동을 벌이
다 기소당했다. 나는 내가 뭘 하고 있는지 몰랐다. 상사들 앞에서 무
지를 인정하는 대신에, 사무실에 점점 더 일찍 출근함으로써 이를 만
회하려 했다. 더 많은 시간을 일하면 어떻게든 무지를 보충할 수 있을
것처럼 군 것이다. 결국 나는 신경쇠약에 걸릴 지경이 되었다.

이후 (야망을 품은 매사추세츠 주의회 의원으로) 정치인이 된 나는 모든 것에 대한 해답과 견해를 가지고 있을 거라는 기대를 받게 됐다. 유권자나 기자의 어떤 질문에도 응했으며, 권위적인 어조로 대답하곤 했다. 그러다가 나 자신이 언론인이 되었고 결국 주간신문의 편집장 자리에까지 올랐다. 관리자로서 첫발을 내디딘 직업이었다. 또다시 나는 내가 뭘 하고 있는지 모르는 상황에 처했다. 관리자이자 언론인으로서 행동을 취하고 결정을 내려야 했지만, '모르는 것'의 영역에서 얼마나 허우적거리고 있는지 인정하고 도움을 요청할 용기와 자신이 없었다.

마침내 나는 맹목적인 애정으로, 나 자신과 다른 사람들에게 입증할 것이 훨씬 적은 하버드 대학으로 몸을 옮겨 학생들을 가르치며 지난 30년을 보냈다. 지식이 왕인 이 환경에서 나는 마침내 '모르는 것'을 기꺼이 즐길 수 있게 되었으며, 지혜를 전파하는 나의 책무에서 벗어난 것처럼 보였다. 내가 수업을 하는 강의실은 모두가 강의실 앞쪽을 보도록 설계되어 있었는데, 여기서 교수는 강의를 통해 지식이라는 보물을 나누어 줬다. 그리고 학생들은 그런 교수에게 경의를 표했다. 그 외에는 교수가 학생에게 기여할 일은 아무것도 없는 듯 보였다. 그래서 나는 교수법과 가정에 불과한 온갖 지식으로 가득한 내 머릿속의 목소리를 그대로 전달하는 대신, 머리를 텅 비우고 온전히 학생들의 말에 귀를 기울이기로 했다. 그리고 그 결과 나는 학생의 성장에 가장 크게 기여할 수 있는 최고의 수업을 할 수 있게 됐다.

부모로서 나는, 내 아이들이 내가 모든 것을 알지는 못하고 항상 옳

지도 않으며 늘 하는 실수가 있다는 사실을 갑자기 깨닫는 놀랍고도 곤란한 순간을 경험했다. 한번은 당시 아홉 살쯤이었던 내 둘째이자 장남인 아이와 야구를 하다가 소리를 질렀던 적이 있다. 나는 홈 플레이트에 가까이 붙어야 공을 더 잘 칠 수 있다고 윽박질렀다. 녀석은 내가 시키는 대로 했지만 투수가 던진 그다음 공에 정통으로 팔을 맞고 말았다. 30년도 더 된 일이지만, 아직도 고통 속에 글썽이는 눈물을 참으며 1루로 뛰어가던 아이의 표정이 생생하게 기억난다. 내 조언을 따랐다가 당한 일이라 아이는 고민에 빠졌고 혼란스러워했다. 그 편린들이 아들의 눈에서 흘러내렸다.

조직 생활에서 맡겨진 일을 해야 하는 사람으로서 우리는 '알아야 한다'는 압박감을 직접 겪었을 뿐만 아니라 다른 사람들에게 그런 압력을 주었던 경험 또한 있을 것이다. 특히 권한을 가진 사람들은 해답을 알아야 하고 지시와 보호, 명령 등 관리자로서의 역할을 해내야 한다는 중압감을 느낀다. 무슨 일이 벌어지고 있는지 눈곱만큼도 모르고 있을 때조차 말이다. '무지와 미지'의 영역을 존중하고 정당화하는 이 책은 러다이트(Luddite, 신기술 반대자 – 옮긴이)가 아닌 해방가의 작품이며, 우리에게 호기심과 공감을 불러일으킨다. 뿐만 아니라 현재의 지식으로 모든 문제를 해결할 수 있다는 환상에 필사적으로 매달리고 있는 사람들의 저항을 극복할 용기를 가지게 하고, 복잡하고 모호하며 불확실한 21세기의 삶을 자유롭게 혁신하고 조정하며 다루도록 독려한다.

이 책은 절벽에서 '모르는 것'이라는 끝없는 공간 속으로 뛰어내리는 용기와 의지의 살아 있는 표본이다. 우리가 전 세계적으로 직면하고 있는, 그리고 우리의 일상적인 삶 속에서 마주하는 가장 까다로운 도전과제에서 진보를 이루려면 이러한 태도는 정말 필수적으로 갖춰야 한다.

마티 린스키(Marty Linsky), 하버드 대학 케네디스쿨 교수

들어가는 말

내가 남몰래 짝사랑하고 있는 사람에게 선물을 받게 됐다고 상상해보자. 그 사람은 얼굴에 미소를 머금고 정성스럽게 포장한, 기묘한 모양의 큼지막한 상자를 내밀며 말한다. "당신을 위한 선물이에요." 그런데 내가 놀란 표정으로 막 상자를 열어보려는 순간 그 사람이 말한다. "하지만 3일 후에 열어봐야 해요." 나는 되묻는다. "3일 후라고요?"

그 안에 뭐가 있을지 궁금한가? 상자가 제법 묵직하지만 기묘한 모양 덕에 그 안에 무엇이 들었는지는 가늠하기 어렵다. 상자를 가볍게 흔들어봐도 아무런 소리가 나지 않아서 뭐가 들었는지 도무지 갈피를 잡을 수 없다. 내가 그토록 갈망하던 사랑을 고백하는 내용의 편지일까? 아니면 그냥 평범한 선물일까? 나는 그날 밤 잠을 설친다. 호기심은 더해가고 너무나도 궁금해서 단 하루도 기다릴 수 없을 지경이다. 여러분이라면, 3일이 지나기 전에 상자를 열 것인가?

무언가 알고 싶을 때, 모르는 것은 우리를 힘들게 한다. 모르는 것에 대한 대부분 사람들의 자연스러운 반응은 그것을 피하는 것이다. 하지만 사람이라면 누구나 모르는 것이 있기 마련이다. 우리는 자연스럽게 해답을 기대할 수 있는 사람들, 즉 전문가와 리더를 포함해 해답을 아는 것처럼 보이는 사람들에게 의존한다. 인간은 신경학적으로 예상치 못한 것을 피하고 확실한 것을 좋아하도록 타고났기 때문에 모호하거나 불확실한 상황은 우리를 무능하며 당황스럽고 창피하다고 느끼게 만들 수 있다.

하지만 우리가 사는 세계는 불확실하고 복잡하며 변덕스러운 곳이다. 우리가 직면하고 있는 가장 복잡한 도전과제를 해결하기는커녕 규정할 수조차 없다. 사람들은 자신이 가진 지식의 한계에 도달했을 때 기존의 지식에 매달리거나 임시방편의 해결책을 시도하거나, 혹은 그 상황을 완전히 외면해버리는 식으로 반응한다.

이 책은 알려지지 않은 것에 대한 일반적인 접근법으로 인해 벌어지는 문제들을 다루며, 모르는 것과 보다 유익한 관계를 맺도록 제안한다. 알려진 것과 알려지지 않은 것 사이의 경계에는 가능성이 넘쳐흐르는 비옥한 영역이 있다. 이 경계에서 즐기다 보면 우리는 참신하고 새로운 지식과 창의성, 기쁨, 경이로움 등 놀라운 경험을 할 수 있다. 새로운 무언가가 출현할 수 있는 이 경계를 우리는 '모르는 것'이라고 칭한다. '모르는 것(Not Knowing, Not Know라는 명사에 '-ing'을 붙인 형태)'에 대해 말할 때 우리는 어떤 실체가 아니라 '(명사가 아닌) 하나의 동사'와 '(모른다는 것에 대한) 하나의 과정'을 제시하고 있는 것이다.

책은 전문 지식과 학식을 전달하는 전통적인 매개체다. 우리는 이 책의 집필을 시작하자마자 '모르는 것'을 주제로 한 글쓰기의 아이러니에 부딪혔다. 본질적으로 불가사의하고 알려지지 않았으며 알 수조차 없는 주제에 대해 식견을 넓히는 글을 우리가 쓰게 되리라고 어떻게 상상이나 할 수 있었겠는가?

이 책은 '입문서'가 아니며 쉬운 해답을 제시하지도 않는다. 그 대신 다른 사람들의 이야기와 경험을 통해 '모르는 것'과 자기 자신과의 관계를 탐구하도록 권한다. 여기 실린 이야기들은 예술, 과학, 문학, 심리학, 기업가 정신, 정신성, 항존주의 등 다양한 렌즈를 통해 '모르는 것'을 탐구한다. 이 책에 대해 연구하면서 우리는 전 세계의 다양한 이야기들을 풍부하게 수집하기로 했고, 그 과정에서 알려지지 않은 것과 씨름하는 사람을 비롯해 그 경계에서 새롭게 무언가를 발견한 사람뿐 아니라 그 경계에서 편안하게 생활하며 일하는 사람들도 만날 수 있었다.

몇몇 이야기는 역사 속에서 발췌했지만, 대부분은 우리가 개인적으로 인터뷰한 사람들로부터 들은 최근의 일이다. 우리는 '모르는 것'에 관한 그들의 이야기를 듣는 특혜를 누렸지만 익명성을 존중하기 위해 일부 사람들의 이름을 바꾸었다. 이 책은 주로 직장인이나 1인 기업가 같은 일하는 사람들을 위해 쓴 것이지만, 여러분의 일상생활이나 직장생활 등 다양한 상황에 응용해보기를 바란다. 작가로서 우리는 명료성을 위해 하나의 통일된 어조로 이 책을 썼고, 또한 우리 자신의 개인적인 이야기도 공유했다.

'모르는 것'에 관한 글을 쓰는 일에 우리가 관심을 갖게 된 것은 알려지지 않은 것에 대한 우리 자신의 경험 때문이었다. 우리 둘 다 알려지지 않은 것과 싸워왔고, 저항해왔으며, 많은 경우에 그것이 정말 싫었던 기억을 가지고 있다. 먼저 다이애나의 이야기를 들어보자.

나는 루마니아 남서부 올테니아 지방의 구릉 지대 중간에 있는 크라이오바란 마을에서 태어났어요. 부모님은 존경받는 예술가셨죠. 아버지는 연극배우 겸 영화배우셨고 어머니는 콘서트 하프 연주자셨어요. 어린 시절은 전반적으로 행복했죠. 여름이면 가족 농장에서 시간을 보냈고 겨울에는 남동생 스테판과 집 근처의 언덕에서 썰매를 타고 놀았던 기억이 나네요. 하지만 우리의 생활은 늘 불안했어요. 이웃이 비밀경찰에게 우리가 반역 활동을 꾸미고 있거나 실행 중이라고 언제라도 신고할 수 있는 상황이었거든요.

언론을 통제하는 국가에서는 흔히들 더 넓은 세계에서 어떤 일이 일어나고 있는지 잘 알지 못했어요. 흑색선전과 맞서기 위해 아버지는 자유유럽방송(Radio Free Europe)을 꼬박꼬박 챙겨 들으셨어요. 공산주의 검열에 저항하기 위해 서독에서 내보내는 방송이었죠. 치직거리는 방송을 듣다 붙잡히면 비밀경찰의 취조 대상이 됐어요. 내 어린 시절의 배경음이 된 이 방송의 주요 테마 음악과 친숙하게 웅얼거리던 진행자의 목소리를 아직도 떠올릴 수 있어요.
나는 인정되지 않는 지식을 얻는다는 것에 대한 매일매일의 압박감과 진실을 앎으로써 갖게 되는 힘에 대해 알게 됐어요.
어느 따사로운 여름날 오후 시골에 있는 할머니 댁에서 잠을 자다 뉴스 때문에 깼던 일이 생각나네요. 그 기자는 어린이들을 살해한 혐의로 전 루마니아 대통령 차우세스쿠(Ceausescu)를 고발하고 있었어요.

이 이야기는 1987년 혁명 이후에 전 세계를 경악하게 했죠. 적절한 사랑을 주기는커녕 생활필수품과 지원도 없이 어린이들을 고아원에 동물처럼 감금해두었다는 내용이었어요.

나는 그때 겨우 열두 살이었어요. 그 이야기를 들었을 때의 충격이 아직도 생생해요. 비단 그 이야기의 끔찍하고 세세한 내용뿐만이 아니라 이제 내 가족을 위험에 빠뜨릴 수 있는 비밀스런 지식에 내가 연루되어 있다는 사실 때문이기도 했어요.

1987년, 아버지는 "이제 안 되겠다."하고 말씀하셨어요. 우리는 루마니아에서 오스트리아로 망명했죠. 오스트리아에서 생활했던 기간은 완전히 '모르는 것'의 시기였어요. 어디에서 살아야 할지, 우리에게 무슨 일이 일어날지, 그 결과가 어떻게 될지 확실한 게 아무것도 없었죠. 1년 후 우리는 호주로 다시 이주했고, 여기서 우리는 망명자로 영주권을 얻었어요. 또 한 번의 과도기가 온 거예요. 또다시 '모르는 것'의 무대에 서게 된 거죠. 새로운 문화 속에서 생활하고 새로운 언어를 배우며 새로운 학교를 다녀야 하는 등 모르는 것 투성이었어요. 조작된 진실의 나라에서 보낸 어린 시절부터 불확실성과 변화의 시기에 이르기까지 나는 '모르는 것'과 함께 살아왔고 씨름해왔어요.

다음은 스티븐의 이야기다.

2001년, 나는 마른기침과 폐의 통증 때문에 잠자리에서 일어나기가 힘겨웠고 이유 없이 살이 빠지고 있었어요. 참을성 많고 고집스러웠기에 이런 증상들을 무시했죠. 어느 날 아침 통증이 너무 심해서 신발끈조차 맬 수 없을 지경이 될 때까지 말이에요. 결국 병원에 가기로 했고 약제 내성 결핵이라는 진단을 받았어요. 즉시 입원을 해서 수술을 받고 몇 달간 강력한 항생제를 투약해야 한다는 뜻이었죠. 그런데 어느 순간부터는 이런 치료에도 상태가 호전되지 않았어요. 다시 건강을 되찾을 수 있을까 하는 의문이 들더군요.

나는 2006년 부동산 시장의 경기가 절정인 시기에 첫 집을 샀어요. 금융위기 바로 직전이었죠. 조심하기 위해 나름 철저히 조사하고 구매를 했어요. 하지만 나중에 그 집을 팔려고 막 내놓았을 때, 나는 의회에서 페인트칠, 창문, 울타리, 증축한 건물 등 모두 다 불법이라는 통지서를 받았어요. 이전의 집 주인이 필요한 건축 허가를 받지 않았는데, 내 법무사가 이 사실을 알아차리지 못했던 거예요. 나는 30일 안에 증축한 공간을 철거하라는 통지를 받았어요. 내 작은 보금자리에서 화장실과 부엌, 욕실이 있는 건 유일하게 이 증축한 공간뿐이었는데 말이죠. 그러니까 이것은 말 그대로 내 집의 절반을 철거하라는 얘기였던 거예요. 항소를 하긴 했지만 나는 내가 제대로 된 집을 가지고 있는지도 모르는 채 1년 넘게 산 셈이죠.

당시 나는 투자 은행에서 일어요. 안정적인 직업이라고 생각했고 내가 하는 일이 즐거웠어요. 그러던 어느 날 아침 직장 동료에게 전화를 받았는데 우리 회사의 이름이 바뀌었다고 그러더군요. 하룻밤 사이에 회사가 매각된 거예요. 재정 파탄에서 회사를 구하기 위한 조치였지만 우리는 이런 위험이 닥칠 거라고는 그 전날 밤까지도 까맣게 모르고 있었어요. 많은 프로젝트가 보류되었고, 우리는 정리해고를 당한 사람들에게 새로 시작하는 일이 잘되길 바란다고 격려하는 내용의 이메일을 날마다 봐야 했어요.

끊임없는 불확실성 속에서 6개월을 보낸 후 어느 날, 내 부서장의 사무실로 불려 들어갔는데 인사 담당자가 먼저 와 있더군요. 그러고 나서 전화로 정리해고됐다는 통보를 받았어요. 이미 예상했던 일이었지만 막상 닥치고 나니까 마음이 편치 않았어요. 이제 앞으로 어떤 일을 해야 할지, 대출금을 어떻게 갚아야 할지 모든 게 막막했죠.

인생에서 나는 언제나 중요한 결정을 내려야 하는 어려움을 겪어왔어요. 이것을 선택해야 할까 아니면 저것을 선택해야 할까? 미래에 어떻게 대처해야 할지 결정해야 하는 수많은 문제들에 대해 생각할 때면 마음속에서 딜레마가 되는 선택 사항들 사이를 끊임없이 갈팡질팡하며 온몸이 마비되는 기분이었어요. 한 친구는 내게 이렇게 말하더군요. "스티븐, 자네는 어려운 결정을 품고 사는 것 같아." 정말이지 고통스러운 일이었고, 선택을 해야 한다는 것과 무엇을 해야 할지 모른다는 것의 횡포가 정말 싫었어요. 친구들에게 내가 불확실성에 관한 박사학위를 가지고 있다는 농담을 할 정도였죠! 내게 있어서 삶이란 '모르는 것'과의 끊임없는 투쟁이었어요. 사실 앞서 말한 일들은 내가 겪은 극적인 일들의 일부일 뿐이에요. 그 안에서 일상적인 선택도 매일 해나가야 했고요. 내가 유일하게 깨달은 사실은 알려지지 않은 것을 다루는 더 나은 방법이 있어야 한다는 겁니다.

여러분과 마찬가지로 우리는 알려지지 않은 것과 씨름해가며 이 책을 완성했다. 연구하며 글을 쓰는 여정은 우리와 '모르는 것' 사이에 새로운 관계를 발전시키는 데 도움이 되었다. 우리는 기존 지식에 의존하려는 욕심을 줄이고, 확실하다고 단언하는 사람들에 대해 보다 회의적인 태도를 취하며, '모르는 것'이란 상태에 좀 더 편안해졌다. 여러분도 우리와 같은 경험을 하게 되길 바란다. 또한 이 책의 끝부분에는 생각해보고 실험해보는 데 활용할 수 있는 문제들을 실었는데, 이것이 여러분의 탐구를 심화하고 발전시키는 데 도움이 되었으면 한다.

이 책의 여정을 시작할 때, 탐구하는 마음가짐을 갖고 도중에 마주치게 되는 뜻밖의 전개나 전환, 발견을 열린 마음으로 대하길 바란다. 스페인 작가 안토니오 마차도(Antonio Machado)의 말처럼.

"여행자여, 길이란 없다. 걷다 보면 길이 되는 것이다."

1장

똑똑하고 유능한 전문가가 빠지는 함정

뭐든 알고 있다는, 뭐든 알고 있어야 한다는 환상에 대하여

지성에는 두 가지 종류가 있다. 하나는 아이가 학교에 들어가 책이나 선생님에게 배우고 암기하는 진리와 개념이며, 전통 학문은 물론 새로운 학문에서 정보를 수집해 얻는 지성이다. 이러한 지성의 힘으로 우리는 세상에서 일어선다. 지성을 습득하는 능력에 따라 남들보다 앞서거나 뒤처지기도 한다. 우리는 지식의 장 안팎을 드나들며 자신이 갖고 있는 지성의 판 위에 계속해서 더 많은 흔적을 남긴다.

또 다른 종류의 지성은 내면에 이미 완성되어 존재하는 지성의 판이다. 샘의 수원에서 흘러넘치는 샘물, 가슴 한가운데에서 흘러나오는 신선함. 이 지성은 퇴색하지도 썩지도 않는다. 이 두 번째 지성은 늘 흐르며, 배움이란 도관을 타고 밖에서 안으로 들어오는 것이 아니라 우리의 안에서 밖으로 흘러나오는 샘의 원천이다.

— 루미(Rumi), 페르시아의 시인이자 수피(Sufi)파의 신비주의자

하나,

지식의 위험

1

<u>지식은 강력하다</u>

아기가 비틀거리며 첫걸음마를 떼고, 기쁨의 미소를 머금은 부모는 두 팔로 아기를 껴안는다. 아이는 자라면서 처음으로 말을 하게 되고, 새로운 노래를 배워 와 부르고, 교내 철자 맞추기 대회 결선에 진출한다. 아이는 칭찬과 존경의 대상이 된다. 애초부터 우리는 얼마나 지식을 쌓고 얼마나 능숙한지에 따라 평가받고 인정받고, 보상받는다.

프랜시스 베이컨(Francis Bacon)의 "아는 것이 힘이다."라는 상징적인 문구는 너무나 명백해서 두말할 필요가 없다. 학교와 직장, 인생의 경험을 통해 얼마큼의 전문 지식을 갖췄느냐(즉, '아는 것'으로 보이는 것)에 따라 지위뿐 아니라 우리가 얻을 수 있는 영향력과 권력, 명성이 결정된다는 사실을 우리는 안다. 단지 지적인 모습만으로도 품위를 높이고 사람들의 관심을 받을 수 있는 것이다.

지난 수십 년간 선진국과 개발도상국은 거침없이 농업과 제조업을 버리고 서비스 산업으로 전환해왔다. 이제 '생계를 위해 머리를 써야 하는' 직종의 종사자들이 점점 늘고 있다. 대부분의 나라에서는 특정 수준의 정규 교육을 받고 나면 고용 기회가 확대되며 이에 따라 평균 소득이 증가한다. 고학력은 건강, 저출산, 장수 등의 요소와 직결된다.[1]

이런 실질적인 혜택 외에도 학식과 전문 지식으로 얻을 수 있는 지위와 힘은 우리를 보다 중요하고 보다 가치 있는 사람이라고 느끼게 한다. 그 결과 더 큰 자신감을 갖게 되는데, 이것은 성공을 추구하고 지위를 높이고자 하는 야망에 부채질을 할 것이다.

작가이자 철학자인 나심 니콜라스 탈레브(Nassim Nicholas Taleb)는 이렇게 말했다. "우리는 우리의 지식을 보호받고 보장받아야 하는 개인 재산처럼 취급하는 경향이 있다. 지식은 우리가 높은 지위를 차지할 수 있도록 해주는 일종의 장식물이다. 우리는 우리가 아는 것을 상당히 진지하게 여긴다."[2] 지식에 대한 갈증은 능력과 전문 지식을 중요시하는 조직들에 의해 꾸준히 해소된다. 성과는 특정한 기준에 따라 평가되며 승진과 급여, 상여금, 여타 보상과 연관되기 때문에 우리는 유능할수록 더 큰 성공을 거둘 수 있고, 더 높은 지위로 승진할 수 있으며, 더 많은 급여를 받으리라는 믿음이 강해진다.

지식과 확실성에서 우리가 얻는 보상은 두뇌와도 밀접하게 연관돼 있다. 최근 신경과학 분야의 연구에 따르면 확실성은 최적의 기능을 발휘하는 법을 배우는 데 핵심요건임이 밝혀졌다. 심지어 신경과학자인 데이비드 록(David Rock)은 "확실성에 대한 위협은 신경학적으로 신체적 공격을 받는 것만큼이나 고통스러울 수 있다."고 주장한다.³ 불확실성이 두뇌에 미치는 영향에 대한 또 다른 연구 역시 이런 주장을 뒷받침하고 있는데, 이 연구는 약간의 불확실성조차도 두뇌에 '오류' 반응을 일으킬 수 있음을 보여준다. 중대한 불확실성을 안고 살아가는 것은 우리의 심신을 지치게 한다. 상사의 기대치를 모르는 경우나 자신이 심각한 질병에 걸렸는지 검진 결과를 기다리는 경우처럼 말이다. 우리의 뇌는 끊임없이 해답을 찾고 있다.

캘리포니아 대학의 마이클 가자니가(Michael Gazzaniga)는 중증 간질을 치료하기 위해 뇌의 반구를 절단한 환자들을 연구하면서 이런 이론적 설명을 탐구했다. 각각의 반구를 분리해 동일한 실험을 적용함으로써 가자니가는 뇌의 좌반구에 그가 '해석 기관'이라고 이름 붙인 신경망이 있다는 결론을 내릴 수 있었다. 좌반구의 지속적인 해석 능력은 그것이 "항상 질서와 이유를 찾고 있다는 의미다. 심지어 질서나 이유가 존재하지 않을 때조차 말이다."⁴

우리가 온갖 형태의 지식을 탐욕스럽게 추구하는 것은 별로 놀랄 일이 아니다. 지식이란 아주 멋진 것이기 때문이다. 지식은 우리에게 보상과 존경, 승진, 부, 건강, 자신감 등 많은 것을 보장해준다.

하지만 조금은 주의를 기울이는 것이 바람직하다. 장점만 있고 단점은 단 한 가지도 없는 상품을 본 적이 있는가? 너무나 유용하다는 바로 그 지점에 지식이 갖고 있는 문제점이 있다. 지식이 우리를 제한할 가능성이 있는 상황에서조차 우리는 여기에 매달린다. 그리고 역설적이게도 이것이 새로운 배움과 성장에 걸림돌이 된다.

당신의
지식

● 안심 지대
○ 모르는 것

새로운 아이디어
자유
창의성
유동성
침묵
마음챙김

용　　　　　　　　기
흥　　　　　　　　분
흝　　　　　　　　성
인　　　　　　　　식
정　　　　　　　　보

깨달음
공간
면역성
융통성
지성
기회

2

<u>확실성의 유혹</u>

1537년 어느 날, 이탈리아의 파도바. 플랑드르 출신의 젊은 해부학자
안드레아스 베살리우스(Andreas Vesalious)는 몇 가지 소지품만 갖춘
단출한 차림으로 성문을 지나 파도바 대학을 향하고 있었다. 인체에
대한 학구열에 불타는 그는 적절한 시기에 적절한 곳에 도착했던 것
이다. 베네치아에서 서쪽으로 35km 지점에 위치한 르네상스 도시 파
도바는 예술과 학문의 국제적 온상으로 빠르게 발전했다. 베살리우스
는 그 당시 의학과 해부학에 관한한 최고의 명문 대학으로 인정받았
던 파도바 대학에 들어갔는데, 이곳은 설립된 지 200년이 넘은 유서
깊은 대학이었다.[5]

 1514년 브뤼셀에서 궁중 약사의 아들로 태어난 베살리우스는 어린

시절부터 신체에 매료되었다. 동네 사람들은 그가 직접 잡은 개와 고양이, 쥐 등을 해부하고 있는 모습을 심심치 않게 볼 수 있었고,[6] 나중에 그는 인간의 완전한 골격을 얻기 위해 교수형을 당한 사람들의 시신을 훔쳐와[7] 자신은 물론 가족들까지 큰 위험에 빠뜨리기도 했다. 18세가 되자 신체에 대해 탐구하고자 하는 열정은 그를 파리로 이끌었고, 여기서 본격적인 의학 공부를 시작했다. 그리스의 내과 의사이자 외과 의사이며 철학자였던 '페르가몬의 갈레노스(Galen of Pergamon)'의 중대한 해부학 저술을 처음 접한 곳도 바로 이곳이다.

갈레노스는 의학계의 영향력 있는 인물이었다. 그의 글은 검투사들의 상처를 치료하면서 얻은 경험과 세 로마 황제의 주치의로 일하면서 쌓은 폭넓은 경험을 토대로 했다. 그의 저술이 매우 유용했던 이유는 인체구조뿐만 아니라 복잡한 인체의 작용 또한 설명해줬기 때문이다. 예를 들어 그는 후두에서 음성이 생성된다는 것을 입증했으며, (짙은) 정맥혈과 (밝은) 동맥혈 사이에 뚜렷한 차이가 있다는 것을 처음으로 알아차렸다. 수 세기 동안 의사들은 그의 저술 내용을 맹목적으로 따랐고 그의 주장이 틀림없이 정확하다고 믿었다. 그 결과 1,400년 이상이 지난 이후에도 갈레노스의 인체 연구는 해부학자와 의사에게 여전히 주요한 참고 문헌이 되었고, 르네상스 시대 유럽에서는 의료 실습에 상당한 기초 지식으로 작용했다.

이전의 많은 의학도들처럼 베살리우스 역시 갈레노스의 연구결과에 매료되었는데, 처음에는 그 연구결과가 상당히 명확하고 설득력 있어 보였다. 그러나 해부학 연구에 몰두하는 과정에서 갈레노스의 글을 보다 비판적으로 읽기 시작하면서, 베살리우스는 사실과 다른 점들 그리고 사소한 실수들을 알아차리기 시작했다. 파도바 대학의 사설강의와 공개강의를 무수히 들으면서 갈레노스의 주장에 대한 그의 의문은 더욱 더 커졌다.

당시 해부는 수많은 의학도들과 초빙한 객원 학자들 앞에서 행해지는 거창한 행사로, 상당히 의례적이며 절제됨과 동시에 기존의 전통과 대학에서 정한 엄격한 규칙에 얽매여 있었다. 해부학 교수는 크고 높은 의자에 앉아 행사를 주재했으나 실질적인 해부 절차에 참여하지는 않았다. 교수가 하는 역할이라고는 외과 의사가 실제 해부를 하고 조수가 살펴볼 신체의 특정 부분을 가리키면 갈레노스의 해부학 문헌에서 해당하는 곳을 찾아 읽는 게 전부였다. 아무리 노련한 학자가 해부를 할지라도, 베살리우스가 보기에 이런 절차는 새로운 배움의 기회라기보다는 그저 오래된 갈레노스의 문헌에 한층 권위를 더해주는 행사에 불과했다. 갈레노스에 대한 이러한 맹종은 너무나 강력해서 해부를 담당한 의사가 사람의 심장을 꺼내 보이며 "갈레노스의 문헌에 적혀 있는 대로 세 개의 심실이 있다."라고 말할 정도였다. 자기 눈앞에 네 개의 심실이 있는 것을 뻔히 보면서도 말이다. 그로부터 몇 년 후 베살리우스가 어느 책에서 말한 바와 같이, 당시 갈레노스의 권위를 부정한다는 것은 상상도 할 수 없는 일이었으며 "남모르게 영혼의 불멸을 의심하는 것과 거의 같은 행위였다."[8]

갈레노스의 책은 지식의 지위와 알려진 확실성, 안전지대를 상징한다. 오늘날 로마의 해부학이 진기해 보이지는 않겠지만, 우리는 기존 지식의 확실성에 의존하며 여전히 비슷한 오류를 범하고 있다.

3

지나친 자신감이라는 눈가리개

"지나친 자신감을 가진 전문직 종사자들은

자신이 전문 지식을 갖췄다고 진심으로 믿고 있으며,

전문가처럼 행동하기 때문에 사실 전문가처럼 보인다.

그들이 착각에 사로잡혀 있을지도 모른다는 점을

당신은 자신에게 상기시키기 위해 노력해야 할 것이다."

– 심리학자 대니얼 카너먼(Daniel Kahneman)

막시밀리앵 드 로베스피에르(Maximilien de Robespierre), 갈릴레오 로바노(Galileo Lovano), 보니 프린스 로렌조(Bonnie Prince Lorenzo), 운디드 니(Wounded Knee), 섀독 여왕(Queen Shaddock), 피그말리온(Pygmalion), 머피의 마지막 여행(Murphy's Last Ride), 파우스투스 박사(Doctor Faustus). 이 중 여러분이 들어본 적 있는 것은 몇 가지나 되는지 생각해보자.

이것은 캘리포니아 대학의 하스 경영대학원(Haas School of Business)의 캐머런 앤더슨(Cameron Anderson)이 이끄는 연구팀이 학기 초에 243명의 경영학 석사들에게 제시했던 역사적 인물과 사건이다. 학생들은 자신이 알고 있거나 들어본 기억이 있는 것을 가려내야 했다.

연구자들은 실제 존재했던 인물의 이름과 갈릴레오 로바노, 보니 프린스 로렌조, 새독 여왕, 머피의 마지막 여행처럼 가짜로 지어낸 이름을 섞어 놓았다(여러분은 이미 눈치채고 있었을 것이다. 그렇지 않은가?). 꾸며낸 이름을 많이 선택한 학생일수록 자신감이 지나치게 크다고 여겨졌다. 왜냐하면 그들은 자신이 실제보다 더 유식하다고 믿고 있기 때문이다.[9]

해당 학기말에 실시한 설문조사에 따르면 과도한 자신감을 가졌던 바로 그 학생들이 자신의 그룹 안에서 가장 높은 지위를 성취한 것으로 밝혀졌다. 그들은 동료들의 존경을 받았고, 동료들은 그들의 의견을 보다 존중하고 귀를 기울이는 경향을 보였다. 또한 대체로 그들은 자신이 속한 그룹의 결정에 더 큰 영향을 끼쳤다. 앤더슨이 주목했던 점은 그룹의 구성원들은 높은 지위에 있는 동료가 지나친 자신감을 갖고 있다고 생각하지 않는다는 것이었다. 동료들은 그 학생이 굉장하다고 생각했기 때문에 그들의 자신감을 건방지게 군다거나 잘난 척하는 것이 아니라 오히려 멋진 기질의 표출로 여겼다.[10]

능력을 토대로 한 현실적인 자신감은 세상에서 생존하고 성공하는 데 필수적이다. 현실적인 자신감이 결여되면 타인의 존경을 받지 못하고, 직장에서 저조한 성과를 내며, 원만한 관계를 맺지 못하는 결과를 낳는가 하면 우리의 정신건강과 생활의 질에 부정적인 결과를 초래한다.[11] 반대로 앤더슨의 연구에서 한걸음 더 나아가면 현실적인 자신감을 가진 사람들은 원하는 일을 얻고, 승진하며, 큰 거래를 성사시키고, 큰 거래처를 확보하는 등 자기가 선택한 분야에서 성공하고 목

표한 바를 성취하는 경향이 있다.[12]

현실적인 자신감이 우리를 곤경에 빠뜨리지는 않는다. 하지만 이와 묘한 관계에 있는 '지나친 자신감'은 그렇다. 지나친 자신감이란 자신의 판단력과 능력을 정확하게 알지 못하고 지나치게 긍정적으로 평가하는 성향이다. 50년 이상 시행된 연구에 따르면 사람들은 자기 자신을 거의 모든 면에서 '평균 이상'으로 평가하는 강력한 경향이 있음이 밝혀졌다. 가령 오토바이를 타는 사람들은 자신이 일반적인 오토바이 운전자들보다 사고를 낼 가능성이 낮다고 생각하며, 기업가들은 자신의 회사가 동종 업계의 평범한 회사보다 성공할 가능성이 높다고 여긴다. 또한 연구에 따르면 대학 교수 중 94%가 자신의 강의나 연구 활동이 평균 이상이라고 말했고, 외과 분야의 실습생들은 엑스레이에 나타난 증상을 보고 내린 자신의 진단에 과한 자신감을 가졌으며, 임상심리학자들은 자신의 예측이 정확한 것으로 판명될 가능성을 과대평가했다.[13] 그런 위험이 있음에도 지나친 자신감은 지대한 사회적 편익을 제공하기 때문에 여전히 보편적이다. 한 연구는 정치계에서 유권자들이 자신감 있는 정치인을 더 신뢰한다고 가정한다면, 리더의 자리를 놓고 경쟁하는 후보들은 선거에서 이기기 위해 경쟁 상대보다 더 큰 자신감을 표출해야 한다는 걸 배우게 된다고 밝혔다.[14]

그렇기 때문에 축적된 학식과 전문 지식에 의존하는 전문직 종사자들은 지나친 자신감과 자신의 조언에 의존하는 사람들의 기대감의 희생양이 되지 않도록 주의해야 한다. 기록된 지 2,500년도 더 된 헤라클레이토스(Heraclitus)의 말은 오늘날까지 진심으로 와 닿는다.

"보편적으로 알려진 것을 기록하려면 말이 필요하긴 하지만, 사람들은 전문가라고 여기는 이들의 허튼소리를 일종의 지혜인 양 여전히 떠받든다.”

1995년 전립선암 진단을 받은 당시 인텔의 최고경영자였던 앤디 그로브(Andy Grove)는 수술이 최선의 치료법이라는 의사들의 직설적이고 단정적인 조언에 크게 실망했다. 그의 자서전 작가 리처드 S. 테들로(Richard S. Tedlow)가 붙여준 ‘스스로 생각하는 그로브’라는 별명처럼, 그로브는 의사들의 조언을 액면 그대로 받아들이지 않았다. 1950년대 헝가리에서 미국으로 망명하기 전까지 나치와 공산당의 압제 속에서 살아남은 사람답게, 그로브는 암을 극복하고 생존할 수 있는 최선의 방법을 직접 찾아보기로 결심했다. 그는 자신의 질병을 광범위하게 연구하기 시작했고, 곧 수술 이외의 다른 방법이 있다는 사실을 알아낸 데 이어 관련 자료까지 손쉽게 입수했다. 그러나 담당 의사들 중 누구도 이에 대해 진지하게 말하거나 조언해주지 않았다. 의사들의 편협한 사고방식에 충격을 받은 그로브는 ‘방사선 씨 심기’로 알려진 대체 치료를 받기로 결정했다.

그로브가 치료를 담당한 의사에게 “만약 당신이 나라면 어떻게 하시겠습니까?”라고 물었을 때, 그 의사는 아마 수술을 받았을 것 같다고 대답했다. 계속해서 그는 놀란 표정의 그로브에게 이렇게 설명했다. “그게 말이죠, 의학 교육 내내 전립선암의 황금 표준은 수술이라고 귀가 따가울 정도로 배웠거든요. 그래서 아직도 제가 그렇게 생각하는 것 같아요.”[15]

1996년 〈포춘(Fortune)〉에 그가 쓴 '전립선암과의 대결(Taking On Prostrate Cancer)'이란 기사에서, 그로브는 당시 스탠퍼드 대학 비뇨기학과의 학과장이었던 토머스 A. 스태미(Thomas A. Stamey) 박사의 말을 인용하고 있다. 그는 의사들이 직면하고 있는 도전 과제를 다음과 같이 설명했다.

> (전략) 이해할 수 없는 심각한 질병에 부딪치면, 우리 개개인은 어린 아이처럼 두려움을 느낀 나머지 어떻게 해야 할지 알려줄 사람을 찾게 됩니다. 의사에게는 전립선암에 걸린 환자에게 선택할 수 있는 치료법을 알려줘야 할 막중한 책임이 있습니다. 자신의 편견을 강요해서는 안 됩니다. 이런 편견이 가장 객관적인 정보에 기반을 뒀을 수도 있지만 그렇지 않을 수도 있기 때문입니다. 이러한 이상을 실현하려면 아직 갈 길이 멀다고 생각합니다.

전문가가 되고 자신의 분야에서 깊이 있는 지식과 연구에 대한 특정 초점을 가질 수 있도록 기여하는 바로 그 무엇이 동시에 그들의 관점을 제한할 수도 있다. 자신의 분야에서 전문 지식인으로 인정받거나 전문성에 대해 보상을 받는 사람들은 대체로 해당 분야 이외의 것을 탐구하려는 의욕이 없다. 즉, 전문성이 클수록 그들의 시야는 좁아지는 것이다. 보통 전문가들은 자기가 아는 것에 너무나 많은 시간과 노력을 들이기 때문에 자신의 지식에 의문을 품지 않으며, 자신이 모른다는 사실을 인정하려 하지도 않는다.

4

전문성의 한계

"간단히 설명할 수 없다면,

당신은 그것을 충분히 이해하지 못한 것이다."

— 알베르트 아인슈타인(Albert Einstein)

조직은 경쟁적 우위를 끊임없이 유지하기 위해 이미 전문 지식을 갖추고 있는 사람을 찾는다. 그러므로 사람들은 공식적·비공식적 학습을 통해 지식의 폭을 넓히기보다는 계속적으로 깊이 있는 지식을 추구하려 한다. 우리는 연구를 통해, 사람들이 새로운 기술을 배우는 데투자하기보다는 이미 개발한 기술을 계속 향상시키고 싶어 하는 경향이 있음을 발견했다. 사람들은 한 분야에서 수년간 훈련하는 데 드는비용을 너무나 잘 알고 있기 때문에 그것을 그냥 간단히 버리고 다시 '처음부터 시작'할 수가 없다.

전문성은 혜택을 제공하지만 이에 따른 위험도 있다. 유능해질수록 우리는 '지식의 저주(The Curse of Knowledge)'의 희생양이 되기 쉽다. 지식의 저주란 아는 것이 많을수록 자기 분야의 전문 지식을 간단한 방식으로 생각하거나 타인에게 전달하기가 어려워지는 현상을 의미한다.[17] 우리는 너무 높은 수준으로 설명을 하고, 사람들의 이해력을 잘못 판단해 학습에 혼란을 유발하거나 방해할 수 있다. 지식을 전달하는 것이 일인 분야에서 이것은 외려 지식의 혜택을 퇴색시킬 가능성이 있다. 지식을 전달받는 당사자가 이를 받아들일 수 없기 때문이다.

복잡한 용어나 전문 용어를 많이 쓰는 것 또한 진정한 지식을 가려버릴 수 있다. 비전문가들이 관련 있는 유행어나 전문 용어를 배우고 사용함으로써 유식하다는 인상을 주려 할 때처럼 말이다. 이럴 땐 듣는 사람만 더욱 비참해진다. 진정한 전문가의 설명을 이해하지 못하는 경우든, 전문 지식을 갖추지 못했지만 무지를 감추기 위해 전문 용어를 교묘하게 사용하는 사람에게 현혹된 경우든 말이다.

또한 전문가의 지식은 복잡한 문제에 대한 참신한 생각을 손상시킬 수 있다. 《지식의 저주(The Curse of Knowledge)》의 저자인 칩 히스(Chip Heath)와 댄 히스(Dan Heath) 형제는 이에 대해 "우리에게 주어진 지식이 있을 경우, 그 지식이 없으면 어떻게 될지 상상하기란 불가능하다."라고 설명한다.[18] 특정 주제에 대한 전문 지식이 많을수록 우리는 모두가 이해할 수 있는 중립적인 방식으로 문제를 설명하기가 어려워진다. 문제를 정의할 때부터 이미 그 속에 자신의 관점이 내재되기 때문이다. 학식과 전문 지식이 다양한 관점과 가능한 해법의 탐색을 제한하기 때문에 우리는 수평적 사고(이미 확립된 패턴에 따라 논리적으로 접근하는 것이 아니라 통찰력이나 창의성을 발휘하여 기발한 해결책을 찾는 사고 방법 – 옮긴이)를 하기 어렵고 '틀에 박힌 사고방식에서 벗어나기'가 어려워진다. 행동 경제학자들은 이를 기준점 편향(anchoring bias, 닻을 내린 배가 크게 움직이지 않듯이 처음 제시된 정보가 기준점이 돼 판단에 영향을 미치는 현상-옮긴이)이라고 부른다. 기준점 편향에서는 기존 지식에 의해 문제의 특성이 이미 규명돼 있거나 "고정돼 있다."[19]

국제 에이즈백신 추진본부(International AIDS Vaccine Initiative)는 에이즈 바이러스에 맞설 참신한 해법을 찾도록 돕기 위해 설립된 연구기관이다. 이 기관은 에이즈 바이러스의 효과적인 예방접종 방법을 찾아내는 공개 프로젝트를 후원했지만, 안타깝게도 제안 요청서(Request for Proposal)를 백신 과제로 규정하는 바람에 별로 높은 품질의 해법을 얻을 수 없게 됐다. 전문가들이 무심결에 이 문제를 백신으로 '고정시켰고', 그 결과 어쩔 수 없이 백신과 관련된 해법을 찾는 것으로 생각이 제한되었기 때문이다. 어떤 면에서 보자면 이것은 '해법은 백신이어야 한다'고 미리 판단해버린 선입견의 한 형태다. 백신이 아닌 더 뛰어난 해법이 있을 수 있는데도 말이다. 속담에도 있듯이 "당신이 망치라면 모든 것이 못처럼 보일 것이다."

혁신 컨설턴트인 앤디 징가(Andy Zynga)는 이 문제를 백신 개발 프로젝트라는 틀 대신 단백질 안정화라는 틀에 넣어보라고 제안했다.[20] 해법의 형태(백신) 대신 문제에 대한 과제(단백질 안정화)라는 새로운 틀을 제공함으로써 이 프로젝트는 더 광범위한 지식인과 전문가에게 도전의 기회를 열어주었다. 이렇게 틀을 재구성한 덕분에 국제 에이즈백신 추진본부는 14개국에 충분한 자격 요건을 갖춘 과학자들에게

서 34건의 제안서를 받았고, 그 제안들에는 이전의 해법보다 한층 다양하고 혁신적인 아이디어들이 담겨 있었다. 이런 예에서 알 수 있듯이, 조직이나 사람들이 높은 수준의 전문 지식을 가지고 있다면 때로는 그 지식의 경계가 새로운 각도에서 문제를 생각하는 능력을 제한할 수도 있다.

펜실베이니아 대학의 심리학 및 경영학 교수인 필립 테틀록(Phi lip Tetlock)은 자신의 저서 《전문가의 정치적 결정(Expert Political Judge ment)》[21]에서 전문가들이 했던 2,500여 건의 예측과 실제로 일어난 일을 비교 분석했다. 그리스의 시인 아르킬로코스(Archilochus)는 자신의 글에서 사람들을 두 가지 범주로 구분해 '여우'와 '고슴도치'에 비유하고 있다. 여우는 많은 것을 알지만, 전문가인 고슴도치는 중요한 것 한 가지만 안다. 테틀록 교수는 이 비유에 대입해봤을 때, 대체적으로 여우의 예측이 전문가인 고슴도치보다 더 정확하다는 것을 알아냈다. 한 가지 이유를 들자면 전문가의 편협한 초점이 자신의 전문 분야 이외의 다른 요소들로 구성된 더 큰 그림을 보는 데 방해가 됐기 때문이었다. 그래서 테틀록 교수에 따르면, 한 분야만 많이 아는 사람의 예측은 신뢰성이 떨어질 수 있다. 그는 또한 전문가들이 지나친 자신감 때문에 반대 의견을 무시해버리는 경향이 있다는 것을 알아냈다. 자만심이 빚어낸 현상이다. "수요가 많은 전문가들은, 각광을 받지 못하고 생계를 꾸리는 데 급급한 다른 동료들보다 지나친 자신감을 가지고 있다."[22]

지식이

전문 지식이 되면

우리의 관점을

제한하고 편협하게 만든다.

5

<u>모르는 척하기</u>

"사람들은 스스로 안다고 말하지만,

많은 사람들이 자신이 본 것을

이해하지 못하며 자신이 배운 것을 평가할 수 없다."

— 헤라클레이토스(Heraclitus)

리비(Libby)는 캐나다와 맞닿은 국경 근처의 몬태나주 북서부 언저리에 있는 매력적인 마을이다. 인구 2,600명의 이 단출한 지역사회는 빙하로 만들어진 협소한 쿠트나이(Kootenai)강의 계곡에 위치하며 울창한 산으로 둘러싸여 있다. 리비를 지나가게 된다면 예스러운 카페와 고풍스러운 상점 그리고 곳곳에 걸려 있는 "나는 리비를 사랑합니다."라는 간판이 첫인상으로 남을 것이다. 이곳은 전형적인 미국의 시골 마을이지만, 사실 리비에 관한 것들 중 전형적인 것은 아무것도 없다. 숨이 막힐 듯한 풍경과 고즈넉한 거리 사이를 헤집고 서서히 비극이 엄습해왔기 때문이다.

50년이 넘도록 리비의 지역사회는 석면증 및 석면과 관련된 질병에 맞서 싸우고 있다. 이러한 질병은 수백 명의 목숨을 앗아갔고 3대째 마을 주민들에게 영향을 미치고 있다. 리비의 사망률은 미국의 다른 지역보다 80배 이상 높은 데다가 새로운 환자들도 계속 속출하고 있는 실정이다. 환경 보호청(EPA, Environmental Protection Authority)은 이 사태를 "미국 역사상 가장 끔찍한 환경 재난"이라고 말하고 있다. 리비는 '그라운드 제로(ground zero)'로 알려지게 되었다.

이 재난은 리비의 인근 지역에 있는 질석 광산과 연관이 있다. 1963년 WR 그레이스 컴퍼니(WR Grace Company)가 사들인 광산이다. 문제는 질석 그 자체가 아니라, 독성이 매우 강한 석면의 일종인 투각섬석이 함유돼 있는 바위들 사이에 질석이 있다는 사실이었다. 현미경으로 보면 투각섬석의 길쭉한 조직이 가시 돋친 갈고리처럼 보이는데, 사람이 들이마시면 이 갈고리가 폐 조직에 달라붙어 치명적인 손상을 입힌다.

1960년대 초에 석면이 폐 질환을 유발한다는 사실이 알려졌다. 1955년 한 국제적인 기업의 회보는 '우리 직원이 석면에 노출됐을 때의 위험'에 대해 언급하고 있으며, 많은 직원의 흉부 엑스레이 사진이 석면증의 초기 증상을 보여주고 있었다. 병에 걸린 사람들에게 결코 알려주진 않았지만 말이다.

리비의 주민들 또한 이 독성 먼지에 노출되었다. "어디에나 있었어요. 먼지가 너무나 미세해서 공기 중에서는 보이지 않았지만 커피 안에 들어가 있는 것을 볼 수 있었죠." 이전에 광산에서 광부로 일했던 밥 윌킨스(Bob Wilkins)가 라디오 인터뷰를 통해 한 말이다. 1960년대 초부터 리비 주민들은 병들어가기 시작했고 석면증으로 목숨을 잃는 사람도 점점 늘어났다. 1990년에는 네 가정 중 한 가정 꼴로 호흡기 질환에 걸린 환자가 발생했고, 거의 매주 장례식을 치러야 했다. 이 지역에서 뭔가 단단히 잘못돼가고 있다는 증거가 산더미처럼 많았지만 지방 정부와 주 정부, 연방 정부 당국은 이에 대한 아무런 조치도 취하지 않았다. 관계 당국과 지역사회는 30년 이상 아무것도 못 본 척했고, 책임을 져야 할 광산 회사는 이러한 질병이나 사망과 어떤 관계가 있다는 의혹을 완강히 부인했다.

그때 게일라 베너필드(Gayla Benefield)라는 여성이 목소리를 높이며 나섰다. 베너필드는 "에린 브로코비치(Erin Brockovich, 미국 거대 기업의 환경오염과 무책임에 맞선 평범한 여성의 투쟁을 그린 영화 제목이자 주인공의 이름 – 옮긴이)보다 조금 더 나이는 많았지만 그녀 뺨칠 정도로 언변이 뛰어났다."라고 묘사된다. 베너필드는 이 비극에 대한 인식을 높이고 책임이 있는 사람들을 법정에 세우기 위한 투쟁의 아이콘이 되었다. 지난 40년 동안 베너필드의 가족 중 30명 이상이 폐와 관련된 질환으로 사망했다. 여기에는 그녀의 양친과 친딸, 손녀, 그밖의 가까운 친척들이 포함돼 있었다.

여러분은 이처럼 비극적인 결과를 초래한 대규모 재난을 무시하고 지내기는 어려울 것이라 생각할 게 분명하다. 하지만 이 마을의 주민들은 그렇게 했다. 강력한 증거들이 있었고, 이 병에 직접 걸린 사람도 있었으며, 또는 걸린 사람을 직접 봤는데도 말이다. 대부분 친구나 이웃, 가족을 잃었지만 그들은 잘못된 것은 아무것도 없다는 듯 일상생활을 다시 시작했다. 리비는 슬픔에 잠겼고 주민들은 말 그대로 거친 숨을 몰아쉬고 있었지만, 아무도 이 사실을 인정할 마음의 준비가 되어 있지 않았다. 리비는 '의도적인 무관심'의 전형적인 사례라 할 수 있다.

베너필드가 자신에게 명백히 보이는 것들에 대해 이야기를 나누려 했을 때 사람들은 다양한 반응을 보였다. 그녀의 말을 무시하거나 외면하고, 조롱했으며, 하찮게 여기고 부정했을 뿐만 아니라 반발하기까지 했다. 다른 이들의 건강 상태에 대해 가장 회의적인 사람들은 자신의 건강에 영향을 받지 않은 주민들이었다. 그들은 '그렇게 위험한 상황이라면 틀림없이 누군가 그에 상응하는 조치를 취했을 것'이라고, 다시 말해 의사들이 공개적으로 어떤 상황인지 밝혔거나 관계 당국이 개입했을 거라고 주장했다. 어쨌든, 한낱 중년의 동네 주민에 지나지 않는 베너필드가 어떻게 석면증에 대해 알겠는가? 많은 사람들이 리비는 괜찮다고 말했고, 생활하고 가족을 부양하기에 더할 나위 없이 안전한 곳이라고 생각했다. '이 마을에 잘못된 건 아무것도 없다는 걸 누구나 다 안다'라는 것이 그들의 생각이었다.[24] 심지어 어떤 사람들은 자동차 범퍼에 이렇게 인쇄된 스티커를 붙이고 다니기도 했다. "나는 몬태나주 리비의 주민이며 석면증에 걸리지 않았습니다."

이 지역사회는 베너필드의 주장을 믿는 사람들과 이에 대해 이야기하는 것조차 원치 않는 사람들로 분열되었다. 리비는 다정하고 친절한 마을이라는 게 일반적인 인식이었지만 석면증 환자들은 차가운 눈총만 받았으며, 최악의 경우 분노와 적의를 품은 사람들과 마주쳐야 했다. 전 세계가 명백한 사실을 외면하려는 음모를 꾸민 것 같았다. 처음에는 환경보호청마저 이 소식을 회의적으로 대했다. 그 이전의 다른 모든 사람들처럼, (리비의 상황을 조사하기 위해 환경보호청이 구성한 팀의 리더인) 폴 페로나드(Paul Peronard)의 반응도 처음에는 회의적이었다. "그렇게 심각한 일이라면 우리가 벌써 알았을 것이다. 허, 이게 사실이라면 어떻게 모르는 사람이 있을 수 있겠는가. 허튼소리임에 틀림없다."[25]

　하지만 베너필드는 포기하지 않았다. 마침내 방호복을 입은 정화팀이 마을에 보이기 시작했다. 유독 장소에 저지선을 설치해 사람들의 출입을 통제했고, 몇 톤이나 되는 오염된 흙을 트럭으로 실어 날랐으며, 일가족을 안전한 곳으로 대피시킨 뒤 집을 비닐로 덮어버렸다. 하지만 그때까지도 몇몇 마을 주민들은 엄연한 현실을 받아들이려 하지 않았다. 석면증 전문 병원이 문을 열었을 때 사람들은 처음에 뒷문을 통해 병원에 들어갔는데, 그것은 그동안 베너필드가 옳았다는 것을 인정하기 싫었기 때문이었다.[26]
　광산 회사인 WR 그레이스는 끝까지 문제가 있다는 사실을 부인했지만, 결국에는 책임이 있음이 법정에서 밝혀져서 질병에 걸린 사람이 있는 가정에 보상금을 지불하라는 명령을 받았다. 사람들은 서서히 자기 마을에 닥친 비극의 심각성을 받아들이기 시작했다. 자동차 범퍼에 붙인 스티커의 내용도 이렇게 바뀌었다. "우리는 석면을 처리하기 위해 가능한 모든 노력을 기울이고 있습니다."

　마을 사람들과 관계 당국, 정치인들이 처음 석면증의 가능성에 대해 들었을 때 "무슨 일이 벌어지고 있는지 모르겠군."이라 말하며 자신들이 모른다는 사실을 받아들였더라면 상황이 어떻게 달라졌을까? 이 문제에 대해 공개적인 조사에 착수했더라면 또 어땠을까? 하지만 이미 '알고 있는 것', 즉 리비는 아이들을 안전하게 키울 수 있는 곳이며 멋진 마을이라는 것에 대한 신뢰는 확고부동했다. 그들은 자신이 아는 것에 매달렸으며 의심이나 무지의 가능성을 위한 어떤 여지도 남겨두지 않았기 때문에 처참한 결과를 초래했던 것이다.

6

지식인의 가식

"넥타이를 매고 있는 사람의 예측을 받아들이는 것은 좋은 생각이 아니다."

– 나심 니콜라스 탈레브

1974년 프리드리히 하이에크(Friedrich Hayek)가 노벨 경제학상을 받았을 때 그는 수상 연설에 '지식의 가식(The Pretense of Knowledge)'이라는 제목을 붙이면서 고전 경제학 이론에서 가정하는 전지성(全知性)을 토대로 정책을 세우지 말라고 경고했다. 그 이후로 연구는 전문가들의 예측에 의존할 경우 문제가 생긴다는 일관된 결과를 보여주었다. 이런 문제는 전문가들이 틀리는 경우가 빈번하기 때문에 발생한다.[27]

2008년 11월, 투자 은행인 리먼 브라더스(Lehman Brothers)가 파산하고 나서 금융위기가 최고조에 달했을 때, 엘리자베스 2세 여왕이 런던 경제대학을 방문했다. 걸출한 경제학자와 전문가, 학생으로 구성된 군중에게 여왕은 단순하지만 통렬한 질문을 던졌다. "왜 신용 경색 (credit crunch, 시중의 자금 유동성이 원활하지 못한 상황. 금융 회사들이 미래 불확실성을 우려하여 금고 속에 돈을 넣어둔 채 풀지 않아 시중에는 자금이 유통되지 않는 현상을 말한다 – 옮긴이) 현상이 발생할 거라고 아무도 예측하지 못한 거죠?"

2009년 6월 17일 영국 학사원(British Academy)은 해답을 찾기 위해 런던시와 기업, 규제 기관, 정부 등의 전문가와 학자, 대표를 소집해 공개 토론회를 열었다. 2009년 7월 26일 통상 금지령이 내려진 후 공개된 보고서에 따르면 많은 사람들에게 이 위기는 알려져 있었던 상태였을 뿐 아니라 심지어 예측도 가능했다. "많은 사람들이 위기를 예견했다. (중략) 금융 시장과 세계 경제의 불균형에 대한 경고가 여러 차례 있었다. 예컨대 국제결제은행(Bank of International Settlements)은 위험 요소가 금융 시장에 제대로 반영된 것 같지 않다는 우려를 거듭 표명했었다." 이 보고서는 계속해서 잉글랜드 은행(Bank of England)이 자체적으로 연 2회 발행하는 금융안정성 보고서(Financial Stability Reports)를 통해 수차례 경고를 했다고 말하고 있다. 분명히 위험관리자가 부족한 것은 아니었다. 소문에 의하면 한 은행은 4,000명이나 되는 위험관리자를 보유하고 있었다.

그러니 사실 경고를 하지 않았다는 게 문제는 아니었다. 이 보고서는 소수의 전문 지식에 대한 지나친 자신감이 원인이라고 밝히고 있다. 자신이 무엇을 해야 하는지 잘 안다는 믿음과 복잡한 상황의 전문 지식에 대한 맹신, 바로 그것이 문제였던 것이다.

그러나 경고에 대해, 대부분의 은행은 자신이 무엇을 하고 있는지 안다고 확신했다. 그들은 금융의 마법사가 위험을 관리하는 새롭고 똑똑한 방법을 찾아냈다고 믿었다. 실제로 몇몇 은행은 다양한 금융 상품을 통해 위험을 분산시켰으며 사실상 위험을 제거했다고 주장했다. 이보다 희망적인 생각과 자만심이 결합된 더 좋은 사례를 떠올리기는 어렵다. (중략) 아무도 자신의 판단이 잘못됐거나 자신이 관리하는 조직의 위험을 면밀히 조사할 능력이 없다고 생각하고 싶어 하지는 않았다. 모든 은행가와 금융업자가 자신은 물론 스스로 선진 경제의 속도를 주도하는 엔지니어라고 생각하는 사람들을 속인 셈이다.[28]

보고서는 가벼운 일시적인 규제와 저금리, 인플레이션 등의 풍조 또한 이런 상황의 원인이라는 것을 인정했다. 그러나 동시에 주어진 역할을 맡은 개개인은 흠잡을 데 없는 지성을 갖추고 있었지만 이는 전문가들의 자만심과 집단 심리, 맹목적인 믿음이 주요 원인인 집단적 실패라는 점을 분명히 밝히고 있다.

당시 미 연방 준비제도(Federal Reserve of the US) 이사회의 의장이었던 앨런 그린스펀(Alan Greenspan)은 국제 금융위기를 예측하는 것은 어려운 일이라고 인정했다. 그린스펀은 이렇게 말했다. "연방 준비제도는 존재 가치가 충분한 경제 조직이었다. 특출하게 유능한 그 모든 사람들이 이런 중대한 문제가 닥쳐올 거라고 예측할 수 없었다는 것을 우리는 자문해봐야 한다. 왜 그럴까? 그 답은 우리 인간이 그만큼 똑똑하지 않기 때문이다. 우리는 그렇게 멀리 있는 사건을 미리 볼 수 없다."[29]

인정하고 싶지는 않지만 인간은 심각한 인지적 한계를 가지고 있다. 체스를 생각해보자. 대부분의 사람들은 체스 그랜드 마스터(2013년 현재 세계에 단 1,441명뿐임[30])가 특출한 인지 능력을 가지고 있다는 데 동의할 것이다. 특히 체스에 관해서는 말이다. 하지만 그랜드 마스터라 할지라도 정해진 일관적 규칙을 가진 게임인 체스를 둘 때는 10~15수 정도를 내다볼 수 있을 뿐이다. 체스라는 게임과 세계 경제라는 게임을 비교해보자. 4,000명이나 되는 위험관리자들이 있으니 시장의 동향을 정확하게 예측할 수 있다고 생각하는 것은 어리석은 짓이다. 수백만 명의 개인이라는 배우들이 때로는 합리적으로 또는 비합리적으로, 때로는 예측한 대로, 또는 혼란스럽게 교차 선택을 하는 시장에서는 말이다.

베를린에 있는 막스 플랑크 연구소(Max Planck Institute) 적응행동과 인식센터(Centre for Adaptive Behaviour and Cognition)의 소장인 게르트 기거렌처(Gerd Gigerenzer)는 사람들이 여전히 자신의 자산관리자를 맹목적으로 믿으며 자신을 위해 미래를 예측해줄 수 있다고 믿는 태도를 고수하는 것에 놀라움을 표한다. 금융 기관들은 1년에 한 번, 다우지수와 미 달러 환율 동향의 연간 예측을 실시한다. 하지만 기거렌처는 우리에게 다음과 같은 점을 상기시킨다. "이런 예측 연구는 기껏해야 가능성에 불과하다. 우리는 산업계의 동향을 예측하기 위해 해마다 2,000억 달러를 쏟아붓지만 대부분 오류투성이의 결과를 얻을 뿐이다."[31]

전문가란 2008년 국제 금융위기를 파악하고 예측해낸 사람들이 아니다. 테틀록의 고슴도치가 보여주는 바와 같이, 대개의 전문가들은 정확한 예측을 하는 데 있어 최악이다. 세계는 그들이 알고자 하는 것보다 빠른 속도로 움직인다. 타인들에게 이의를 제기받은 전문가들이 자신이 틀렸다고 인정하는 경우를 보기는 좀처럼 어렵다. 대신 그들은 변화하는 환경을 탓한다.[32]

우리는 주위 사람들로부터 무능함과 부족함을 감춰야 한다는 압박감을 통렬하게 느끼고, 그 결과 해답을 가지고 있는 척한다. 사실은 그렇지 않은데도 말이다. 또는 다른 누군가가 해답을 알고 있을 거라고 믿으려 하고, 전문가들에게 기대를 걸며 그들이 무엇을 해야 할지 알 것이라 생각한다. 반대되는 증거가 나올 때조차 우리는 이의를 제기하고 우리 자신의 판단력을 활용하려 하기보다는 오히려 다른 누군가의 거짓된 확실성을 믿으려고 한다. 리더와 우리의 관계에서 이런 의존성은 더더욱 극심하다.

둘,

지식에 의존한다는 것

"우리의
지식이
드리우는
그림자를
조심하라."

줄리 다이아몬드(Julie Diamond), 과정 지향 심리학자이자 컨설턴트

1

아는 것이 너무 많은 리더

한 유럽 금융 기관의 전임 최고교육 책임자였던 애나 시미오니는 초등학교 시절 공부에 관심이 없었고 숙제를 싫어했다. 그녀는 수업에 집중하는 학생이었고 공부도 잘했지만, 종종 친구들과 숙제를 놓고 거래를 하곤 했다. 그녀는 '알아야 한다'는 생각에 들볶이지 않았고, '적당히 잘하는 것'으로 만족했다.

고등학교 시절, 애나는 친구들과 작은 동아리를 만들어 자신만의 철학 운동을 시작했다. 그들은 자신을 '불확실학자: 확신하지 않는 사람들'이라고 불렀고 '절대 확신하지 마라'가 그들의 신조였다. 자신이 믿거나 믿지 않는 것을 어느 순간 하게 될지 혹은 안 하게 될지 실제로 우리가 확실히 알 수 있는 방법은 결코 없다고 생각했기 때문이다.

대학에 다니면서 대학이란 곳에는 불확실성을 위한 여지가 거의 없다는 것을 알고 애나는 놀랐다. 교수들은 문제에 맞는 답과 틀린 답이 있을 뿐 그 사이에는 아무것도 없다고 생각했다. 선다형 문제 시험을 볼 때마다 그녀는 경우에 따라서는 정답이 딱 하나가 아니라 적어도 두 개는 된다고 늘 생각했지만, 교수들은 애나의 생각을 놓고 논쟁을 벌이는 데 관심이 없는 것 같았다. 그들은 이렇게 말하며 그녀의 말을 자르곤 했다. "이게 정답이야. 그건 틀린 답이고."

애나가 컨설팅 업체에서 일을 시작하게 되면서 모든 것이 바뀌었다. 그녀는 이렇게 말했다. "대학 시절의 그런 경험이 나를 망쳐놓은 거 같아요. 나는 고객들을 위해 정답을 알아야 한다고 생각했어요. 전문 지식을 배우고 쌓아야 한다는 생각이 나를 몰아붙였어요. 나는 남성이 지배하는 업계에서 일하는 젊고 매력적인 여성이었던 거죠. 능력으로 인정받겠다는 열망이 간절했어요. 사람들이 '저 여자는 예쁘고 매력적이라 입사했구먼.'이라고 수군대는 소리를 듣고 싶지 않았어요." 가정환경을 비롯해 자신의 역할에 대한 대학과 스스로의 기대 때문에, 애나는 '맞거나 아니면 틀리다'는 사고방식을 갖게 되었고 삶의 초점도 능력에 맞추기 시작했다.

애나는 곧 회사에서 핵심 인재로 손꼽히게 되었다. 24세가 되던 해에 심리 평가를 받았는데, 직업심리학자는 이런 평가분석표를 한 번도 본 적이 없다고 말했다. 분석표에 따르면 그녀는 최고경영자가 될 잠재력을 가지고 있었다. 애나는 우쭐해졌고, 이로 인해 능력에 대한 집착은 더욱 강해졌다. 능력에 대한 욕구와 쌓여가는 전문 지식 덕분에 그녀는 승진을 했고 여러 차례 '최고 성과자' 상을 받는 등 보상도 얻었다. 하지만 그녀의 접근법에 융통성이 없다는 것을 알게 된 동료들은 애나에게 '방법론의 수호자'라는 별명을 붙여주었다. 동료들은 고객의 요구에 맞춰 방법론을 조정할 방안을 모색했지만, 애나는 이론적인 방법론에서 벗어나지 않고 이런 접근법을 지키기 위해 동료들과 언쟁을 벌였기 때문이다.

30대에 애나는 전문 지식을 토대로 경력을 쌓으며 한층 자신감을 갖게 되었고 원하는 대로 할 수 있는 권리를 얻었다. "그 당시의 나는 대하기 어려운 친구였어요. 내 자신감, 그리고 내 관점에 대한 집착은 인간관계에 방해가 됐죠. 매우 선별적으로 소수의 친구만 사귀었고 내 핵심 팀과 놀랄 만큼 밀접한 관계를 맺고 있었어요. 그들은 내 열정과 완고함을 좋아했죠. 하지만 내 핵심 팀 외의 사람들은 모두 괴로워했어요. 나는 지나칠 정도로 똑똑하고 유능해서 가까이 하기엔 너무 먼 사람으로 여겨졌던 거예요."

자신의 역할에 대한 360도 피드백(360-degree feedback, 조직원의 역량이나 성과에 관한 평가나 조언을 관계되는 모든 사람에게서 받는 것. 즉, 직속 상사 한 사람이 아니라 상사와 부하, 동료, 본인, 고객 등 다양한 평가자에 의해 다양한 수준과 측면에서 이루어지는 평가 - 옮긴이)을 실시하고 나서 애나는 정신이 번쩍 들었다. 팀원들은 애나가 전적으로 유능하다고 평가했지만 함께 일하는 것이 즐겁지는 않다고 보고했고, 자신들이 때로는 실수도 하고 팀에 기여도 하며 성장할 수 있는 여지가 없다고 느꼈다. 팀원들은 자신의 의견이 중요하지 않다고 생각했는데, 이는 애나가 언제나 너무 유능하고 언제나 통제를 하는 데다 모든 일에서 뛰어났기 때문이었다. 애나가 팀에 미치는 영향은 분명했다. 팀원들은 그녀를 위해 일할 의욕을 잃었다. "우리 팀은 어떤 면에서 나의 '모든 것을 안다는 식의 접근법' 때문에 고통을 받고 있었죠." 피드백 보고서를 처음 읽었을 때 애나는 매우 화가 났다. "나는 유능하다는 것에 큰 자부심을 갖고 있었어요. 사실 나는 능력이야말로 관리자가 갖춰야 할 최고의 덕목이라고 생각했거든요. '나도 나처럼 유능하고 공정한 상사를 만났더라면 좋았을 텐데!'라는 생각을 했었죠. 내가 보기에 나는 제대로 일하고 있었어요. 팀원들에게 '우리는 이런 방식으로 일을 처리해야 해요'라는 말로 자신감을 주고 있었고요." 하지만 애나는 팀원들과 관계를 맺는 자신의 방식 때문에 그들이 불편하게 느낀다는 것을 이제야 알 수 있었다.

"나의 팀장은 모든 것을 아는데 나는 그렇지 않다면, 내가 맡은 일을 해낼 수 없다고 느끼는 것은 당연합니다. 팀장이 그런 사람이고 그의 지식을 통해 '아, 이게 어려운 점이구나' 또는 '이게 우리 조직에서 새롭고 생소한 부분이구나'라고 느낀다면, 팀장의 지식은 팀원의 영향력을 빼앗을 수도 있습니다. 나는 팀원들에게 나의 지식을 통해 새롭고 중요한 변화들을 알려주고 싶었어요. 필요한 일이었기 때문이죠. 하지만 내 행동이 그러한 변화를 오히려 방해하고 있었던 거예요."

애나의 학식과 전문 지식은 팀원들의 경험과 현실적으로 너무 동떨어져 있었다. 그녀가 팀원들에게 해야 할 일을 전달하는 방식은 팀원들이 스스로를 유능하긴커녕 외려 무능하다고 느끼게 만들었다. 그 이후 그녀는 불안감을 느끼는 사람들과 대화할 때 의사소통의 흐름이 왜곡된다는 것을 알게 되었다. "복잡하고 어려운 문제를 처리해야 할 때, 리더들은 팀원을 어린애처럼 다루는 경향이 있습니다. '있잖아, 걱정하지 마. 어떻게 하는지 내가 알려줄게.' 같은 식으로 말이죠. 우리는 이런 방식이 도움이 된다고 생각하죠. 나는 정말 이렇게 하는 게 옳다고 믿고 있었고 도움이 될 거라고 생각했어요."

하지만 이때까지 애나는 스스로 어색함을 느끼고 있었다. 그녀가 '모르는 것'에 대한 불안감을 다루는 유일한 방법은 "여러분에게 이야기해줄 게 있어요."라는 식의 접근법을 취하는 것이었다. 이것이 동료들에게 안정감을 주고 생산성을 보다 높이는 데 도움이 될 거라고 생각했기 때문이었다. 그녀는 '알아야 하는' 자신의 역할에서 느꼈던 압박감을 이렇게 설명하고 있다. "내가 결과에 대해 책임을 져야 하는 유일한 사람이라고 생각했어요. 좋은 결과를 내고 싶었고, 그래서 우리 팀이 최선을 다하길 바랐죠. 큰 도전 과제가 있었고 위험도 컸어요. 내가 모든 것을 짊어져야 한다는 신념으로 팀 동료들에게 해야 할 일을 분명하게 전달해야 한다고 생각했어요. 나는 무엇이 필요한지 알았어요. 그래서 '나를 따라오면 되는' 문제라고 여겼던 거죠. 이 방법이 부정적인 긴장감을 초래해 좋은 결과를 얻지 못했을 때면 나는 실망했고, 내가 생각하기에는 가장 좋은 방식인데 왜 팀원들이 내 지시대로 일하려는 의욕이 없는지 도무지 이해할 수가 없었어요."

'너무 많이' 알아서 오히려 진보를 방해하는 상황들은 분명히 있다. 애나의 경우처럼, 책임자는 '모든 것'을 알아야 한다는 기대감 때문에 주변 사람들의 심신을 지치게 만들어버리는 상황을 초래할 수 있다. 이것은 불안감을 유발하고 다른 사람들의 영향력을 빼앗는다. 이처럼 자신의 학식과 전문 지식에 지나치게 의존하는 경향 때문에 오히려 우리의 배움과 성장은 제한받게 된다. 만일 팀원들을 관리하는 리더라면 이로 인해 팀에 악영향을 미칠 수 있다. 지식이 결국 부작용을 일으키고 부정적인 영향을 끼칠 수 있기 때문이다.

회사가 우리에게 주는 압박감과 부담감은 '지식의 환상(illusion of knowledge)'을 불러일으키는 원인이 된다. 이로 인해 우리는 점점 의문에 대한 면역성이 생기고, 비록 아는 게 없지만 아는 것처럼 말하는 '아는 척 하기' 기술의 달인이 된다. 우리의 인정을 받기를 바라고 우리의 전문 지식에 의존하는 사람들에게 둘러싸인 채, 우리는 자신이 뭘 해야 하는지 안다는 환상의 희생양이 되는 것이다.

2

'확실한' 리더의 문제점

"독단주의와 회의주의는 둘 다 어떤 의미에서 절대적인 철학이다.

전자는 확실히 아는 것이고 후자는 확실히 모르는 것이다.

철학이 퇴치해야 하는 것은 확실성이다. 그것이 지식이든 무지든."

– 버트런드 러셀(Bertrand Russell)

다이애나 왕세자비의 사망 소식 또는 F. 케네디(John F. Kennedy) 대통령의 암살 소식을 언제 그리고 어디서 들었는지 기억하는가? 또는 뉴욕의 세계무역센터(World Trade Center)가 항공기 테러를 당했을 때 자신이 무엇을 하고 있었는지 기억하는가? 이런 비극적인 사건들은 우리의 기억 속에서 영원히 각인돼 있을 것 같다. 하지만 시간이 지나면 과연 이런 기억들은 얼마나 일관성 있고 얼마나 정확하게 유지될까? 또 우리는 이런 기억들을 얼마나 확신할 수 있을까? 다이애나의 이야기를 들어보자.

당시 나는 런던에 있는 미국 법률 회사에서 일하고 있었어요. 마침 시카고 사무실에 있는 한 동료에게 전화를 했죠. 나는 다음 날 아침

까지 제출해야 하는 보고서를 마무리하려고 검토하는 중이었고 정말 중요한 숫자 몇 개를 빠뜨렸다는 걸 알았거든요. 그때 통화 중인 동료의 목소리를 듣고 금세 무언가 단단히 잘못됐다는 걸 알았죠. "미안해, 지금은 통화할 수 없겠어. 뉴욕의 우리 사무실이 테러를 당했어. TV를 켜봐." 그가 허둥대는 목소리로 말하고 전화를 끊었어요. 얼떨떨한 표정으로 사무실에서 복도로 나와서 어떻게 된 건지 알아볼 만한 사람을 찾아봤어요. 사람들은 대부분 책상에서 조용히 일하고 있었어요. 그때 갑자기 매니징 파트너(Managing Partner, 법률 회사의 지분을 보유하고 있는 사람 중 하나로, 법률 회사 전체의 경영에 참여하는 주요 변호사 – 옮긴이)가 사무실 앞을 다급하게 지나가며 소리쳤어요. "우리 테러당했어!" 곧 아수라장이 됐죠. 사람들이 그를 따라 중역 회의실로 들어갔는데, TV에서 연기가 치솟는 고층 건물의 장면이 나오고 있었어요. 모두들 우리 회사의 뉴욕 사무실이 세계무역센터 북쪽 건물의 54층에서 59층까지 쓰고 있다는 것을 알고 있었어요. 회의실은 금세 사람들로 가득 찼는데, 어떤 사람들은 울음을 터뜨렸고 어떤 사람들은 충격에 빠진 채 화면을 뚫어져라 쳐다봤어요. 이 충격적인 사건에 대한 뉴스를 보거나 들은 대부분의 사람들처럼 나도 그날 오후에 있었던 일을 생생하게 기억하고 있어요. 손톱을 세게 물어뜯던 일, 가슴이 찢어질 듯 아파서 TV를 보다가 문밖으로 뛰쳐나갔던 일이 기억나요. 내가 무엇을 입고 있었는지, 누가 무슨 말을 했었는지, 내 주변에 뭐가 있었는지 자세하게 말할 수 있어요. 하지만 연구에 따르면 그날의 내 기억은 확실한 것이 아니라고 하는군요.

'섬광 기억(flashbulb memory)'이라고 알려져 있는 단어는 1977년 심리학자인 로저 브라운(Roger Brown)과 제임스 쿨릭(James Kulik)이 도입한 용어다. 이처럼 매우 극적인 사건은 우리에게 감정적으로 너무나 중요해서 마치 사진처럼 세부적인 것들까지 빠짐없이 생생하고 정확하게 포착해 기억 속에 각인된다는 게 그들의 주장이다. 어떤 사건을 "어제 있었던 일처럼 기억해요."라는 말과 함께 떠올린다면, 아마도 우리 삶 속에서 섬광 기억을 끄집어냈을 가능성이 크다.

하지만 흥미로운 것은 (시간이 흐를수록 기억은 감퇴한다는 사실을 보여주는) 기억의 신뢰성에 대한 연구뿐만이 아니다. 기억의 정확성에 대해 사람들이 갖는 높은 수준의 확실성에 대한 연구 또한 큰 흥미를 끈다. 심리학자인 울릭 나이서(Ulric Neisser)는 1986년 1월 우주 왕복선 챌린저(Challenger)의 폭발 사건 이후에 실시한 연구에서, 이 사건의 직후와 그 뒤로 2년 6개월이 지난 시점에 각각 학생들이 기억하는 것을 비교하였다. 이 연구는 25%의 학생들이 2년 6개월 후 처음과 상당히 다른 묘사를 했다고 밝혔다. 하지만 훨씬 더 놀라운 것은 나이서가 그 학생들에게 원래 그들이 썼던 기록을 보여주며 사건에 대한 설명이 서로 다르다고 하자, 그들은 자신의 잘못된 기억이 틀림없이 맞다고 확신한다며 강력하게 반박했다. 한 학생은 심지어 이렇게 말했다. "내 필체는 맞는데요, 그런 일은 없었어요."[33]

전문가들이라고 확실성 편향에 면역력이 있는 것은 아니다. 어떤 믿음에 얽매여 있을수록 그 믿음에서 벗어나거나 자신이 틀렸다고 인정하기가 더 어렵기 때문이다.[34] 우리 안에는 마치 우리가 접할 수 있는 의문이나 모호함의 침략, 혹은 확고부동한 세계관에 대한 도전에 자동으로 대응하는 내재적인 면역 체계가 있는 것과 같다.

사회에 기반을 둔 지식은 확실성의 가치를 높게 평가한다. 자신이 말하고 있는 것에 대해 잘 아는 것처럼 보이고, 스스로에 대한 확신을 가지고 있으며, 중요한 문제를 성공적으로 처리하면서 확신을 가지고 말하는 것, 이 모든 것들이 우리를 유능한 것처럼 보이게 한다. 자신이 쓸모 있음을 보여주기 위해 무슨 일이 일어나고 있는지 파악하고 문제를 해결할 때처럼, 우리의 내면에는 확실성에 대한 필요성이 깊이 뿌리박혀 있다. 그렇기에 우리는 확실성이 우리의 삶에 언제 압박을 가하고, 우리가 어떤 식으로 확실성을 표현하고 있으며, 그 영향이 무엇인지조차 알아차리지 못할 수도 있다. 누군가 무엇을 해야 하는지 확실히 아는 것처럼 보일 때 우리의 의심은 사그라진다. 자신감은 확실성을 낳지만, 의심은 불확실성과 일에 대한 능력의 불신을 낳는다. 그렇기에 '전문가들은 무엇을 해야 하는지 안다'는 환상은 우리에게 큰 위안이 된다.

2004년 9월 30일 당시 미국 대통령 조지 W. 부시(George W. Bush)와 상원 의원 존 케리(John Kerry)가 벌인 첫 대통령 후보자 토론에서, 부시는 케리가 이라크 전쟁에 대한 입장을 바꾸었다고 다음과 같이 비난했다.

"나는 이 세계가 어떻게 움직이는지 분명히 압니다. 그리고 정부 의회는 미국 대통령의 확신을 필요로 합니다. 필요하다면 우리는 전략을 바꾸겠지만, 결코 우리의 신념을 바꾸지는 않을 것입니다. 세상에서 이 나라를 지키는 데 있어야 하는 전략적 신념 말입니다."[35]

이에 맞서 케리는 '확신'으로 인해 부시가 곤경에 빠질 수 있으며, 현실을 인정하고 그에 맞춰 정책을 조정해야 한다고 반박했다.[36] 대통령에 재당선된 부시는 자신이 맞다는 확실성과 확신을 전달해야 한다는 의무감을 가지게 되었고, 이는 미국이 중동에 선전 포고를 하는 요인 중 하나가 되었다. 그곳에 대량 살상 무기가 있다는 추측에 대한 확신 때문에 말이다.

정치인들은 계책을 세울 수 있는 여지가 별로 없다. 2013년 9월 7일, 브리즈번 출신의 젊은 정치인인 니콜 레시오(Nicole Lessio)는 호주연방의회의 노동당 의원에 출마한 후 '아는 것'에 대한 압박감이 정치적 참여를 높이는 데 주요한 장벽임을 확신하게 되었다.

그 압박감이란 엄청납니다. 당신이라면 대중매체의 놀림감이 되는 후보가 되고 싶겠어요? 누구라도 자기 자신과 가족을 창피하게 만들고 싶지는 않을 거예요. 틀림없이 자신의 정당까지 부끄럽게 만들고 싶은 사람은 더더욱 없겠죠.

지식을 사칭하거나 가장하게 되면 큰 위험이 따르게 돼요. 그리고 (특히) 대중매체는 약간의 잘못된 사실이라도 끄집어내려고 혈안이 돼 있어요. 수많은 인터뷰를 치르는 동안 기자들은 하나같이 특정 사실이나 특정 수치에 대한 '나의 무지를 잡아내려고' 열을 올렸어요.

연방의회의 재임 의원인 니콜의 경쟁자는 모든 세부 사항을 꼼꼼히

당신의
지식이
주위
사람들에게
드리우는
그림자를
아는가?

살펴보는 데 모든 업무 시간을 사용한다. '아마추어' 도전자인 니콜은 정당 사무실에서 그날의 사건에 대해 '간추린 일일 브리핑'을 받는 정도면 충분하다고 생각한다. 그러나 대개의 경우는 자신의 일반 상식과 자신이 익숙한 정치 부문의 특정 지식, 알려지지 않아 불편한 지식 등에 전적으로 의지한다. "흥미로운 역설이죠. 대중매체와 대중은 우리가 '평범한' 사람이기를 기대하지만(다시 말해 정치인이 아니길 바라는 거죠. 그들은 정치를 직업화하는 것을 정말 싫어하거든요), 동시에 정강 정책 하나하나의 세세한 부분까지 속속들이 알고 있기를 바라니까요. 이것을 답파하는 것은 정말 힘든 일이에요."

공개 토론회 중 질문을 받은 니콜은 이렇게 대응했다. "그 부분에 대해서는 완전히 확신할 수가 없군요. 알고 싶은 사항을 자세히 말씀해주시겠어요? 그 문제에 대해 알아보고 다시 연락드려도 될까요?" 그녀의 눈에는 패널로 나온 다른 후보자들이 알아야 한다는 압박감을 더 크게 느낀 것처럼 보였으며, 다양한 문제에 대해 마치 잘 알고 있는 것처럼 행동했다고 말한다. "일부 유권자들은 잘못된 정보를 상당히 만족스럽게 선뜻 받아들였지만, 명백하게 잘못된 정보에 코웃음을 치는 사람들도 있었어요. 내가 그런 실수를 했더라면 많은 유권자들이 찍어 올린 장면과 함께 우스운 뉴스거리가 되지 않았을까 하는 의심을 떨쳐버릴 수가 없어요." 니콜의 말이다.

정치인에 대한 기대감은 구속복과 같이 그들의 마음을 바꾸기 어렵게 한다. 이전 영국의 총리 마거릿 대처(Margaret Thatcher)는 "숙녀는 방향을 돌리지 않는다(the lady's not for turning)."라는 유명한 연설을 남겼다. 나약한 표시를 내려 하지 않은 것이다. 호주의 전 총리 케빈 러드(Kevin Rudd)가 2013년 5월 20일 자신의 블로그에 게시한 글에서 동성 결혼에 대한 자신의 입장을 바꿨을 때 니콜은 이를 축하해주었다. 니콜이 이 글을 자신의 페이스북 선거운동 페이지에 공유하자 수많은 메시지가 쇄도했다. 대부분은 지지하는 내용의 메시지였지만 러드가 마음을 바꿨다는 사실에 몹시 실망했다는 메시지도 제법 있었다.

니콜의 이야기는 정치인들과 리더십을 발휘해야 하는 역할을 맡은 각계각층의 사람들이 처해 있는 아슬아슬한 상황을 보여준다. 이것은 또한 우리 가운데 상당수가 빠지는 난감한 딜레마를 보여준다. 어떻게 하면 우리가 아는 것에 대해 의문을 품고, 동시에 진술할 수 있으며, 또 다른 한편으로는 확실한 것에 대한 다른 사람들의 기대에 부응할 수 있을까?

3
너무나 무거운 기대의 무게

바스 대학(University of Bath)의 조직이론 교수인 야니스 가브리엘(Yiannis Gabriel)이 실시한 연구에 따르면, 책임자들이 전지전능하길 바라는 우리의 기대는 어린 시절의 경험에 의해 형성된다. 삶에서 우리의 부모님이나 조부모님 같은 양육자에게서 경험하게 되는 최초의 전지전능한 역할은 육아다. 그들은 우리에게 우주의 중심이자 시작이다. 우리는 완전히 무력한 상태로 태어나 부모님이 제공하는 먹을 것과 안식처, 사랑에 의존한다. 우리가 첫걸음을 내디딜 때 옆에서 지켜봐주고, 비틀거릴 때 잡아주며, 우리를 둘러싸고 있는 세상으로 나아갈 방향을 알려줄 뿐만 아니라 난해한 생각이나 상황에 빛이 돼주고, 어려운 시기에 우리를 위로해줄 것이다. 아이들의 눈에 비치는 부모님은 모든 방면의 전문가다.

부모님이 실패와 실수를 했던 일을 생생하게 기억하고 있음에도, 우리 중 상당수는 이런 완벽함과 전능함에 대한 환상을 가지고 직장에 들어간다. 이런 환상은 상사와 우리의 관계에 영향을 미치고, 우리가 책임자들에게 갖게 되는 기대감을 확연히 보여준다. 권한을 가진 사람들에 대한 필요성은 우리의 몸에 뿌리박혀 있다. 우리는 직면하고 있는 문제를 해결해주고, 도와주며, '구해줄 수 있는' 누군가가 있을 거라고 믿고 싶어 한다. 우리의 경험은 그렇지 않다고 말하고 있으며, 이미 이전에 여러 번 실망스러운 일을 겪었는데도 말이다.

한 대기업의 정보 기술 부서에서 프로젝트 매니저로 일하고 있는 캐롤라인은 자신과 부서장의 관계를 다음과 같이 설명한다.

제인은 내가 조언을 구하러 갈 수 있는 사람이에요. 제인이 언제나 나를 위해 시간을 내주는 걸 정말 고맙게 생각하고 있죠. 내가 이 부서에서 처음 일을 시작했을 때 나를 보살펴줬고, 가끔 점심시간을 함께 보내면서 업무에 대한 이야기를 나누기도 했어요. 배워야 할 것이 정말 많은 데다 위험이 아주 큰 시기였어요. 새로운 기술 플랫폼을 출시하려고 준비하던 중이었고 모두가 스트레스를 받고 있었거든요. 나는 제인이 이 모든 것을 통제하고 있으며, 그녀의 자신감 덕분에 우리가 안심하고 일하고 있다는 것을 알았어요. 비행 중 기체가 흔들릴 때 일제히 승무원들에게 눈길이 쏠리는 것처럼, 무슨 상황이 생기면 모두가 제인에게 시선을 돌리고 어떻게 대응할지 기대했죠. 우리가 실수를 해서 일에 차질이 생겼던 때가 있었는데, 그때도 제인의 지휘 아래 마음을 가다듬고 다시 집중할 수 있었어요. 어려운 시기였지만 우리 팀의 팀워크는 정말 끝내줬어요. 어떤 문제를 가져가든 제인은 해결할 수 있는 사람이에요. 제인에게 할 수 없는 일이란 아무것도 없어요. 제인에게 배워야 할 건 정말 너무나 많아요!

인간은 자신이 처해 있는 상황의 불확실성이 높을수록 책임자에게 의존하려는 경향이 커지며, 책임자가 명확성을 제공하고 괜찮을 거라고 안심시켜주길 바란다. 여기에서 스티븐의 이야기를 들어보자.

나는 큰 언론 기관의 관리팀과 함께 일하고 있었어요. 리더들은 모두 똑똑했고 협조적이었으며 여러 해 동안 서로 잘 알고 지내는 사이였죠. 우리는 불확실한 상황에서의 행동을 연구 중이었어요. 이 실험에 참여한 사람들의 어색함을 없애기 위해 우리는 그들에게 '교통 체증' 게임을 하자고 제안했어요. 이 게임은 두 팀이 빈 공간을 사이에 두고 서로 마주본 채로 시작합니다. 한 사람씩 앞으로 한걸음 나아갈 수 있는데, 그 앞은 빈 공간이어야만 해요. 두 팀이 서로의 자리를 전부 바꾸는 것이 게임의 목적이에요. 게임이 시작되자 두 팀은 가능성을 실험하며 재미있어 했어요. 먼저 그들은 이전의 경험을 토대로 팀을 이끌어줄 사람을 찾기 시작했어요. "전에 이런 비슷한 게임을 해본 사람 있나요?" 누군가 물었어요. 시간의 압박이 커지자 몇 사람은 각자 흩어져 종이 위에 무언가 적어가며 문제를 풀려고 시도했어요. 한편 팀의 나머지 사람들은 좌절감에 빠진 채 누군가 해법을 찾아주길 기다렸어요. 게임이 끝날 시간이 가까워지자 최고 리더들은 짜증을 냈고 더욱 독재적이 되었으며, 다른 사람들에게 명령을 내리고 할 일을 지시하기 시작했어요. 게임이 끝날 시간이 점점 다가오는데도 여전히 해결방법을 찾지 못하자 두 팀은 과제 완수의 실패에서 자신들을 구해줄 사람을 찾기 시작했어요. "우리를 도와줄 수 있나요?" 그들은 절박한 심정으로 진행자에게 물었어요. 압박감이 적을 때 협동하기는 쉽지만, 압박을 받기 시작하면 그 팀은 책임자에게 의존하게 됩니다. 그리고 자신들이 직면하고 있는 문제를 그 책임자가 해결해 주길 바라게 돼죠.

우리가 누군가를 따르는 이유는 그들이 모르고 있는 것들 때문이 아니라 그들이 알고 있는 것들 때문이다. 우리가 컨설턴트를 고용하는 이유 역시 그들은 우리가 모르는 무언가를 알기 때문이다.

압박감을 느끼는 이유는 유능해져야 한다는 생각뿐 아니라 단호한 조치를 취해야 한다는 생각도 있기 때문이다. 위에 언급했던 정보기술 프로젝트 매니저 캐롤라인이 팀의 문제를 전부 해결할 수 있을까? 그럴 가능성은 희박하다. 그녀는 자신이 무슨 일을 해야 하는지 항상 알고 있을까? 이러한 가능성 또한 극히 낮다. 한 고위 관리자는 우리에게 "나는 리더로서, 또 전문가로서 해답을 알아야 한다는 일종의 의무감을 느낍니다. 나는 '저 사람이라면 알고 있어야 한다'는 다른 사람들의 기대감이 느껴져요. 그것이 제가 이 자리에 있는 이유입니다."라고 말하기도 했다. 이러한 기대의 중압감 아래서, 우리는 단기적인 임시방편이라도 내놓아야 한다는 강박 관념에 시달리고 있기 때문에 용서받을 수 있는 것이다. 이런 방편은 일시적으로 긴장감과 불확실성을 완화할 수 있지만, 장기적으로 도전 과제에 대한 실질적인 진보를 이루는 데는 걸림돌이 될 것이다.

그리고 때때로 우리는 이런 높은 기대감 때문에 자기 자신과 다른 사람들에게 정직하지 못할 수도 있다.

4

아는 척하기

'아는 척하기는' 우리의 역할이나 지위에 상관없이 비일비재하게 접하는 일이다. 가짜 지식이라 해도 아는 척하는 것이 사람들을 실망시키는 것보다 낫기 때문이다. 이렇게 하는 것이 무능력해 보이거나 신뢰를 잃는 것보다 낫다는 것을 내쉬 케이(Nash Kay)[37]는 알게 되었다. 레바논의 텔레비전 스튜디오 상업광고 영업부에서 일반사원으로 일할 때였다. 당시 그는 자신의 역량을 입증해보이기 전이었고, 부서장과 관계도 좋지 않았다.

내쉬의 부서장이었던 60세의 피터는 수백만 달러의 거래를 정기적으로 확보함으로써 자신의 부서를 완전히 새로운 수준으로 끌어올렸고, 그 과정에서 보다 많은 신뢰와 힘을 얻었다. 피터는 지나칠 정도로 자신만만한 성격의 소유자였지만, 자기가 알고 있는 것들을 꼭꼭 숨

긴 채 모두가 반드시 알아야 하는 것만 알려줬던 데다가 무능력한 사람들, 해답을 제시하지 못하는 사람들을 경멸하기까지 했다. 하지만 그 자신이 해답을 제시하는 경우는 좀처럼 찾아보기 어려웠다.

그런 피터가 어느 날 내쉬의 사무실에 들이닥쳤다. "나는 지금 당장 유능한 사람이 필요하네. 뛰어난 분석력과 날카로운 사업적 통찰력, 컨설턴트의 사고방식을 갖춘 사람 말일세. 자네는 어떤가?" 내쉬의 심장은 쿵쾅거렸고, 오른쪽 눈이 씰룩거리기 시작했다. 그는 피터가 말한 요건은커녕 컨설팅 업무에 대한 경험도 전혀 없었다.

"자네, 내 말 들었나?" 피터가 다시 물었다. 내쉬는 최대한 침착하려 애쓰며, 순간적으로 더 나은 판단이라고 생각했던 것과는 다른 대답을 했다. "그럼요, 모두 갖추고 있고 말고요."

피터가 즉시 말했다. "좋았어. 회의실에서 2시에 보세." 그는 말을 마치기가 무섭게 사무실을 뛰어나갔다.

사실 나는 거짓말을 했어요. 그런데 그게 다가 아니었어요. 게다가 나는 알지도 못하는 것을 마치 알고 있는 것처럼 말했는데, 그건 나의 직속 상사를 위태롭게 할 뿐만 아니라 우리 부서 전체를 위험에 빠뜨릴 수 있는 행동이었죠. 왜 그랬냐고요? 개성이 강한 고위 관리자의 등장에 겁이 났거나 회사에서 잘릴까 봐 그랬냐고요? 아니에요. 결국 피터 같은 사람의 요청을 거절하는 것은 직장생활에서, 특히 우리 업계에서는 자살을 택하는 것과 마찬가지라고 생각했거든요. 혹시 고속 승진을 할 수 있는 신나는 모험이라고 생각하고 기회를 잡기 위해 도박을 한 것 아니냐고요? 아마 그런 생각도 조금은 있었겠죠.

자신의 능력에 대해 거짓말을 한 결과 내쉬는 한바탕 소동을 벌여야 했다. 몇 주간 그는 재무와 손익분기점 분석, 생소한 비즈니스 개념 등 많은 자료를 읽으며 노예처럼 일했다. 그는 회의 내용을 파악하려고 나름 애를 썼지만, 너무나 많은 것들이 수수께끼처럼 알쏭달쏭할 뿐이었다. 내쉬는 피터가 못마땅한 표정으로 자신을 쳐다보고 있을 것이라 확신했다. 뿐만 아니라 하루에 겨우 3시간 정도 밖에 못 잤기 때문에, 다 때려치우고 그냥 이 압박감에서 벗어나고 싶다는 생각이 들 지경에 이르렀다. 하지만 3개월 후 용케도 자신의 능력을 증명해 보였고, 상사가 그에게 기대했던 높은 성과를 거두었다. 그러나 내쉬는 육체적·정신적 건강에서 상당한 대가를 치러야 했다.

딜레마나 해결하기 어려운 문제, 전에 한 번도 접해보지 못한 새로운 상황 등에 직면하면 우리는 대체로 우리가 선택할 수 있는 사항이 제한적이라고 생각하고, 자기가 가진 지식의 빈틈을 감추려는 경향이 있다. 우리는 세상 사람들에게 학식과 전문 지식을 갖추고 있는 척하거나 우리가 가진 기존 지식에 매달린다. 아는 척하다 보면 내쉬의 경우처럼 새로운 영역으로 지식을 넓힐 수도 있지만, 그 빈틈이 두드러지게 클 경우에는 그보다 더 큰 곤경에 처하게 될 것이다.

5

권위에 대한 맹목적인 복종

"단지 당신의 스승이나 연장자의 권위에 준거하여
어떤 것을 믿어서는 안 된다.
단지 여러 세대에 걸쳐 전해져 내려왔다는 이유로
그 전통을 믿어서도 안 된다."
– 석가모니

2011년 러시아 스몰렌스크 지역에서 발생한 폴란드 비행기의 추락 사고는 국가적 비극이었다. 양국에서는 애도 기간을 선포했다. 추락 사고의 정확한 원인과 누구 또는 무엇 때문이었지는 지금까지도 논란이 되고 있다. 어두운 조명과 항공교통 관제센터의 잘못된 정보, 조종사의 실수, 활주로 주변의 기다랗게 자란 나무들부터 잘못된 착륙 위치에 이르기까지 다양한 요인들이 사고의 원인으로 추정되었다.

러시아 측 보고서는 이 추락 사고에 대해 흥미로운 관점을 제시한다. 이 보고서는 폴란드 조종사들이 악천후 경고에 귀를 기울이지 않았는데, 그 이유가 폴란드 대통령 레흐 카친스키(Lech Kaczyski)의 심기를 불편하게 할까 봐 두려웠기 때문이라고 주장했다. 이 사고를 조사했던 모스크바 주재 항공위원회(Interstate Aviation Committee)의 위원장 타타야나 아노디나(Tatayana Anodina)는 조종사들이 '정당하지 않은 위험'을 감수할 수밖에 없었다고 주장했다. 그녀는 조종사들이 목적지 공항의 나쁜 기상 상태에 대해 비행 중 여러 차례 경고를 받았음에도 경로를 바꾸어 다른 공항에 착륙하지 않았다고 설명했다. 두 조종사는 다른 비행장으로 방향을 바꿨을 경우 레흐 카친스키가 보일 '부정적 반응'이 두려웠을 것이라는 게 아노디나의 견해였다.

"이 주요한 승객의 부정적인 반응이 예상됐기 때문에 (중략) 조종사들은 심리적인 압박감을 받았고, 그 영향으로 무리하게 착륙을 강행했던 겁니다." 비행기의 블랙박스에는 조종사 중 한 명이 "그가 화를 낼 거야."라고 말한 내용이 담겨 있었는데, 이는 일정을 바꾸지 않겠다는 폴란드 대통령의 의지를 명백하게 반영하고 있었다. 폴란드의 공군 사령관 안제이 브와시크(Andrzej Blasik) 장군이 비행기 조종실로 들어오면서 이 압박감은 한층 가중되었다. 아노디나는 다음과 같이 설명했다.

비행기 조종실에 등장한 폴란드 공군 사령관의 존재는 기장에게 심리적 압박감을 주었으며, 위험이 도사리고 있는 상황에서 하강을 계속 감행하는 결정을 내리도록 영향을 끼쳤습니다. 어떤 대가를 치르더라도 착륙이란 목표를 달성하겠다는 생각이 기장을 지배하게 됐던 것입니다.

사고의 원인에 대한 러시아의 설명이 맞든 안 맞든, 이 이야기는 권위를 가진 사람들에게 복종해야 한다는 압박감과 연관된 위험을 분명히 보여준다. 권위 있는 인물과 개인적으로 알지 못하는 사이더라도, 또 권위 있는 인물이 그 자리에 없을 때조차도 이런 압박감은 얼마든지 작용할 수 있다.

2012년에 개봉된 미국의 다큐드라마 '컴플라이언스(Compliance)'는 한 젊은 여성이 부장에게 모욕을 받고 낯선 사람에게 성폭행당했던 실제 사건을 바탕으로 하고 있다. 그녀는 자신을 경찰이라고 속인 한 남성에게 전화를 받고 지시를 따르다 봉변을 당한다. 영화감독은 이 사건이 우리와 동떨어진 얘기가 아니라 미국 전역에서 80여 번 이상 실제로 일어났던 일이라고 주장한다. 이 영화는 피해자의 무력함과 고뇌뿐만 아니라 권위 있는 인물과의 관계와 자신의 패러다임 안에서 옳은 일을 추구하고 있는 가해자의 윤리적 딜레마를 그리고 있다. 왜 권위 있는 인물에게 아무도 의문을 제기하지 않고, '법'을 따른다는 명목하에 모멸감을 주는 행위를 저질렀을까?

권위에 순응하는 관계를 맺게 되면 사람들은 '모르는 것'에 대한 불안감과 괴로움을 덜 수 있다. 하지만 맹목적인 복종은 좋은 결정을 내리고 최고의 성과를 올리기 위한 사람들의 능력에 지대한 영향을 끼칠 수 있다. 최악의 경우, 이런 맹종은 파괴적인 결과를 초래할 가능성까지 있다.

당신이
견고하다고
생각해온
'아는 것'의 기반

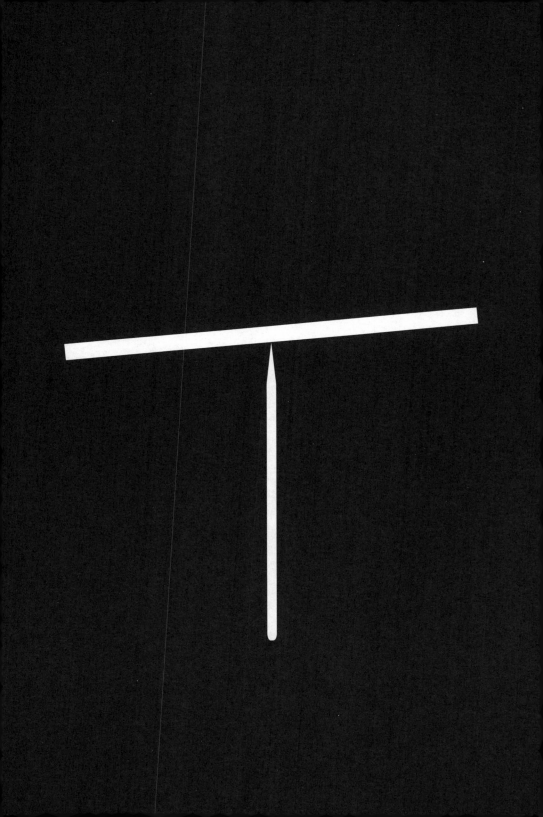

셋,

'알려지지 않은 것'은 계속 늘어난다

"지식은 구(sphere)와 같다. 그 표피가 넓어질수록 우리가 미지의 세계와 접촉하는 면이 커진다."

블레즈 파스칼(Blaise Pascal), 17세기의 수학자

1
끊임없이 변화하는 지식

전반적으로 세상이 빠르게 바뀌고 있음에도, 우리는 종종 이를 이해하기 위해 기존 지식에 의존한다. 그 지식이 유용하지 않거나 정확하지 않을 때조차도 그렇다. 세상에 대한 인식이나 사실이 우리의 마음속에서는 고정돼 있는지도 모르겠다. 이러한 것들은 극적으로 끊임없이 변하고 있는데도 말이다.

2013년 5월 스웨덴의 교수 한스 로슬링(Hans Rosling)은 1,000명의 영국인을 대상으로 인구 성장에 관한 시험을 치르도록 했다. 출제된 문제는 '국제연합(UN)의 전문가들은 2100년쯤 아동 인구가 얼마나 될 것으로 추정할까?' '오늘날 세계의 성인 인구 중 식자층, 즉 글을 읽고 쓸 줄 아는 성인의 비율은 얼마나 될까?' '오늘날 전 세계의 기대

수명은 몇 년이나 될까?' 등과 같이 매우 간단한 것들이었다.

여러분이 이 설문지를 작성한다면, 세상에 대해 내가 알고 있는 게 침팬지보다 적다는 것을 알고 놀랄 것이다. 로슬링 교수는 이에 대해 이렇게 설명한다. "나는 각각의 질문에 대해 가능성 있는 답을 바나나 위에 적은 다음, 동물원의 침팬지들에게 정답을 고르게끔 시켰습니다. 물론 걔네들은 아무렇게나 바나나를 골랐을 뿐이지만요."[43]

로슬링 교수의 연구결과에서 주목할 만한 점은 설문 참가자 중 대학 교육을 받은 사람들이라고 해서 별로 나을 게 없었다는 것이다. 때로는 이들이 훨씬 못한 경우도 있었는데, 여기에는 로슬링의 동료 대학 교수도 포함되어 있었다. 로슬링의 연구는 세상에 대한 사람들의 현실 감각을 보여주고 세상이 발전하고 있는 방식에 대해 대부분의 사람들이 얼마나 무지한지를 입증해주며, 이미 형성돼 있는 생각에 얼마나 우리가 의존하고 있는지를 보여준다. 이런 생각 중에는 몇 년씩 또는 수십 년씩 뒤떨어진 것들도 있다. 세상이 급속도로 변화하면서, 우리는 우리가 아는 것이나 안다고 생각하는 것이 더 이상 쓸모없거나 맞지 않는 상황 속에 있는 자신의 모습을 점점 더 많이 발견하게 된다.

지식 그 자체도 매우 빠르게 진보한다. 앞서 언급했던 베살리우스 시대의 해부학에 대해 생각해보자. 인체의 작용 원리에 대한 그 시대의 책이 1,400년이나 지난 지금까지 절대적인 진리로 존속하는 일은 불가능하다.

미국의 과학자 레이 커즈웰(Ray Kurzwell)은 현재의 속도로 과학이 진보한다면 우리는 20세기 동안 성취한 것과 맞먹는 양의 진보를 14년 만에 이룰 것이며, 그러고 나서 7년 안에 다시 그에 상응하는 진보를 달성할 것이라고 주장한다. 이것은 20세기에 성취한 진보보다 1,000배나 더 빠른 속도다. 커즈웰은 또한 15년이란 시간 안에 인터넷은 인류가 이용할 수 있는 모든 지식을 수용할 것이라고 내다보았다.[44] 확실히 지식의 팽창 속도는 가속화되고 있는 것처럼 보인다.

여러분은 지식이 팽창할수록 더 많은 것을 알게 되고, 당연히 모르는 것은 줄어들 것이라고 생각할 것이다. 하지만 '우주 전체에 우리가 알아야 할 지식의 양은 한정돼 있다'고 가정하는 것이 이러한 사고방식의 문제점이다.

2

<u>점점 더 모호해지는 세계</u>

오늘날 우리가 직장이나 세상에서 직면하는 도전 과제들은 점점 복잡해지고 있다. 우리는 해결하기는커녕 설명조차 할 수 없는 모호한 문제들과 매일같이 마주한다. 세상은 더 변덕스럽고(Volatile), 더 불확실하며(Uncertain), 더 복잡하고(Complex), 더 모호해졌다(Ambiguous). 흔히 VUCA라는 약어로 표현되는 이 개념은 전혀 새로운 것이 아니지만 우리가 기존 지식에 의존하는 일에 따르는 위험성을 명확하게 보여준다.

2013년 4월 국제통화기금(IMF, International Monetary Fund)은 워싱턴에 있는 본부에서 경제 정책에 대해 다시 생각해보기 위한 회의를 주최했다. 노벨 경제학상 수상자인 조지 애컬로프(George Akerlof)는 자신의 연설에서 경제 분야가 직면하고 있는 복잡한 상황을 나무 위 높은 곳에 올라가 있는 고양이에 비유함으로써 당시의 경제위기를 생생하게 묘사하였다. 이 고양이를 어떻게 나무에서 안전하게 내려오게 하느냐가 바로 도전 과제였다.

그는 계속해서 복잡한 도전 과제를 설명했고, 이후 연단에 올라온 다른 모든 연설자들도 자신의 관점에서 생각하는 고양이의 모습을 설명했다. 같은 의견을 내놓은 사람은 한 명도 없었으며, 각자의 의견에는 타당성이 있었지만, 한 가지 분명한 것은 "우리는 무엇을 해야 할지 모른다."는 것이었다.[39] 또 한 명의 회의 주최자이자 노벨상 수상자인 조셉 스티글리츠(Joseph Stiglitz)는 이렇게 말했다. "고양이가 왜 아직도 나무 위에 있는지 설명할 수 있는 적당한 경제 이론이 없다." 또한 국제통화기금의 수석 경제학자인 올리비에 블랑샤르(Olivier Blanchard)는 우리 시대의 가장 훌륭한 경제학자들이 국제적인 경제위기에 대해 무엇을 해야 할지 속수무책이었을 뿐만 아니라 "미래의 상황이 어떻게 될지에 대한 전망에 대해서도 의견을 모으지 못했다." 라고 당시 상황을 털어놓았다.[40]

경제학자들이 경제적 상황을 설명하기 위해 사용하는 용어는 이전의 경제위기에 사용하던 것과 확연히 달랐다. 목전에 놓인 도전 과제 앞에서 분명하며 자신감 넘쳤던 메시지들은 미심쩍고 신중한 표현으로 대체되었다. 앞으로 헤쳐나가야 할 영역의 복잡성과 불확실성이 그들의 말에서 여실히 드러났다. 블랑샤르가 말했던 바와 같이 "우리는 상황을 보면서 방향을 찾고 있으며, 최종 목적지가 어디인지 아직 모른다."[41]

다시 말하지만 최종 목적지를 안다는 것은 잘못된 생각이다. 상황이 복잡할수록 우리가 결국 어디로 갈지, 또 그 결과가 어떻게 될지 알기란 더 어려워진다. 너무나 많은 변수들, 너무나 많은 불확실한 요소들과 모호한 요소들이 있는 데다 예측할 수 없는 사건들 또한 많기 때문이다. 심리학자 대니얼 카너먼이 주장하는 바와 같이 "지금 많은 사람들이 당시 경제위기가 다가오고 있다는 것을 알고 있었다고 말하지만, 그 사실을 알고 있던 사람은 실은 한 명도 없었다. 경제위기 후 우리는 왜 이런 일이 일어났는지 안다고 말하며, 세상을 이해할 수 있다는 환상을 유지하고 있다. 사실, 우리는 많은 경우에 세상을 이해할 수 없다는 것을 받아들여야 한다."[42]

오늘날의 조직생활에서 계획과 전략은 필수로 여겨지지만, 이것은 앞으로 나아갈 방법을 마련해 우리가 안전하게 최종 목적지에 도달할 수 있다는 환상을 영속시킨다. 대체로 알려지지 않은 영역의 지도라도 가지고 있는 것이 아예 지도가 없는 것보다는 유용할 것이다.

3

난해하거나
복잡하거나
혼란스럽거나

2002년 2월, 이라크가 대량 살상 무기를 보유하고 있다는 증거가 없다는 내용의 미 국방부 뉴스 브리핑에서, 당시 국방부 장관이었던 도널드 럼스펠드(Donald Rumsfeld)는 현란한 말솜씨를 발휘했다.

알려진 것으로 알려진 것들이 있다. 우리가 아는 것으로 아는 것들이 있다. 알려지지 않은 것으로 알려진 것들이 있다. 다시 말해, 이제 우리가 모른다는 것을 아는 것들이 있다. 하지만 또한 알려지지 않은 것으로 알려지지 않은 것들도 있다. 즉, 우리가 모른다는 것을 모르는 것들이 있다.

딱딱한 군사 브리핑을 하는 상황에서 이런 철학적인 발언은 너무나 초현실적이어서 일종의 유행어가 됐으며, 2003년 '쉬운 영어 캠페인(Plain English Campaign)' 본부에서 횡설수설상(Foot in the Mouth Award)을 받았다. 또한 그의 말은 현대 사회에서 우리가 직면하고 있는 도전 과제들을 놀라울 정도로 정확히 표현하고 있다.

이쯤에선 복잡한 시스템의 특성과 그런 시스템에 내재하는 불확실성에 대한 웨일스의 교수 데이비드 스노든(David Snowden)의 논문 〈커너빈 프레임워크(The Cynefin framework)〉를 살펴보는 것이 도움이 될 것이다. 스노든은 오른쪽의 표와 같이 네 개의 다른 영역을 구별한다.[45]

스노든과 동료 교수인 메리 분(Mary Boone)은 난해한 상황과 복잡한 상황의 차이를 페라리(Ferrari)와 브라질 열대 우림에 각각 비유해 설명하고 있다. 페라리 그 자체는 고정된 채 움직이는 수많은 가동 부품으로 구성된 난해한 기계다. 우리에게는 불가능한 일이겠지만, 전문 정비공은 시간만 충분히 주면 그것을 분해했다 다시 조립할 수 있다. 그에 반해 열대 우림은 고정된 부품으로 구성돼 있지 않으며 울창한 나무와 기후, 동물, 곤충 등 다양한 요소들의 상호 작용으로 이루어져 있고, 보다 광범위한 생태계와 인간의 사회적 체계 속에서 끊임없이 변화한다. 그 전체는 부분을 단지 합해놓은 것보다 훨씬 더 큰 의미를 갖는다. 페라리는 난해하지만(질서가 있고, 예측할 수 있지만), 열대 우림은 복잡하다(예측할 수 없고, 불시에 나타난다)는 얘기다.[46]

우리에게 다리를 걸어 넘어뜨리는 것은 '알려진 것으로 알려진 것들'이 아니다. 우리는 이미 알고 있는 것은 상당히 능숙하게 처리한다. 해법이 자명하기 때문이다. 문제가 난해성의 영역에 있는 '알려지지

1) 단순성의 영역 '알려진 것으로 알려진' 영역으로, 익숙하고 확실하며 잘 닦인 길이다.	**예시** 출근할 때 다니는 길, 초콜릿 케이크를 만드는 법
2) 난해성의 영역 '알려지지 않은 것으로 알려진' 영역으로, 질서가 있고, 예측과 예견이 가능한 것이 특징이다. 전문가들에 의해 알려질 수 있다.	**예시** 현행 회계 규칙의 적용, 초대형 유조선의 제작, 조직 개편
3) 복잡성의 영역 '알려지지 않은 것으로 알려지지 않은' 영역. 유동적이고 예측 불가능하며, 정답이 없는 데다 유용한 패턴이 나타나고, 많은 아이디어가 충돌하는 것이 특징이다.	**예시** 청소년 자녀의 양육, 새로운 시장에 출시할 신상품 개발, 세계 경제에 대한 전망, 아파르트헤이트(apartheid, 남아프리카 공화국의 극단적인 인종차별정책과 제도 - 옮긴이) 폐지 후의 화합, 사회적 불이익을 초래하는 문제 해결
4) 혼란의 영역 '알 수 없는 알려지지 않은' 영역으로, 급격한 변화와 혼란이 특징이다.	**예시** 2001년 9·11 테러 사건, 산불

우리는 변덕스럽고, 불확실하고, 복잡하고, 모호한 세상에 산다.

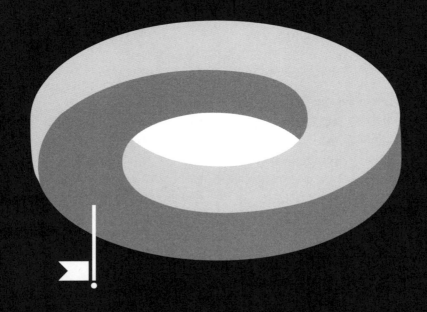

않은 것으로 알려진 것'이라도 결국은 해법을 찾아낼 수 있으며 그 상황에 대해 최고의 지식을 갖춘 사람이 문제를 해결할 수 있다. 우리는 전문 지식을 활용해 아는 문제를 다룰 수 있고, 전문 지식이 없다면 그걸 갖고 있는 사람을 찾으면 된다. 과학적 관리의 창시자 F. W. 테일러(F. W. Taylor)는 말했다. "관리자는 문제를 분석하고, 몇 개의 부분으로 나눈 다음 점진적으로 해결해나갈 수 있어야 한다."

"조직의 이 부분은 손을 좀 봐야겠어." 같은 비유적이며 통속적인 표현에서 조직을 기계처럼 생각하는 이런 환원주의적 사고를 여전히 엿볼 수 있다.

테일러리즘(Taylorism)에서 파생된 리더십에 대한 전통적인 사고와 관행은 '전문가는 문제를 해결할 수 있어야 하고, 리더는 해답을 가지고 있어야 한다'고 주장한다. 하지만 이러한 사고와 관행은 '알려지지 않은 것으로 알려지지 않은 것들'의 영역에서는 쓸모가 없다. 효율성과 논리적이고 신속한 의사결정, 능력 등에 의존하는 20세기의 명령과 통제 위주의 접근 방식은 간단하거나 난해한 문제를 다룰 때 유용할 뿐, 유감스럽지만 복잡한 상황에는 전혀 적합하지 않다. 복잡한 도전 과제는 예측할 수 없고, 일관성이 없으며, 설명할 수조차 없다는 것이 특징이라 해답은 고사하고 문제나 질문을 파악하기도 어렵다.

1939년 10월, 제2차 세계대전 중 러시아와 전쟁을 벌일 가능성에 대한 질문을 받았을 때, 윈스턴 처칠은 라디오 방송을 통해 이렇게 말했다. "나는 여러분에게 러시아가 어떻게 행동할지 예측해서 말해줄 수 없습니다. 그것은 불가사의 속에 미스터리로 포장된 수수께끼와 같습니다." 복잡하지만 적응할 수 있는 도전 과제를 설명한 멋진 문장이다.

알려지지 않은 것이 늘어난다.

지식이 늘어난다.

4

모든 걸 통제할 수는 없다

"모든 복잡한 문제에는 명료하고 간단하지만 잘못된 해답이 있다."

— H. L. 멘켄 (H. L. Mencken), 미국 언론인

하버드 대학교 케네디 행정대학원의 적응적 리더십 교수인 마티 린스키(Marty Linsky)와 로널드 하이페츠(Ronald Heifetz)는 도전 과제의 복잡한(그들이 '적응적'이라고 표현하는) 요소를 난해한('기술적') 요소로 잘못 진단하는 것이 리더십의 주요한 실패 요인이라고 주장한다. 우리는 기술적으로 생각하도록 훈련돼 있기 때문에 적응적인 요소를 놓친다. 우리는 단번에 문제를 해결해줄 쉬운 해답, 즉 묘책을 찾고 싶어한다.

기대되는 결과를 얻지 못했을 때 극적인 구조조정을 하거나 조직 내 최고관리자의 옷을 벗기는 등의 '급조된 해결책'을 우리는 일상적인 조직생활의 많은 측면에서 볼 수 있다. 또한 우리의 뇌는 불확실성에 대한 두려움과 스트레스가 주어지면 기본적으로 예전의 방식으로

일을 처리하는데, 이는 우리가 습관에 얽매여 있기 때문이라고 신경 과학자인 스리니 필레이(Srini Pillay)는 지적한다.[47]

어떤 실패의 조짐이 보이면 조직의 최고경영자나 리더를 곧바로 갈 아 치우는 것이 좋은 예다. 심지어 자기가 통제할 수 없는 일이거나 가지고 있는 지식 범위 밖의 일인 경우에도 이런 일은 허다하다. 〈포 춘〉이 선정한 500대 기업 최고경영자들의 평균 재임기간은 고작 4.6 년밖에 되지 않는다. 다시 말해 불안정하며 단기적인 셈인데, 이는 장 기적인 조직적·문화적 변화를 이끌어낼 수 있는 정책을 수립하기에 그리 충분치 않은 기간이다.

복잡한 문제에 적용한 급조된 해결책은 일시적인 해법일 뿐이며, 문제를 충분히 깊이 있게 다루지 못하기 때문에 오히려 그것을 영속 시키거나 악화시킨다. 게다가 똑같은 문제는 계속 되풀이될 것이다. 다음은 스티브의 이야기다.

저는 미국계 투자 은행에서 부사장으로 재직했을 때 다양성과 포용 (Diversity and Inclusion)이란 문제를 다루는 팀에서 일했던 적이 있 어요. 고위 관리직 여성의 수를 늘리는 것이 이 은행의 주요 도전 과 제였는데, 이것은 수많은 산업이 안고 있는 보편적인 이슈였죠. 일부 업체는 순전히 기술적인 관점에서 문제를 파악하고 대응했어요. 그 들은 의사소통 기술이나 개인의 브랜드화에 관한 훈련을 제공했어 요. 채용 절차를 바꾸는 곳도 있었고요. 여성이 고위 관리직까지 올 라가는 데 있어 보다 광범위한 사회적 장벽이나 이 문제에 대해 각각 의 다른 그룹이 가지고 있는 가치관이나 숨겨진 전제를 파악하는 것과 같이, 이 도전 과제의 적응적 특성을 나타내는 근본적인 문제는 다루지 않는 경우가 허다했어요.

우리는 이 문제를 복잡한 적응적 도전 과제로 다루기 시작했습니다. 기술적 접근법과 보다 정교한 전략들을 결합했지요. 학교와 협력 관계를 맺어 다양한 역할을 선택할 수 있다는 인식을 높였고, 여학생들에게 과학, 기술, 수학, 공학과 같은 과목을 선택하라고 권하거나 직업 연수의 기회를 마련해주었으며, 출산 휴가를 마치고 직장으로 돌아온 여성들을 교육하는 등 당면 문제에 대한 해결책을 마련했어요. 이러한 전략 중 상당수는 즉각적인 해법을 제공하지는 않지만 보다 장기적인 접근법이었기 때문에 초기 단계나 중대한 단계의 구조적인 문제들을 다룰 수 있어요.

복잡한 상황에서는 우리의 행동이 미치는 영향을 예측할 수 없으며, 사전에 그 결과를 완전히 파악할 수는 없다.

1920년대 미국 정부는 금주법(National Prohibition Act)을 제정해 주류 판매를 전국적으로 금지했는데, 이는 지나친 음주로 발생된다고 여겨지는 부정적 폐단들을 대중의 생활에서 근절하기 위한 시도였다. 이 법의 의도는 술 소비를 줄이고, 술을 용납할 수 없는 것으로 인식시키는 것이었다. 그러나 금주법 시행은 술의 소비를 절반으로 줄인 반면, 조직화된 범죄 집단의 성장을 부채질하고 불법 주류 산업을 조장하는 의도치 않은 결과를 낳았다. 조직범죄 집단은 알코올의 소비가 여전히 인기 있다는 사실을 이용했고 규제를 피해 밀주를 만들어 팔았는데, 이 때문에 때때로 건강상의 문제가 일어나기도 했다. 또한 불법 주류 산업의 성장으로 조직범죄 집단의 사업은 다른 분야들로 확대되었으며 부정부패와 법을 무시하는 풍조도 생겨났다.

금지 상태에서 불법 주류 산업은 오히려 번창해갔지만, 금주법은 수많은 소규모 주류 생산업체들의 폐업 원인이 되었을 뿐만 아니라 신생 와인 업계에도 막대한 피해를 주었다. 술고래들과 알코올 중독자들은 자신들을 위한 지원단체들이 사라져가는 것을 지켜봐야 했으며, 1933년에 금지가 풀린 뒤에야 알코올 중독자 재활협회(Alcoholics Anonymous)가 1935년에 설립되는 등 적절한 지원을 다시 받을 수 있었다. 게다가 금주 시대 이전에는 여성이 공공장소에서 술을 마시는 것이 사회적으로 용납되지 않는 일로 여겨졌지만, 금주법이 폐지된 후 자유를 다시 찾게 되자 이는 과거보다 보편적인 일이 되었으며 남성과 여성 모두가 출입할 수 있는 술집들이 문을 열기 시작했다.

금주법은 복잡한 사회 문제를 해결하기 위해 법이 제정된 과정, 그리고 그것이 의도치 않게 결코 긍정적이지 않은 수많은 결과를 낳게 된 과정을 보여주는 한 가지 예다. 이 개념은 미국의 사회학자인 로버트 K. 머튼(Robert K. Merton)에 의해 대중화되었는데, 그는 "사소하고 미미한 변화라도 의도치 않은 파괴적인 영향을 멀리까지 미칠 수 있는 잠재성을 가지고 있다."고 주장하였다.

우리는 예상 밖의 일을 예상하지 못할 뿐만 아니라, 즉각적인 행동이나 일상적인 행동에 우리가 가지고 있는 통제력을 지나치게 과대평가하는 경향이 있다. 하버드의 심리학자인 엘렌 랭거(Ellen Langer)에 의하면, 우리는 '통제의 환상(illusion of control)'에 시달리고 있다.[48]

랭거의 연구는 전혀 통제할 수 없는 상황에서도 우리가 통제력을 가지고 있다고 생각한다는 사실을 보여준다. 예를 들어, 우리가 승객이 아니라 직접 운전자가 된다면 교통사고가 일어나지 않을 거라는 우리의 자신감은 더욱 커진다. 또한 기술이 연관된 '낌새'가 있는 경우 우리는 마치 그에 대한 통제력을 가지고 있는 것처럼 행동한다. 가령 도박을 하는 사람들은 자신의 재주가 게임의 승패에 영향을 미친다고 생각하는데, 사실 이길 확률에는 별반 차이가 없었으며 기술과도 무관했다. 랭거의 연구는 자신이 시장에 대해 더 큰 통제력을 가지고 있다고 생각하는 무역업자들이 실제로는 더 낮은 성과를 냈다는 것을 입증했다.

그렇다면 아는 것에 더 이상 의존할 수 없는 경우, 또는 어쩔 수 없이 알려지지 않은 것과 맞닥뜨려야 하는 경우엔 우리에게 무슨 일이 일어날까?

2장

앎과 무지의
경계에서

모르는 것과 맞닥뜨릴 때 우리는 무엇을 해야 할까

피니스테레곶

결국 그 길은 태양이 택한 경로를 따라 서쪽 바다로 향한다. 그리고 대지가 바다로 변하는 그곳에 우두커니 서 있는 당신의 뒤로 달이 떠오른다. 이제 미래로 이어지는 길은 없다. 하지만 그림자가 택한 경로를 따라갈 수 있으리라. 그림자가 가는 대로 가다 보면 바다를 가로지르게 되리라. 나아갈 길을 허용하지 않는 세상을 이해할 도리는 없다. 지나온 길에 종말을 고하지 않고서는 말이다.

— 데이비드 화이트(David Whyte)

넷,

지식의 땅끝, 피니스테레곶

1

피니스테레곶에 도달하다

피니스테레곶은 스페인 산티아고데콤포스텔라 대성당(Cathedral of Santiago de Compostela)에 있는 위대한 사도 성 야고보의 성지로 이어지는 유명한 순례길, 일 카미노(Il Camino)의 최종 목적지다. 순례자들은 피니스테레곶에 도달하기 위해 90km 이상을 걸어야 한다. 이 곳은 깎아지르듯 가파른 절벽에 둘러싸여 대서양과 맞닿아 있다. 중세시대에 대서양은 '어둠의 바다(Mare Tenebrosum)'라고도 알려져 있었다. 이 아름답고 멋들어진 반도에 붙은 이름이 그에 걸맞게도 '세상의 끝'이라는 의미의 '피니스테레(finis terrae)'라는 라틴어다.

피니스테레곶은 (친숙하고) 알려진 것의 경계이며, 신비스러운 곳이다. 우리의 현실과 현재 편안하게 느끼는 것들로부터 낯설고, 설명되지 않으며, 발견되지 않고, 심지어 발견할 수 없는 것들을 구분하는 경계이기도 하다. 우리 앞에 미지의 신비스러운 바다가 펼쳐져 있다. 예측할 수 없고 통제할 수 없는 미지의 세계. 안개가 차츰 짙어지기 시작하고 가까운 곳조차 보기 힘들다. 더 이상 친숙한 풍경들은 보이지 않으며, 우리에게 길을 알려주는 도로 표지판이나 지도 같은 것도 없다.

세계 지도를 제작하던 로마 시대에 지도의 비어 있는 곳은 탐사되지 않은 광대한 지역을 나타냈으며, '용이 사는 곳'이라는 문구를 넣어 탐험가들에게 잠재적인 위험과 위협을 경고했다. 그리스의 철학자 플루타르크(Plutarch)는 이 공간을 '숭고한 그리스인과 로마인의 삶(The lives of the Noble Greeks and Romans)'이라는 이야기로 멋지게 재구성했다.

> 지리학자들은 (중략) 세계 지도를 들고 그들이 모르는 경계 지역으로 몰려들었으며, 결국 이 경계 너머에는 야수들이 득실대는 모래사막이나 접근 불가능한 늪지대, 스키타이의 빙원, 빙해뿐이라는 글을 지도의 여백에 남겼다. 그래서 (중략) 이 너머에는 불가사의한 것들과 꾸며낸 이야기뿐이며, 이 영역의 유일한 거주자는 시인과 우화 창작자뿐이라고 먼 후세의 사람들에게 말해도 무방할 것이다.

그러한 영역과 마찬가지로, 경계 너머에 있는 것들은 발견되기를 기다리고 있다. 어떤 사람들에게 이곳은 모래사막일 것이며, 또 어떤 사람들에게는 늪지대나 빙해일 것이다. 이러한 비유, 다시 말해 우리 각자의 마음속에 떠오르는 이미지는 우리 자신의 이야기와 우리가 경계에서 겪은 경험에 달려 있다. 그곳은 황량한 야생의 장소로 강력한 느낌과 반응을 불러일으키는 낯선 영역이거나 어느 정도 우리에게 흥분감을 주는 장소일 수도 있다.

피니스테레는 단 한 번 경험하고 마는 것이 아니다. 우리는 한계와 기회를 모두 접할 수 있는 역동적인 과정 속에서 다양한 경계를 경험하게 된다. 사랑에 빠졌을 때, 그리고 사랑하는 사람이 불치병이라는 진단을 받았을 때, 새로운 일을 시작할 때, 복잡한 도전 과제를 다룰 때, 새로운 시장을 개척할 때 등 우리가 경계에 다가가게 되는 상황은 무수히 많다. 혼란이나 위기, 갑작스러운 변화 같은 위험이 도사리고 있을 수 있기 때문에 이곳에서 우리는 실수를 하거나 중요한 무언가에 실패하기 마련이다.

이전에도 이런 상황을 여러 차례 겪었지만, 우리는 결코 이에 대해 충분히 준비할 수 없다. 모든 경계가 새로운 경험이기 때문이다. 망설임을 비롯해 회피와 도망, 흥분과 공포, 두려움과 대담성, 수치심과 연약함 등과 같이 안전지대 밖에서 우리는 온갖 복잡하고 상충적인 감정을 경험하게 된다. 경계에 서 있을 때는 제대로 대응하지 못하는 경우가 허다하다. 마른 땅에 안전하게 서 있기 위해 우리의 기민한 뇌는 온갖 방법을 동원한다. 길을 유지하며 목표한 곳까지 오르기 위해 안간힘을 쓰는 데만 정신이 팔려, 우리는 피니스테레곳에서만 배울 수 있는 것들을 놓치게 된다.

이 경계에서 어떻게 대응하느냐(그곳에 머무는 쪽과 등을 돌려 달아나는 쪽 중 어느 것을 선택하느냐)에 따라 알려지지 않은 것과 우리의 관계는 두려움 또는 가능성으로 채워질 것이다. 이 경계는 우리의 미래와 알려지지 않은 것의 관계를 결정짓는 갈림길이 되는 지점이다.

불가리아의 젊은 경제학자이자 사회적 기업가인 엘리샤 데르멘드치스크야(Elitsa Dermendzhiskya)는 2012년 여름에 배낭 하나만 달랑 메고 프랑스에서 스페인으로 이어지는 카미노 순례길을 걸어서 여행했는데, 여기엔 거의 한 달이란 시간이 걸렸다.

6월 초였어요. 내가 이 여정을 시작하게 된 이유는 속죄할 죄가 있었기 때문이에요. 지식이라는 죄 말이에요. 수학자이자 경제학자인 나는 훈련을 통해 세상을 측정하고 예측하며 통제할 수 있다는 생각에 선뜻 동의했습니다. 이러한 생각이 너무나 멋져 보였을 뿐만 아니라 알맞은 이론을 적용해 진리를 추구하고 얻을 수 있다는 잘못된 안정감을 고착화했지요.

문제는, 내가 이런 과학적 신조를 너무 마음속 깊이 새기고 있어서 내 생활에도 이를 적용하게 됐다는 겁니다. 비용 편익 분석으로 시설을 평가하게 되었고, 효용 이론으로 즐거움과 자연스러움을 망가뜨렸습니다. 내 삶은 무미건조하고, 기계적이며, 완벽하게 계획된 일과로 바뀌었습니다. 이것이 정말 순진한 생각이었다는 것을 대학을 졸업하고 나서야 깨달았어요. 시간이 흐르면서 나는 과학적 허울을 벗어던졌고, 추구할 수 있는 절대적인 진리란 없다는 것을 알았습니다. 개인적인 진리만이 존재할 뿐이었으니까요.

카미노 여정의 경험에서 가능한 한 진정성을 찾기 위해 나는 미니멀리스트(minimalist, 최소한의 요소를 통해 최대의 효과를 추구하는 사람 – 옮긴이) 여행 방식을 택했습니다. 안내서나 멋진 GPS 모바일 앱, 비상 장비 같은 것은 일절 없었습니다. 아침 서리나 따가운 햇살, 빈번한 보슬비, 이따금 휘몰아치는 폭풍우 같은 기후 변화에 상관없이 반바지와 티셔츠 한 벌로 모든 걸 버티며 한없이 걸었습니다. 한 번은 50km나 되는 황무지를 걸은 적이 있는데, 모직 양말 속의 제 발이 물집투성이가 됐었죠.

카미노 순례길은 그야말로 불확실성의 여정이었지만, 개인적인 차원의 불확실성이 한 가지 더 있었습니다. 비전과 신의 계시, 자아를 찾는 것에 대해 이야기했던 사람들은 모두 하나같이 이전에 그들 자신을 주춤거리게 만든 것이 불확실성이라고 주장했습니다. 하늘이 마음을 열고 내게 말을 걸어올 거라고 믿기는 여전히 어려웠지만, 지독한 적막 속에서 걷는 것이 마음의 눈에 초점을 맞추고 자의식을 높이는 데 힘이 돼준 것은 사실이었습니다. 나는 앞으로 일어날 일을 호기심 반, 두려움 반으로 기다리는 내 자신의 모습을 볼 수 있었습니다. 사실 내 두려움은 이전의 내가 형편없는 사람이었다는, 마음속 깊은 곳에서 나온 생각이었습니다.

카미노 순례길 도중 무더위가 기승을 부리던 7월의 어느 날, 나는 몰리나세카라는 마을에 도착했습니다. 그 마을의 끝자락에는 관광객을 위한 자그마한 여관 두 채가 나란히 서 있었습니다. 다른 열여 명의 순례자들과 함께 그곳에 다가갔는데, 밤을 보내기 위해 사람들이 캠프를 설치하는 모습이 눈에 선명히 들어왔습니다. 매끄럽게 광택을 낸 나무로 새로 지어 빛이 나는 첫 번째 여관은 또 다른 하나의 여관과는 격이 달랐습니다. 두 번째 여관은 우중충한 데다 주인은 공포영화 세트장에서 나온 듯한 모습이었죠. 부스스한 머리, 험상궂은 눈매, 하나밖에 없는 다리, 코를 찌르는 알코올 냄새, 고양이가 내는 불길하고 날카로운 울음소리, 이 모든 것이 문제를 예고하는 듯한 징조 같았습니다. 그럼에도 나는 본능적으로 이 두 번째 여관에 끌렸습니다. 위험을 '알았는데'도 말이죠.

내 직감은 이성을 제압했습니다. 나는 그곳에 묵은 유일한 손님이었고 형언할 수 없을 만큼 무서웠지만 한순간의 망설임도 없었습니다. 여관 주인은 자기 방으로 가서 올리브유 한 병을 꺼내 오더니 "특별한 손님에게만 드리는 겁니다." 하며 건네주었습니다. 아마 고마운 마음에 그랬던 것 같습니다. 그러고 나서 우리는 허름한 테이블에 앉았고, 그는 자신의 인생 이야기를 들려주었습니다. 사랑 그리고 행복한 결혼생활, 이십대 중반에 한쪽 다리를 잃게 된 사고, 그로 인한 아내의 배신, 실연의 슬픔, 신에 대한 부정과 분노, 그리고 마침내 순례를 통해 다시 신을 찾게 된 이야기를 말이죠. 이 남자의 이름은 엘리장드(Elisande)였습니다. 나는 그가 이야기하는 동안 거의 한마디도 하지 않았습니다. 하지만 그는 이야기를 끝마쳤을 때 내게 말했습니다. "당신은 좋은 사람이군요, 엘리."

사람들이 내게 "카미노 순례에서 무엇을 찾았어요?"라고 물을 때면,
"내가 좋은 사람이라는 걸 알았어요."라고 말하고 싶은 마음이 항상
듭니다. 물론 그렇게 말한 적은 한 번도 없지만요. 나는 진리를 찾기
위해 세상 밖으로 나갔고, 그 무섭게 생긴 여관 주인이 그 진리에 한
걸음 더 가까이 다가갈 수 있도록 나를 이끌었다고 생각해요.

2
안전지대로 도망치기

"알려지지 않은 것과 접촉하는 일보다 우리가 두려워하는 건 없다.

우리는 우리를 향해 다가오고 있는 것이 무엇인지 알기 원하며

그것을 분간하거나 최소한 분류할 수 있기를 바란다.

우리는 항상 낯선 것과 물리적 접촉을 피하는 경향이 있다."

— 엘리아스 카네티(Elias Canetti), 작가

여기서는 우선 다이애나의 이야기를 들어보자.

"어디서부터 시작해야 할까요?"

다이애나는 대규모 비영리단체의 리더십 팀에게 질문을 던졌다. 스무 쌍의 눈동자가 대답이라도 하듯 그녀를 빤히 처다보았다.

이것은 수사학적 질문이 아니라, 다이애나가 리더십 계발 프로그램을 시작할 때 자주 하는 질문이었다. 불확실성과 복잡성이 높은 상황에서 그녀처럼 권위 있는 위치에 있는 사람들에게 갖는 기대감을 털어내기 위한 질문인 것이다. 이런 기대감은 정상적인 것이지만, 배우고 성장하는 데는 종종 방해가 된다. 언뜻 보기에 단순한 이 질문은 항상 사람들을 곧장 경계로 데려간다.

"우리에게 왜 이런 질문을 하는 건가요? 당연히 당신이 답을 알잖

아요. 이 프로그램을 진행하는 건 당신이니까요."

다이애나는 아무 말 없이 방을 둘러보았다.

"처음부터 시작하죠." 오른쪽 앞의 한 여성이 빈정거리는 어조로 말했다. 다이애나는 잠자코 자리에 앉았다.

"목적을 염두에 두고 시작하죠." 다른 사람이 말했다.

이제 갖가지 제안이 쏟아져 나오기 시작했어요.

"실질적으로 할 수 있는 것부터 하기로 해요."

"의제부터 정하죠. 며칠 동안 뭘 해결해야 할지도 모르고 시작할 수는 없지 않겠어요?"

"우리의 목적은 분명한가요?"

"돌아가면서 모든 사람의 의견을 들어보는 건 어때요?"

"그게 중요한가요?"

"어떻게 결정할 건가요?" 다이애나의 오른쪽에 앉아 있던 남자가 물었다.

다이애나는 계속 침묵을 지켰다. 사람들이 짜증을 내기 시작하는 것이 느껴졌다. 어떤 사람들은 자세를 고쳐 앉았고, 또 어떤 사람들은 그녀를 바라보며 무언가 하기를 기다렸다. 하지만 그녀는 아무것도 하지 않았다.

"우리한테 원하는 게 뭔가요?" 한 젊은 여성이 화가 치민 목소리로 물었다. 다이애나는 대답했다.

"나는 여러분이 내게 원하는 것이 무엇인지에 더 관심이 있어요." 다이애나는 회의 때 앞자리에 나와 서 있는 사람에게 청중들이 기대하는 전통적인 역할을 수행하지 않고 있었다. 특정한 과제나 명확한 방향이 없었기 때문에 사람들의 불안감은 빠른 속도로 커졌다.

"실망스럽군요. 도대체 목적이 뭔지 모르겠네요."

"그냥 당신이 우리를 목적지까지 이끌어주는 게 어때요?"

"여기는 리더십이나 방향이란 걸 눈 씻고 찾아봐도 없군!" 누군가 불평을 터뜨렸다.

명확한 체계가 없으면, 대화가 제자리를 맴돌고 혼란스럽다고 느껴지기 시작한다.

얼마 후, 사람들 위로 침묵이 내려앉았다. 모든 시선이 일제히 다이애나를 향했고 그녀가 무언가 말하거나 행동하기를 기다렸다. 이런 상황을 이전에도 경험해봤지만, 침묵은 언제나 무겁고 불편하게 느껴졌다. 다이애나는 뭔가 말을 하고 싶었지만 꾹 참았다. 정적은 곧 채워졌다.

"이렇게 큰 그룹으로는 효과를 보지 못할 거예요. 우리 모두가 한 가지 해답에만 동의하진 못할 테니까요. 그러니 몇 개의 작은 그룹으로 나눠서 브레인스토밍을 합시다." 거기서 조금 더 나이가 있어 보이는 사람 중 한 명이 제안했다. 거의 귀에 들릴 정도로 큰 안도의 한숨 소리가 곳곳에서 터져 나왔다. 마침내 무언가 하기로 한 것이다. 좀더 체계 지향적인 사람들이 이 제안에 곧바로 관심을 보였다. 그들은 의자를 옮기기 시작했지만, 몇몇 사람들은 머뭇거리며 다음에 어떤 일이 벌어질지 지켜보고 있었다. 결국 사람들 간에 합의가 이루어지지 않았기 때문에 아무것도 진행되지 않았다.

"체계가 없다면 우리는 길을 잃을 겁니다."

"어둠 속에서 막춤을 추고 있는 기분이에요."

누군가 농담을 던졌고 모두가 한바탕 웃음을 터뜨렸다. 덕분에 긴 장감이 잠시 사라지긴 했지만 오래가지는 못했다.

"잘못된 방향으로 가고 있는 것 같군요. 하지만 뭐가 올바른 방향인지 도무지 모르겠어요."

다이애나는 사람들의 실망감이 이제 새로운 국면으로 들어서고 있다는 것을 느꼈다. 어떤 사람들은 숫제 의자에 몸을 맡긴 채 멍한 표정이나 실망스러운 표정을 짓고 있었다. 몇몇은 자기들끼리 잡담을 주고받기 시작했고, 그동안 걸려온 전화가 있는지 확인하고 있는 사람도 두세 명 눈에 띄었다.

"회의 중에 이런 일이 벌어지는 건 최악의 상황이에요! 회의를 주도하세요!" 다이애나의 왼쪽에 앉아 있던 남자가 보다 못해 소리쳤다.

시간이 달팽이처럼 기어가는 것 같았다. 벽에 걸린 시계가 똑딱거리는 소리를 들을 수 있을 정도였다. 다이애나는 이제 시간이 별로 많지 않다고 생각했다. 그녀는 자리에서 일어나 화이트보드 앞으로 가서 펜을 들고 회의 중 벌어졌던 일을 요약해 적기 시작했어요.

새로운 영역에 진입해 불확실하고 복잡한 과제에 직면할 때, 우리는 필연적으로 우리 능력의 경계에 도달하게 된다. 당황해하는 웃음, 안절부절못하는 모습, 지루함 등 분위기가 달라진 경우. 그리고 정보가 없거나 같은 정보가 반복되는 경우. 초조함 또는 방향을 잃었다는 생각이 들거나 다음에 무엇을 해야 할지 모르는 경우. 이럴 때 우리는 우리가 경계에 도달했다는 것을 알아차릴 수 있다.[49] 이런 불안정감이 커지면, 자연스럽게 우리가 알고 있는 기존 지식에 의존하게 된다. 안전지대 밖에서 일어나는 불편한 느낌을 피하기 위해 검증된 방식으로 그룹을 조직하거나, 의제를 정하며, 어떤 체계를 만든다. 의사결정의 역할을 맡은 사람들이 안정감을 되찾아주고, 명확성과 안전성을 제공하기를 바란다. 그렇지 못했을 경우, '리더십을 보여주지' 못했다고 그들을 비난하거나 현재의 상황에서 완전히 물러나 다른 할 일을 찾는다.

알려지지 않은 것을 이렇게 회피하는 심리 뒤에는 무엇이 있을까?

3

<u>무능력에 대한 두려움</u>

"나는 물에 빠져 죽는 순간에도 유능해 보여야 한다는 압박감을 느낄 겁니다." 정부의 한 고위관리자가 한 말이다.

"내게 있어 존경이란 궁극적인 것입니다. 내가 무능해 보여서 사람들의 존경심을 잃을까 걱정됩니다. 신뢰성을 잃게 될까 봐 말입니다. 신뢰성이 없다면 나는 영향을 미칠 수 없을 겁니다. 무능하게 보일 수 있다는 두려움이 내가 적극적으로 참여할 수 없게 방해합니다."

무능하다는 느낌은 보편적으로 경계에 도달했을 때 일어난다. 지식의 차이를 실감하면 우리는 자신의 정체성과 능력, 자신감, 전문성, 지식, 힘 등에 의문을 느끼게 된다. 신생 기업 AWS24의 최고경영자인 니콜라 가티(Nicola Gatti)는 통신업계에서 잔뼈가 굵은 사람이다. 니콜라는 최근 금융 부문으로 옮겨 기업 인수 합병을 담당하는 임원직을 맡게 되면서 자신의 전문적 지식에 심각한 격차가 있다는 것을 발견했다.

내가 처음 국제 입찰에 참여하게 됐을 때 직속 상사가 물었습니다. "자네 사업 계획에선 어떤 WACC[Weighted Average Cost of Capital, 가중 평균 자본 비용, 기업이 조달한 다양한 자금에 대해 지불해야 하는 평균 비용(이율) – 옮긴이]를 사용하고 있는가?" 난 생각했죠. '괜찮아. 그래도 사업계획서를 읽는 법은 알잖아. 그런데 WACC는 도대체 뭐야?' 결국 나는 동료에게 그게 뭔지 물어봐야 했어요. 16%라고 알려주더군요. 나는 이 수치를 상사에게 그대로 보고했지요. 그때의 일은 아직도 생생히 기억납니다. 정말 쥐구멍이라도 찾고 싶은 기분이었어요! 물에 빠졌는데 수영할 줄 모를 때 같은 그런 느낌이었달까요. 불완전한 지식으로 입찰을 관리해야 했으니까요. 하지만 시간이 지나자 점차 기업 금융에 대해 줄줄 꿰게 됐고, 심지어 요령도 생겼어요. 무엇보다도 불확실한 상황에 직면했을 때 대처하는 법을 배우게 됐는데, 그때 배운 방법은 지금까지도 성공적이에요. 우리는 그 입찰은 물론 그 후에도 다른 입찰을 몇 개 따냈습니다.

이 치열한 기간 중, 니콜라는 어느 누구도 모든 분야의 전문가가 될 수는 없다는 사실을 배웠다. 최고의 전략은 사실 불완전한 지식하에서 필요에 의해 세워진 전략이다. 이 교훈은 니콜라가 직장생활을 하는 동안 늘 그와 함께했다.

만약 우리가 모른다는 것을 인정한다면 무슨 일이 벌어질지에 대한 많은 가정이 있는데, 그중 어떤 것들은 충분한 근거를 가진 반면 또 어떤 것들은 그렇지 않다. 일을 잘하지 못하거나 전문 지식 또는 학식을 충분히 갖고 있지 못하다고 보임으로써 발생하는 위험은 실제로 존재한다. 기존의 혜택과 영향력, 권위, 심지어 일자리까지 잃을 수 있으니 말이다. 우리의 책임을 다하지 못하거나 목적을 달성하지 못함에 따라 초래되는 결과가 항상 그 이면에 도사리고 있다. 건강 부문에 종사하는 한 고위관리자는 이렇게 설명한다. "모른다고 하면 존경을 받지 못하게 될까 봐 걱정됩니다. 나는 제대로 일하고 싶습니다. '제대로 일하고 해답을 빨리 찾는다'고 알려져 있는 내가 일의 속도를 늦춘다면 어떻게 될 거라고 생각합니까? 나는 효율적인 설명으로 쌓아올린 그간의 평판이 떨어질 위험을 감수하고 있습니다. 사람들은 내게 기대를 걸고 있고, 많은 것의 성패가 그 기대에 달려 있습니다."

다음은 다이애나의 이야기다.

변호사로 일하던 초기에 나는 무능력하다는 기분 때문에 애를 먹었어요. 누군가 "그 프로젝트 어떻게 돼가고 있나요?"라고 물을 때마다 속이 울렁거렸죠. 순진하게 물어본 그 간단한 질문이 나의 불안감과 의아심을 한꺼번에 불러일으켰고, 그럴 때마다 모든 게 잘되고 있는 것처럼 행동하고 싶은 유혹을 느꼈어요. "잘되고 있어요. 아주 좋아요."라고 말이죠. 하지만 이런 일은 우리 모두 이전에 경험해봤던 순간이라는 생각이 들었어요. 착수한 일을 완벽한 통제 아래서 달성하고 있는 듯 보여주며 괜찮은 척할지, 아니면 있는 그대로 (힘든) 실제 상황을 설명하고 우리가 어떤 기분인지 마음을 열고 솔직하게 말할지 갈등하는 순간 말이에요. 정말 기분 나쁜 순간이죠. 아주 기분 나빠요. 내가 안다고 유일하게 밝힐 수 있는 것이라고는 '사실 나는 아는 게 없다'고 인정해야 하는 순간이니까 말이에요!

이런 경험은 반복됐어요. 위험이 클수록 모른다고 인정하기는 더 어려웠어요. 내가 힘든 싸움을 하고 있다는 것을 인정하지 못하도록 가로막는 게 무엇이었을까요? 무능력하게 보이고 무능하게 여겨지는 것에 대한 두려움이었어요. 나의 진짜 감정을 드러내면 어떤 면에서든 내가 작아지고 지위가 흔들릴 거라는 확신이 들었거든요. 내가 일하면서 느꼈던 이런 완고한 사고방식이 내 상호작용과 인간관계에서 영원히 계속 되풀이되고 있었어요. 불안감에 대해 숨길수록 마치 사기꾼이 된 것 같은 기분이 들었죠. 나는 내가 일을 어떻게 하는지를 근거로 나의 가치를 판단하는 외부의 '심사위원'들에게 모든 권한을 떠맡겼어요.

우리가 알려지지 않은 것을 두려워하는 이유는 자아와 우리 자신의 나약함 그리고 인간성과 대면해야 하기 때문이다. 우리는 절대 실수를 범하지 않는 존재가 아니다. 익숙한 상황과 문제 그리고 해답을 알고 있는 문제를 처리하며 안전지대 안에서 잘 지내고 있을 때 우리는 완전한 통제력과 힘을 느낀다. 공식적으로든 비공식적으로든 우리의 역할은 알려지지 않은 것에서 자신을 보호한다. 하지만 이런 역할은 알려지지 않은 것에 적극적으로 참여하는 데 장애물이 될 수도 있다.

역할은 '모르는 것'에 대한 취약성을 피하기 위해 그 뒤에 숨을 수 있는 보호 망토와 같다. 역할이 우리를 보호해줄 수 있는 이유는 모든 사람이 우리가 해답을 찾을 거라고 기대를 걸 때, 그 기대에 의존해 아는 척을 할 수 있기 때문이다. 이런 압박감에 굴복하고 어떤 답을 제시하기는 쉽다. 적어도 표면적으로는 말이다. 망토에 가려 우리의 모습은 노출되지 않는다. 주변의 체계와 과정, 지시와 통제, 확실성의 인상을 주기 위해 우리가 만든 목록과 계획에 의존할 수 있고, 어느새 이것은 습관이 된다. 지식이라는 방어용 망토를 착용하는 것이 제2의 천성이 돼버리고 방어용 망토를 걸치고 있다는 사실을 잊어버리는 것이다. 우리는 망토 그 자체가 되어 그 안에서 자신을 잃고, 어느새 보호 망토는 구속복이 된다. 벌거숭이 임금님처럼 다른 이들은 그것을 모두 모르는 척해준다. 아무도 '임금님은 벌거벗었다'는 분명한 사실을 감히 말하려 하지 않는다. 여기에 해답은 없다. 우리는 자신의 무능함 속에서 나약한 존재다.

사람들은 유능한 인상을 유지해야 한다는 부담감 때문에 '모르는 것'에 대한 자신의 내적 경험과 외적 상황 사이에서 갈등을 느꼈다고 보고한다.

20년 가까이 조직 컨설턴트로 일해온 레카 체클레디브라운(Reka Czegledi-Brown)은 이런 비슷한 경험을 겪은 적이 많다. 몇 년 전 그녀는 한 지방 정부와 일을 했는데, 공중보건부와 통합을 촉진하는 작업을 맡게 되었다. 레카는 자신을 전문가라고 내세우는 것을 좋아하지 않았지만 의뢰인 측은 그녀의 경력에 대한 상세정보를 강력히 요구했다. 그들은 "지금은 너무 예민한 상황이라서 아무것도 모르는 사람을 고용할 여유가 없습니다."라고 말했다. 시작부터 고객은 레카가 문제를 해결해주기를 기대했고 그녀는 알아야 한다는, 그리고 '문제를 해결해야 한다는' 강한 압박감을 느꼈다. 이것은 곧바로 어깨에 책임감이라는 부담감을 올려놓았으며, '모르는 것'에 대한 고객의 불안감을 덜어주었다. 이런 종류의 경험이 그간 상당히 많았음에도 레카는 처음으로 고도의 불확실성과 의심에 위축되는 자신의 모습을 발견했다. 하지만 고객이 그녀에게 듣고자 하는 말은 그런 것이 아니었다.

레카가 고객의 기대에 부응하는 새로운 방향을 제시하는 데는 몇 달이 걸렸다. 그녀는 주요 초점을 고객에게 맞춤으로써 이 일을 해냈다. "저에 대한 문제가 아니었어요. 중요한 건 그 중대한 과도기에 고객의 말에 진정으로 귀를 기울이고 함께하는 것이었죠. 그들은 믿을 수 없을 만큼 방향을 잡지 못했고, 직면한 상황을 '보지 못했을' 뿐만 아니라 제대로 인식하지도 못했어요. 정말 고통스러울 정도로 힘든 상황에서 자발적으로 그들과 함께 일하기로 했던 건 내게 큰 발전이었죠. 나는 전문 지식에 의존하며 그 뒤에 숨는 대신, 나의 취약한 면을 보여줬어요."

무능하거나 쓸모없고 부족하다는 느낌은 매우 불쾌하다. '모르는 것'을 인정해버리면 영향력을 잃게 될 수도 있다. 다시 말해 힘과 통제력을 잃는 경험을 할 수 있다는 뜻이고, 그 결과 수치심과 창피함이라는 극심한 아픔을 느끼게 된다.

직장에서 볼 수 있는 일반적인 반응:

"모든 사람의 관심을 받는 게 부담스러워."

"내가 그런 실수를 하다니, 죽고 싶은 심정이야."

"난 이 일을 할 수 없어. 나는 그런 일에 재능이 없어."

"나는 좋은 리더가 아니야. 내가 좋은 팀장이었다면 이런 일이 벌어지지 않았겠지."

"그런 것도 모르다니, 내게 문제가 있어."

"이 실수를 남들이 알아서는 안 돼. 더 이상 날 믿지 않을 거야."

_____ "어떻게 내가 이런 멍청한 짓을 할 수 있지?"

우리가 경계에 도달했다는 일반적인 신호 중 하나는 자신의 한계 때문에 창피함을 느끼는 것이다. 누구라도 추한 모습을 보이거나 사람들의 존경을 잃기를 원하지는 않는다. '모두가 우리를 처다보는 것' 같은 경험은 약간의 수줍음이라는 형태를 띤다. 가장 명백한 표시는 남의 시선을 의식하게 되는 것이다. 스펙트럼의 다른 한쪽 끝에서 우리는 혹독한 내적 비판과 수치심을 경험하는데, 이런 경험은 매우 고통스러우며 고립감마저 느끼게 할 수 있다.

수치심은 '내가 틀렸다'는 기분이며, 이런 기분이 들면 우리의 행동뿐 아니라 정체성까지도 위협받게 된다. 나약함과 수치심을 깊이 있게 다루는 연구자인 브레네 브라운(Brene Brown)은 수치심을 이렇게 정의한다. "우리에게 결함이 있기 때문에 사랑받고 소속될 가치가 없다고 생각하는, 극도로 고통스러운 느낌이나 경험이다."[50] 우리가 수치심을 인식할 수 있는 방법 중 하나는 그것이 유발하는 고립감이다. 고립감은 우리가 원하는 방향으로 나아가는 것을 막고, 이런 느낌이 들게 만드는 사람들과 상황으로부터 우리를 멀어지게 할 수 있다. 수치

심은 그 상황에 대한 우리의 견해를 밝히고 싶은 마음을 완전히 앗아
간다.

경계에 도달하면 내면의 비판가가 등장한다. 이성과 논리의 목소리
를 닮은 이 비판가는 무언가를 할 수 있는 우리의 능력에 의문을 던지
며 우리의 발목을 붙잡는다. 다이애나의 이야기를 들어보자.

내가 내 안의 무시무시한 비판가와 부딪혔던 것은 어느 큰 사회단체
의 난민수용소를 관리하는 역할을 처음 시작했을 때였어요. 내면의
비판가는 어두운 그림자를 드리웠고, 머릿속에서 크고 또렷한 목소
리로 소리쳤어요. "넌 할 수 없어! 성공할 수 있다고 생각하다니 멍청
하기 짝이 없구나. 자기 분수도 모르고 말이야. 이제 모두 네가 어떤
사람인지 똑똑히 알게 될 거야. 모두들 너보다 훨씬 더 경험 많고 재
능 있는 사람들이야. 그들은 오랫동안 훈련을 받았고 너보다 아는 것
도 훨씬 많아."
마음속에선 의심이 자리 잡았어요. 따뜻하고 안도감을 주는 목소리
로 나를 방해했지요. 전에도 이런 경험을 한 적이 있었지만, 걱정이
되기 시작한 나는 봉제인형처럼 무르고 연약해져버렸으며 아무것도
할 수 없을 것 같은 기분이 들었어요. 기운을 낼 수도 없었죠. 내 생
각은 살짝 얼린 슬러시로 덮여 있는 질척질척한 바다 위를 떠다니고
있었어요. 내가 어디에 있고, 무엇을 해야 하는지 혼란스러웠으며 어
디서부터 시작해야 할지 갈피를 잡을 수 없었어요. 그 느낌은 정말
너무나 압도적이었어요.

동기에 관한 세계의 주요 연구자 중 한 사람인 스탠퍼드 대학의 캐롤 드웩(Carol Dweck) 교수는 왜 어떤 사람은 성공하는 반면에 어떤 사람은 그렇지 못하는지를 이해하고자 노력했다. 그녀는 지능과 재능, 성공 사이의 상관관계에 매우 관심이 많았다.

저서 《성공의 심리학(Mindset)》에서 드웩 교수는 능력보다는 사고 방식이 성공에 더 큰 영향을 미친다는 놀라운 연구결과를 발표했다.[51] 이 '사고방식'이라는 것은 우리의 지능과 학습 능력, 성격, 재능 등에 대해 우리 자신에게 말하는 자기 암시적 독백으로, 우리가 아는 것을 고수할지 아니면 알려지지 않은 영역에 들어가 새로운 기술을 익힐지 구체화한다.

드웩 교수는 기본적인 사고방식을 두 가지로 구분하는데, 그중 하나는 고정형 사고방식(fixed mindset)이다. 이런 사고방식을 가진 사람들은 인간의 지능과 재능, 특성 등이 태어날 때 정해진다고 믿고, 우리가 유전자나 문화적 조건화, 양육된 방식의 유산이라고 생각한다. 이 사고방식에 따르면 이것들은 고정된 관념이기 때문에 인간이 점차 향상될 수 있을지라도 그렇게 많이 변할 가능성은 없다고 여겨진다. 그에 반해 성장형 사고방식(growth mindset)을 가진 사람들은 개개인이 타고난 재능과 특성, 지능 등에서의 출발점은 다르지만 순전한 연습과 수련, 끈기를 통해 각자의 특성을 연마하고 재능을 향상시킴으로써 목표를 성취할 수 있다고 믿는다. 다음은 이에 대한 스티븐의 이야기다.

고정형 사고방식의 한 가지 예로 수학에 대한 나의 태도를 들 수 있습니다. 어렸을 때 나는 수학을 잘했던 적이 한 번도 없었어요. 다른 아이들에게는 아주 쉬운 문제였지만 나는 수학 시간에 정말 진땀을 빼야 했지요. 나는 자신에게 말하곤 했어요. "내게 맞는 건 글쓰기나 인문학이지, 수학이나 과학은 아니야. 남들보다 숫자에 강한 사람도 있는 거지 뭐." 열여섯이 되었을 때 이런 사고방식에 도전장을 내민 나는 A 레벨(영국 학생들이 대학 진학을 위해 치러야 하는 상급 수준의 시험 – 옮긴이)의 수학을 공부하기로 결심했습니다. 하지만 결국 낮은 성적을 받았고, 나 자신에게 내 신념이 맞다는 것을 납득시킨 꼴이 돼버렸죠. 이 경험은 이후에 높은 수학 능력을 요구하는 일자리나 과목을 회피하는 부정적인 결과를 낳았죠. 수학만 공부했더라면 내가 원하는 직업을 가질 수도 있었을 텐데 말이에요.

성장형 사고방식의 예로는 형 셸윈과 탁구를 쳤던 경험을 들 수 있겠군요. 처음에 나는 탁구를 정말 못 쳤어요. 우리는 교과서를 네트 삼아 주방 식탁에서 탁구를 쳤고, 아버지도 자주 함께했어요. 아버지는 우리 형제보다 훨씬 더 잘 치셨어요. 그런데 나도 계속 치다 보니까 실력이 점점 늘더라고요. 열여덟 살 무렵에는 대학 대표로 시합에 나갈 정도의 실력이 됐으니까요.

우리가 어느 쪽 사고방식을 가졌는가는 우리의 선택과 행동, 그리고 그로 인한 결과에 중대한 영향을 미친다. 드웩의 주장에 따르면 고정형 사고방식을 가진 사람들은 끊임없이 자기 자신을 증명하고, 스스로와 다른 사람들에게 능력을 입증해야 한다. 그들은 알려지지 않은 것을 피하기 위해서 있는 힘을 다하는데, 이는 알려지지 않은 것 때문에 실패가 초래될 수도 있다고 생각하기 때문이다. 모든 상황은 "내가 성공할까 아니면 실패할까?" "내가 이길까 아니면 질까?"라는 이원적 결과로 평가된다. 그런데 이러한 사고방식을 갖게 되면 우리는 자신이 잘한다는 확신이 들지 않는 일은 피하게 된다. 무언가 처음 시도할 때 우리는 완전무결하기를 원하고, 만일 결점이 있으면 당연히 그것을 숨기고 싶어 한다. 고정형 사고방식의 사람은 실패를 했을 때 수치심을 느끼고, 자신과 비교가 될 만한 사람들보다는 자신을 더 나아 보이게 할 사람들을 주변에 두고 싶어 할 것이다. 고정형 사고방식은 경계에 도달했을 때 치명적인 장애물이 된다. 열린 마음으로 새로운 것을 시도하고 실험하는 데 걸림돌이 되기 때문이다.

4

그럼에도 미지의 경계에 서서

가끔은 우리가 경계에 있는지 알기 어려운 때가 있다. 복잡한 문제는 상자에 포장되어 라벨을 붙인 채 우리 집 문 앞으로 배달되지 않는다. 당연히 쉽게 알아차릴 수 없다. 하지만 우리가 경계에 반응하는 방식은 언제 미지의 영역에 진입했는지에 대한 실마리가 된다.

알려지지 않은 것을 피하는 방법에는 여러 가지가 있다. 이런 방법들은 우리가 이해하지 못하는 무언가에 가까이 다가가게 됐을 때, 혹은 예상치 못했거나 설명할 수 없는 무언가에 직면하게 됐을 때 그 대상을 통제하려 하거나, 수동적이 되어 물러나거나, 끊임없이 사물을 분석하거나, 비극적 사고방식(항상 모든 것이 최악의 상황이 될 것이라는 가정하에 생각하는 방식)에 기대거나, 성급히 행동하거나, 바쁘게 움직이거나, 급조한 해결책을 적용하는 등과 같이 다양한 방식으로 나타난다. 우리가 이런 경험을 하찮게 여기는 이유는 이것이 우리를 너무나 불안하게 하기 때문이다. 이것은 우리가 경계에서 경험하는 불편함에 대처하는 자연스러운 반응이자 무의식적인 반응이다. 즉, 인류의 기원으로 거슬러 올라가는 우리의 생존 본능의 결과인 것이다. 하지만 이런 반응의 문제점은 알려지지 않은 것을 포용함으로써 정말 혜택을 얻을 수 있는 바로 그 시점에 우리가 그것을 피해버린다는 점에 있다. 이런 회피 반응은 우리가 알려지지 않은 것의 경계에 머무는 것을 방해하며, 궁극적으로는 배우는 것까지도 방해할 수 있다.

흔히 볼 수 있는 본능적인 반응[52]:

"긴장돼서 속이 울렁거려."

"무언가 머리를 짓누르는 것 같아. 터져버리기 일보직전이야."

"가슴이 터질 것 같아. 시속 150km로 달린 것 같다고."

"좀 어지러운 것 같아."

"땀이 나기 시작했어."

"입이 마르고 목소리가 갈라지기 시작했어."

"어이없어 웃음이 나오네. 약간 취한 것 같은 기분이야."

"조바심이 나서 가만있질 못하겠어."

직장에서 자주 듣는 일반적인 표현:

"더 이상 내가 설 자리가 없는 것 같아. 그 계약을 놓쳐서 우리 팀에 심각한 손실을 끼쳤어."

"그렇게 과감한 기업 인수를 하다니, 말 그대로 하룻밤 사이에 딴 세상이 돼버린 것 같아. 사람들 행동이 어제랑 오늘이랑 완전히 딴판이라니까."

"어둠 속에서 여기저기 막 찔러보는 듯한 기분이야."

"실업자가 된 후로 모든 게 엉망이 돼버린 것 같아."

"날마다 바뀌니 정신을 못 차리겠어. 오늘 채택된 기획안이 하루아침에 새로운 기획안으로 대체되다니 말이야. 이제 확실한 게 하나도 없는 거 같아."

"새로 맡은 일 때문에 정신이 하나도 없어. 믿고 의지할 만한 데 _____도 없고 말이야."

승녀(僧女)이자 불교 전법사인 페마 초드론(Pema Chödrön)은 경계에서의 경험을 '무근거성'이라고 표현한다. 마치 우리의 발밑에 있는 발판을 빼버리는 것과 같다. 발을 디딜 견고한 기반이 없기 때문에 우리는 방향을 잃고, 혼란스러워하며, 심지어 공황 상태에 빠지거나 겁을 먹게 된다.

심리치료사인 알렉스 슐로터벡(Alex Schlotterbeck)은 실직 상태였을 때 느꼈던 복잡한 심정을 다음과 같이 표현한다.

"나는 '모르는 것'에 대한 불안감과 마주치게 됐어요. 다음 대출금 상환을 위한 돈을 어디서 마련해야 할지 막막했죠. 하던 일을 그만두고 다른 일자리를 찾는 중이었거든요. 불확실성으로 인한 불안감과 맞닥뜨린 거예요. 앞으로 무슨 일을 겪게 될지 '모르는 상황'과 직면하면서 우울한 감정에 빠져들게 되자 비관적인 예측을 하게 됐어요. '모르는 것'에 대한 불안감보다는 오히려 우울한 감정이라는 확실성 안에서 어느 정도 위안을 찾았던 거죠. '모르는 것'과 부딪히는 상황을 견딜 수 없었기 때문에 초조해졌고 너무 성급히 직장을 옮기려 했어요. 그런 방법으로 내 삶을 통제하려 했던 거예요."

이처럼 지배력, 영향력, 자율성, 통제력을 가지고 있다는 태도는 중요하며 우리의 행복감과 직결된다.

신경과학자인 데이비드 록의 연구는 직원들이 통제력이나 영향력을 잃는 경험을 하게 되면 불확실성에 대한 그들의 인식이 깨어나며, 이로 인해 스트레스 수준 또한 올라간다는 것을 보여준다. 이와 대조적으로, 더 큰 자율성을 인식하게 되면 확실성의 느낌이 증가하고 스트레스가 감소한다.[53]

심리학자인 엘렌 랭거는 앞서 언급했던 '통제의 환상'에 관한 연구에서, 자신이 결과를 통제하거나 결과에 영향을 미칠 수 있다고 믿는 우리의 경향은 스트레스가 심한 경쟁적인 상황에서 한층 강화된다고 주장한다. 상황이 변하고 점점 예측 불가능해지면 스트레스의 수준은 상승하고 주변 상황에 휘둘리게 된다는 느낌을 더욱 강하게 받는다. 그때서야 우리는 통제력을 늘리고 무기력감을 줄이려 시도한다. 통제력은 방어 수단이자 '모르는 것'에 대한 해독제로 등장하고, 우리는 이를 통해 확실성을 붙잡으려 한다. 자신의 능력을 쥐어짜거나 자신을 폐쇄해버릴 수 있고, 보다 많은 권력을 사용하며, 보다 지시적이며 독재적이 될 수도 있다. "나사를 조인다." 또는 "상황을 엄격히 통제한다.” 등은 이런 상황에 매우 적절한 표현이다.

일반적인 반응:

“나는 해답을 찾기 위해 머리를 쥐어짜고 있어. 머리에서 쥐가 날 지경이라니까.”

“우리 팀이 일하는 걸 보면 정말 짜증만 나.”

“일단 시작하고 보는 거야. 하다 보면 어떻게든 될 거야.”

“불편한 기분만 피할 수 있다면 뭐든지 하겠어.”

“처리할 수 있다니까. 내 생각을 논리적으로 설명해볼게.”

“숨이 막혀 죽을 지경이야.”

“누가 나를 좀 통제해줘.”

“그 회의에서 나는 통제력을 완전히 잃었어.”

“잘못된 길로 가고 있어.”

사람들은 ‘앞다투어 안정성을 찾고 (중략) 입지를 강화하려는’ 경향이 있다고 페마 초드론은 말한다. 이를 티베트어로 집착이라는 뜻의 ‘셴파(Shenpa)’라고 부른다. 그녀의 설명에 따르면 셴파는 “붙잡는 것, 또는 반대로 밀어내는 것과 연관된 본능적 특성을 가진 것으로 (중략) 일어나고 있는 일에 불편함을 느낄 때 우리가 경험하는 엄격한 통제나 폐쇄, 후퇴 등의 조치를 취하게 만드는, 떨쳐버릴 수 없는 생각이다.”[54]

압박을 받을 때 사람들이 보이는 기본적인 태도는 일상적인 절차와 익숙한 체계 및 규칙을 통해 통제를 하는 것이다. 조직들은 통제의 환상을 심어주기 위해 인위적인 체계를 만든다. 제조 과정을 향상하기 위한 일련의 기법과 도구로 구성된 모토로라(Motorola)의 '식스 시그마(Six Sigma)' 관리 전략은 우리의 환경을 통제하고자 하는 바람의 발현이다. 이것은 (알려지지 않은 것으로 알려진) 단순하거나 난해한 문제에는 효과적일 수 있다. 그러나 사업상의 많은 문제는 (알려지지 않은 것으로 알려지지 않은) 복잡한 문제다. 우리가 알려지지 않은 것으로 알려지지 않은 것에 보편적인 비즈니스 시스템을 적용해 안정적이고 예측 가능한 비즈니스 결과, 그리고 '실수 예방' 활동을 달성할 수 있다고 생각하는 것은 환상일 뿐이다. 이 신제품이 효과가 있을까? 고객들의 취향과 선호도가 어떤 방향으로 움직일까? 어떤 예측할 수 없는 힘이 우리에게 영향을 미칠까?

수동성과 자기 패배 의식

일반적인 반응:

"내가 얼마나 협조적인데. 어떤 제안이든 다 찬성이야."

"나는 정말 조용하고 내성적인 사람이 됐어."

"무슨 질문을 해야 할지 모르겠어."

"나는 100% 확실하지 않으면 그냥 조용히 앉아 있어. 특히 뒷받침할 만한 상세한 정보가 없을 때는 말이야."

"나는 뭘 해야 하는지 매니저에게 물어봐. 결국 그게 매니저가 맡은 책임이잖아."

"나는 자신감을 잃었어."

"내 머리가 절전 모드에 있나 봐."

"내 잘못도 있지만 다른 사람들 잘못도 있어."

무근거성이라는 의식에 직면했을 때 우리가 나타내는 기본적인 반응 중 하나는 자신의 여러 가지 감정으로부터 떨어져 나와 걱정과 우울함에 기대며 스스로를 고립시키는 것이다. 문제는 비극적으로 보이고, 우리는 무엇을 해야 할지 또는 어떻게 대처해야 할지 갈피를 잡지 못한다. 우리는 우리를 두렵게 하는 장소로부터 벗어나고 싶어 하는 경향이 있는데 이는 인간의 자연스러운 반응이다. 불편한 느낌과 이러한 반응이 결합하면 막강한 힘을 발휘하며 우리는 절망이라는 감정 속으로 쉽게 빨려 들어간다.

분석 마비(Analysis Paralysis)

일반적인 반응:

"이 문제를 논의하기 위해 위원회를 구성해야 해."

"결정을 하는 데 필요한 데이터가 충분치 않아."

"내 결재를 받고 싶으면 더 많은 정보를 가져오라고."

"다음 달에 나오는 ABC 컨설팅사의 보고서를 먼저 보고 싶군. 그러고 나서 신상품 발표회에 대해 얘기하지."

우리는 정보를 분석하고 더 많은 정보를 수집한다는 명목하에 복잡한 문제를 다루는 것을 종종 회피한다. 복잡한 문제를 해결하는 데 어려움을 겪는 이유가 지식의 부족 때문이라고 잘못 생각하는 탓에 우리는 더 많은 것을 읽고 연구하면 일을 더 잘하고 해답도 찾아낼 수 있을 거라고 여긴다. 이러한 생각의 맹점은 우리가 복잡한 문제를 다룰 때 해결은 고사하고 문제를 정의하기조차 어려운 경우가 있으므로 결코 그 진상을 밝히지 못할 수도 있다는 것이다. 우리는 결코 그 문제를 충분히 알거나 충분히 해결할 만큼 유능해질 수 없다. 분석이 끝났을 때쯤이면 문제가 이미 그 모습을 바꾸었거나, 너무 깊이 뿌리를 내렸거나, 혹은 더 이상 문젯거리가 아닐 가능성이 있는 탓이다. 우리의 모든 계획이 무용지물이 돼버릴 위험이 있다는 뜻이다.

과도한 분석은 행동을 미루고 회피하는 방편이 될 수 있다. 그렇게 하는 것이 문제를 다루기 편하고, 또 알려진 방법이기 때문이다. 하지만 AWS24의 최고경영자 니콜라 가티는 다음과 같은 점을 배웠다고 말한다. "지식이 부족하더라도 일을 진행하는 편이 낫습니다. 완전한 지식을 기다리는 것보다는 자신의 능력과 직감을 토대로 말이죠. 몇몇 소중한 기회를 놓칠 가능성도 있지만 이렇게 빠르게 움직이는 세상에서는 그렇게 하는 편이 낫습니다."

비극적 사고방식

비극적 사고는 어떤 문제의 결과를 부풀려 잘못될 수 있는 '최악의 경우에 대한 시나리오'를 토대로 생각하는 방식이다. 이 사고방식을 가진 사람들은 이러한 문제를 경험하기 정말 싫다고 생각할 뿐만 아니라, 이것을 처리하거나 바꾸기 위해 자신이 할 수 있는 게 아무것도 없다고 생각한다.

일반적인 반응:

"절대 이 상황에서 벗어날 수 없을 거야."

"내가 잘못 생각했어. 이제 다 틀렸어."

"사람들이 나를 정말 멍청하다고 생각할 거야. 난 사람들의 신뢰를 잃게 되겠지."

"이번 계약을 날리면 사업을 접어야 할 거야."

"나는 정말 제정신이 아니야. 제대로 생각할 수가 없다고. 나는 한심한 실패자야."

"내일 어떻게 직장에서 얼굴을 들고 다니지? 차라리 죽는 게 낫겠어!"

경영 컨설턴트인 카렌 로렌(Karen Loren)은 성취감 없는 역할을 맡아 답답한 심정이었을 때 자신의 열정에 다시 불을 지피기 위한 동기를 찾으려고 노력했던 적이 있다. 카렌은 당시의 상황을 다음과 같이 설명한다.

"미래에 대한 생각으로 숨이 막힐 지경이었어요. 나는 내가 무엇을 원하는지도 모르는 채 공황 상태에 빠져서 절박하게 계속 여기저기 일자리를 옮겨 다녔죠. 절망과 두려움이 머릿속에 자리 잡았고, 그 때문인지 배도 계속 아팠어요. 두려움으로 내 상상력은 미친 듯이 날뛰었는데, 완전히 새로운 분야에 조급하게 발을 들여놓았다가 모든 게 끔찍할 정도로 잘못돼 결국 집까지 날려버리는 상상도 했어요. 정년까지 일하는 꿈을 꾸고 있었는데, 여전히 그런 일을 찾아내지 못했죠."

성급한 행동

일반적인 반응:

"우리는 모든 학식과 전문 지식을 쏟아부어 '모르는 것'에 대한 불안감을 다스리고 있었어요."

"우리는 계속 이런저런 계획을 내놓았고, 여러 일들에 미친 듯이 달려들었죠. 마치 머리 잘린 닭처럼 뛰어다녔어요."

"명확하게 행동으로 옮길 수 있는 조치도 없이 회의를 열고 일을 맡겨봐야 무슨 소용이 있겠어요?"

"우리는 죽어라고 브레인스토밍을 하며 전문 지식이라는 토끼굴에 끼어 꼼짝 못하고 있었어요."

"문제나 만지작대고 있을 시간이 없어. 우리는 여기 일을 하러 온 거라고. 신속하게 말이야."

결정은 즉각적인 만족감을 보장하고, 결정을 내리고 난 후 곧바로 밀려오는 안도감은 한 스푼의 설탕처럼 달콤할 것이다. 이런 결정은 처음에 우리에게 활력을 불어넣을 수 있지만, 결국 처음에 시작했던 출발점보다 더 '아래로' 우리를 끌어내릴 수도 있다. 대부분의 직장은 불확실성에 대한 참을성이 별로 없기 때문에 우리는 '30초짜리 성급한 가치'를 적용한다. 우리는 문제를 이지적으로 분석하고 피상적인 해답을 제공함으로써 '모르는 것'의 불편함을 줄이는 경향이 있고, 무능하게 보일 가능성에 중압감을 느끼기 때문에 행동해야 한다는 압박감에 굴복하게 된다. 보험업계에 종사하는 한 인사부 부장은 다음과 같이 설명한다.

"나는 생각을 거듭함으로써 '모르는 것'의 불편함을 줄입니다. 내 분야의 전문 지식에 관한 한 유능해 보여야 합니다. 나는 사람들에게서 모든 걸 알고 있을 뿐 아니라 해답도 갖고 있을 거라는 기대를 받습니다. 이 때문에 나는 훨씬 더 조급해졌고, 서둘러 결정을 내리게 됐으며, 결과에 집착하게 됐습니다."

거부감

어떻게 거부감을 느끼는가?:

"나는 몸으로 느낄 수 있어요."

"내 머리를 바이스(물체를 두 개의 판 사이에 끼워 고정시키는 기구 - 옮긴이)에 넣고 조이는 것처럼 머리가 지끈거리며 쑤셔요."

"내 가슴 위에 무언가 묵직한 것이 올라가 있는 것 같아서 숨을 쉴 수가 없어요."

"압박감을 느껴요. 나를 속박하고 구속하는 압박감 말이에요."

"내 자신을 제한하는 생각이죠."

"꼼짝달싹할 수 없는 느낌이에요. 발버둥 칠수록 더 조여드는 것 같아요."

"제게 있어 거부감이란 뿌연 물이나 걸쭉한 진흙탕을 헤치고 나아가는 느낌인 듯해요."

"막다른 길에 이르게 된 기분과 같아요."

거부감은 현실을 밀어내는 것으로, 보통 변화나 변화와 연관된 상실감에서 온다. 이것은 불쾌하거나 부정적인 무언가에 대한 거부감일 수도 있고, 우리가 두려워하는 혹은 싫어하는 무언가나 이해하기 너무 어려운 대상에 대한 거부감일 수도 있다. 거부를 할 때, 우리는 상황이 달라지길 바란다.

작가인 닉 윌리엄스는 그가 원하는 모든 것을 가진 듯했던 성공적인 회사생활을 그만뒀다. 무언가 부족하다고 느꼈기 때문이었다. 20대 나이에 세 곳의 회사에서 9년간 일을 한 뒤, 그는 회사생활을 그만두고 자기 사업을 시작하고 싶은 충동을 느꼈다. 그때는 인터넷과 소셜 미디어, 다운시프트족(downshift族, 치열한 경쟁에서 벗어나 느긋하고 여유 있는 삶을 추구하는 무리 혹은 그런 사람-옮긴이), 포트폴리오 커리어(portfolio career, 동시에 몇 가지 시간제 직업을 갖는 것-옮긴이)라는 개념 등이 보편화되기 이전이었다.

"마치 세상의 경계에서 벗어나는 기분이었어요. 나는 그렇게 하는 것이 내 경력에 자살 행위나 다름없고 모두를 실망시키는 행동이라는 것을 알고 있었습니다. 그 자리에 오르기까지 정말 열심히 일했으니까요. 하지만 세상에서 소외될까 봐 겁이 났어요. 나는 항상 규칙을 따르며 내가 해야 할 역할을 수행하고 맡은 일을 해냈지만 행복하지는 않았어요."

거의 10년이 지났음에도 닉은 첫 번째 책 계약서에 사인을 하고 작가로 등단한 후 자신의 거부감이 가장 강했던 순간을 떠올렸다. 어린 시절부터 그는 글쓰기야말로 자신의 타고난 직업이며 사명의 일부라고 느꼈다. 하지만 38세가 되도록 단 한 권의 책도 쓰지 못했다.

1997년 여름, 그는 '타고난 사명'이라는 주제로, 천직을 찾는 일에 관한 생각을 싹틔웠다. 여러 차례 워크숍을 진행하며 이 주제에 대해 이야기했고, 책을 내는 것은 매우 자연스러운 다음 단계처럼 보였다. 닉은 영국에서 가장 큰 출판사 여섯 군데에 제안서를 제출하기로 결심했다. 놀랍게도 한 출판사에서 그를 만나겠다는 연락이 왔다. 닉은 행동으로 옮기길 잘했다고 생각했지만, 마음속 깊은 곳에서는 자신이 성공할 거라고 믿지 않았다. 참담하게도 그는 거절의 내용이 담긴 편지를 셀 수도 없을 만큼 받았다. 더 안 좋은 건 아예 답장조차 없는 경우였다.

1998년 9월, 한 통의 편지가 우편함 밖으로 나와 카펫 위에 떨어져 있었다. 닉은 그 편지를 집어 들면서 봉투에 찍혀 있는 한 출판사의 로고를 보았던 일을 기억한다. 갑자기 거절의 두려움이 엄습해왔다. 그는 두려움을 끝내고 떨쳐버리기 위해 황급히 봉투를 열었다. 자신이 부족하다는 것을 확인하겠지만, 적어도 이전에 해왔던 것처럼 빈정대는 방식으로나마 자신을 축하해주고 싶었다. 편지를 펼쳐 봤을 때, 그는 현기증이 난 것처럼 정신이 아뜩해졌다. 거기에는 "축하합니다. 귀하의 책에 대한 계약을 제안하게 돼서 기쁩니다."라고 적혀 있었다. "그 순간, 말문이 막힐 정도로 정말 기뻤어요. 하지만 그때 내가 '용(dragon)'이라고 이름 붙인 거부감이 머리를 들었어요. 그 용은 내게 이렇게 말했죠. '무슨 짓을 한 거야? 너는 글을 쓸 수 없어. 사람들에게 할 수 있다는 것을 보여주려 해봤자 결국 엉망이 될 거라고.' '네가 쓴 글을 누가 읽겠어? 결국 재고 정리 코너에 놓여 헐값에 팔릴 게 뻔하잖아.' 심지어 이런 생각도 들었어요. '나는 글을 쓸 수 없어. 너무 형편없어서 아까운 종이만 낭비할 거야.' 이처럼 내 거부감의 목소리는 강력했어요."

변화는 늘 상실을 수반하기 마련이다. 우리는 상실을 피하기 위해 가능한 모든 것을 다한다. 이 상실을 대가로 우리가 늘 꿈꾸어왔던 무언가를 성취할 수 있다 할지라도 말이다. '모르는 것'은 경계에서 맞닥뜨릴 때 훨씬 더 두렵다. 왜냐하면 우리가 이제 막 발을 들여놓으려는 곳에 뭐가 있는지 모르는 데다 우리가 뒤에 남기고 가야 하는 것들도 있기 때문이다.

모든 걸
통제할 수
있다는
환상

5

경계를 넘어 불확실의 영역으로

내면 깊은 곳에서 북받쳐 오르는 무언가를 느껴본 적이 있는가? 현재 상태에 대해 서서히 끓어오르는 불만의 소리 말이다. 이것은 회피하려는 마음을 밀어내고, 미지의 세계로 나아가라고 우리에게 강력히 촉구한다. 미국의 신화학자 조지프 캠벨(Joseph Campbell)은 이런 갈망을 '부름', 즉 지금과 같은 방식의 삶을 계속 영위할 수 없다고 느끼는 순간이라고 표현한다. 좋든 싫든, 우리는 변화의 시작과 대면해야 하고 경계를 넘어 미지의 세계로 들어가야 한다.

런던에서 살고 있는 코치 아부디 섀비(Aboodi Shabi)는 변화를 요구하는 '부름'을 들었을 때 더 이상 이를 무시하거나 거부할 수 없다고 생각했다. 런던 중심부에서 몇 년간 행복한 생활을 보내고 있던 당시 그는 자신이 뭔가 놓치고 있다는 생각이 들기 시작했다. 몇 년 전 떠나온 웨스트 컨트리의 호젓하고 평화로운 생활이 그리워진 것이다. 처음에는 그냥 지금의 생활과 기꺼이 맞바꾼 대가라고만 생각했다. 런던 중심부에서 생활하는 것이 여러모로 봤을 때 타당했으므로 자신이 지불해야 하는 대가를 받아들일 준비가 되어 있었다. 하지만 시골에서 시간을 보낼 때마다 자연에 대한 갈망의 아픔과 향수를 느꼈다. 한동안은 이런 감정을 한쪽으로 밀쳐놓고 평범한 생활을 하며 잘 지낼 수 있었다.

하지만 어느 봄날 상황이 바뀌었다. 이탈리아에서 한 수련회에 참가하고 있을 때였다. 아부디는 그곳에서 시간을 보내며 휴식을 취하는 동안 진정으로 자연에 귀를 기울였다. 이탈리아 시골 마을에 한창이었던 봄의 아름다운 정취에 흠뻑 빠져들었고, 따사로운 햇살 아래에서 새들의 노랫소리를 들으며 한가로이 숲을 거닐었으며, 저녁이면 벽난로 옆에서 독서를 즐겼다. 그는 더 이상 이런 부름을 무시할 수 없다는 것을 깨닫기 시작했다.

오만 가지 생각으로 머리가 금세 복잡해졌어요. 런던을 떠나면 뭘 하고 살아야 하지? 어디로 가야 할까? 어디서부터 변화를 시작해야 할까? 늘 하던 대로 별의별 생각을 다 하며 '해법'을 찾으려고 애를 썼고 불확실성에 대한 불안감과 씨름했어요. 쉬운 해답은 없을 거라는 사실을 알았죠. 하지만 이 모든 것을 나 혼자 해결하려고 하지는 않았어요. 런던에 있는 한 친구에게 전화를 해서 내가 빠진 딜레마에 대해 생각을 나눴어요. 그의 충고는 도전적이었어요. "해답을 알아내는 건 네 몫이 아니야. 앞으로의 삶이 어떻게 펼쳐질지는 네가 담당할 수 있는 일이 아니란 얘기야."

아부디는 흥분되는 마음과 심란한 마음을 모두 안고 런던으로 돌아왔다. 그는 이제 자신의 삶이 전과 같지 않을 것을 알았다. 비록 변한 건 아무것도 없었지만 그는 이미 전환기에 접어들었다. 아부디는 친구의 조언을 실천으로 옮기려고 노력했으며, 뭘 해야 할지 막막하고 답답할 때나 내면에서 솟아나는 전혀 상반되는 생각을 설득하다 걱정스러울 때면 명상이나 산책을 하거나 때로는 자전거를 타러 나가기도 했다. 그가 발견한 방법들 중 특히 도움이 되었던 한 가지는 앞으로 자신의 길이 어떻게 펼쳐질지는 모르지만 그래도 10년이나 15년 정도 후에는 그 답을 알 수 있을 거라고 생각해보는 것이었다. 그동안 아부디는 자신이 알아야 할 것들을 찾아가는 과정을 즐기기로 마음먹었다. 그것이 꼭 상황을 더 쉽게 해준다고 할 수는 없었지만, 현재 경험하고 있는 불확실성과 혼란에 동반되는 호기심과 경이로움이라는 기회의 문을 열어주었다.

그로부터 거의 2년 후, 아부디는 여행을 하던 도중 임시로 쉴 만한 휴식처를 발견했다. 그는 런던 중심부에 있는 아파트를 팔고, 런던 북부의 조용한 변두리 지역에 위치한 숲 근처의 임대용 주택으로 이사를 했다.

어떤 면에서는 이전보다 더 불안정한 생활이었어요. 새롭게 도전해야 할 일들이 생겼죠. 직장생활에도 변화가 일어나기 시작했는데, 더 이상 예전처럼 여행을 많이 다니고 싶지 않게 되었다는 게 한 가지 이유였어요. 내년이면 집주인이 들어오고 다시 이사를 나가야 해요. 게다가 부동산 가격이 빠르게 오르고 있고요. 하지만 이렇게 불안정한 상황 속에서도 시간이 갈수록 내 자신이 한층 더 안정감을 찾아가고 있다는 게 느껴져요. '모르는 것'에 좀 더 평온해진 거죠. 하루에 몇 번씩 명상 수행을 하는 게 습관이 됐고요. 거의 매일 집 근처에 있는 숲에서 산책을 하거나 조깅을 하고, 정기적으로 요가 수업을 받기 시작했어요. 아직 뭘 해야 할지 해답을 찾지는 못했지만, 알려지지 않은 길을 걸을 때 이런 수행들이 내가 좀 더 평온함을 유지하는 데 도움이 됩니다.

경계에 섰을 때 자신이 보이는 기본적인 반응을 인식하면 우리는 의도적으로 이런 반응들을 뒤로하고 새로운 기술을 연마하며 역량을 기르는 쪽을 선택할 수 있다. 다시 말해 이는 경계에서의 상황을 다루는 의식적인 방법이라 할 수 있겠다. 우리는 이런 접근법을 마치 올림픽에 나가는 체조 선수처럼 연습해야 한다. 또한 불안감과 불편한 느낌이 엄습할 때 다시 나쁜 습관으로 돌아가서는 안 되며, 우리 앞에 놓여 있는 무수한 가능성에 마음의 문을 열어놓아야 한다. 다이애나의 이야기를 참고해보자.

직장을 그만두기 직전에 나는 내면의 갈등을 느꼈습니다. 한편에서는 "조심해서 걸어. 뒤로 물러나."라고 말하고 있었지만 다른 한편에서는 앞으로 나아가라고 호기심이 나를 쿡쿡 찔러댔어요. '저 모퉁이를 돌면 뭐가 있을지 궁금하지 않아?' '계속 나아가야 하는 걸까?' 이런 갈등을 확연하게 느낄 수 있었어요. (중략) 두려움에 대한 처음의 반사적인 반응을 극복한다면 어떻게 될까? 계속 불편함과 답답함을 느끼고 공황 상태에 빠져 있다면 어떻게 될까? 경계에서 그 끝을 알 수 없는 아래를 내려다보며 이런 생각들을 했죠. 나를 가볍게 잡아당기며 미지의 세계로 초대하고 있는 부드러운 유혹의 손길을 느낄 수 있었고, 이런 감정들이 자리 잡게 되자 흥분감을 느낄 수 있었어요. 탐험가들이 지도에 없는 미지의 세계로 모험을 떠날 때 아마 이런 기분이었을 거예요. 두려움과 흥분감이 뒤섞인 기분 말이에요. 이성과 감성 사이의 줄다리기라 할 수 있죠. 살아 있다는 느낌, 모든 감각이 완전히 깨어난 느낌이 들었어요.

우리는 이제 이만큼 먼 길을 왔다. 이 여정의 다음 부분으로 갈 준비가 갖춰졌는가? 경계에서 벌어질 상황에 대처하고, 지도에도 없는 미지의 바다에 발을 내디딜 각오가 되었는가? 아마 이전에 했던 모험보다 훨씬 먼 곳까지 모험하게 될지도 모르겠다. 가능성과 배움의 기회는 이제 바로 여러분 코앞에 있다.

시인 데이비드 화이트는 그의 시 '피니스테레'에서 다음과 같이 격려하고 있다.

바로 여기 육지와 바다의 경계에서 신발을 벗어던지자. 포기했기 때문이 아니다. 이제 나아가야 할 새로운 길을 찾아야 하기 때문이며, 우리는 역경을 헤치고 계속 전진할 것이기 때문이다. 아무리 거친 파도라도 이겨내면서.

다섯,

어둠이 밝게 비추다

어둠이 그대의

촛불이 되리니

중독이 그대를

어둠이 그대의

루미(Rumi), 페르시아의 시인이자 수피(Sufi)파의 신비주의자

1

앎과 모름, 반전의 순간

'모르는 것'을 주제로 하는 책에 대한 아이디어를 사람들과 교환했을 때, 전반적인 피드백은 부정적이었다.

"모른다는 게 무슨 좋은 점이 있나요?"

"무지해서 얻을 수 있는 혜택을 전혀 모르겠군요."

"사람들에 대해 모르는 것보다는 아는 편이 좋은 것 같은데요."

"'모른다는 것'은 물러터졌고, 어리숙해서 사기당하기 십상이라는 뜻이잖아요."

"무식하게 보이고 싶은 사람이 어디 있겠어요? 사람들 앞에서 어릿광대가 되라고요?"

"지금 헤매고 있는 걸로도 충분해요. 굳이 더 헤매야 하나요?"

아는 것이 좋은 것이라면, 그 반대는 당연히 나쁜 것이라는 결론이 나온다. 대부분의 사람들에게 논리적으로 간단한 문제다. 하지만 '모르는 것'이라는 용어를 사용할 때, 우리는 이 단어의 보편적인 생각에 대해 말하고 있는 것이 아니다. 오히려 고대의 '부정신학(否定神學, 신에 대해서는 적극적 규정을 부정하는 방법으로만 신을 인식할 수 있다고 믿는 신학 - 옮긴이)의 전통'을 적용해서, 그것이 무엇인지보다는 그것이 '무엇이 아닌지'를 설명하고 있는 것이다. 이런 마음가짐으로 우리는 '모르는 것'과 지식의 부재(또는 무지라고도 알려져 있는), 그리고 발견할 수 있는 부분적인 지식의 위치를 구분한다.

현대의 보편적인 비유를 빌리자면 지식은 빛, '모르는 것'은 어둠이다. "나는 아무것도 모른다."는 뜻의 영어식 표현 "I'm in the dark(나는 어둠 속에 있다)."가 이를 잘 보여주고 있다. 역설적이게도 '모르는 것'은 배움과 새로운 지식으로 이어지는 경우가 허다하다. 자연계나 생태계에서와 마찬가지로, '모르는 것'은 보이지 않는 성장으로 이어질 수 있다. 자궁 속의 태아나 땅속 깊은 곳의 씨앗처럼 말이다.

우리는 쉽게 보이지 않으면 아무것도 일어나지 않는다고 생각하는 경향이 있다. 하지만 변화는 어둠 속에서 전개된다. 우리는 보이는 것, 비유적으로 말하면 밝은 곳에 있는 것들에 보다 가치를 두는 경향이 있지만 자연은 낮과 밤이라는 완벽한 균형을 우리에게 선물했다. 자신이 모른다는 것을 인정해야 비로소 배울 수 있다. '모르는 것'의 어둠은 빛의 새로운 발원지를 찾기 위한 자유와 공간을 창조한다.

《다른 각도에서 보기(The Art of Looking Sideways)》라는 저서에서

앨런 플레처(Alan Fletcher)는 공간을 공백보다는 '실체'라는 개념으로 설명한다. 그는 공간을 활용해 예술 작품을 창작하는 예술가들을 예로 들고 있다. 예컨대 세잔(Cezanne)은 공간을 활용해 입체감을 주는 그림을 그렸고, 자코메티(Giacometti)는 공간에서 군살을 떼어내 조각 작품을 완성했으며, 랠프 리처드슨(Ralph Richardson)은 연기 중에 잠깐 멈추는 기법을 활용했고, 아이작 스턴(Isaac Stern)은 정적(靜寂)을 활용한 곡을 작곡했다. 같은 방식으로, '모르는 것'에 대한 지식의 부재는 잠재성으로 가득한 '네거티브(negative, 저자는 어두운 부분은 밝게, 밝은 부분은 어둡게 보이는 네거티브필름을 독자에게 연상시키며 앎과 모름의 의미를 반전시키고 있다 – 옮긴이)'의 공간, 즉 여백의 공간이다.

지식의 '포지티브(positive)' 면이 가진 문제점은 '네거티브' 공간, 즉 '모르는 것'의 공간에서 얻을 수 있는 기회를 종종 밀어낼 수 있다는 것이다. 베살리우스 시대의 사람들은 갈레노스가 해부학에 관해 모든 것을 알지는 못한다는 사실을 아마 인정할 수 없었을 것이다. 1,400년 동안 이런 믿음은 의문을 제기하고, 새로운 시각으로 바라보며, 그 결과 새로운 것을 배워 새로운 지식을 창출할 가능성을 밀어냈다. 이라크에서 발발한 제2차 걸프전 초기에 전(前) 미 대통령 조지 W. 부시가 '임무 완수'라고 주장한 내용 속에 내포된 '지식'은 (임무가 완수되지 않았을) 가능성을 밀어내버렸다. 그의 '직설적인' 리더십은 너무나 단호해서 의심의 여지를 남겨놓지 않았다. 하지만 만일 그랬더라면 '무력이 해법'이라는 가정 대신 보다 다양한 접근법을 통해 여러 방안을 검토했을 것이며, 이라크에 진입한 동맹국들이 열린 마음으로 효과적인 해법을 찾았을 것이다. 2008년 국제적인 금융위기가 닥치기 전까지만 해도 '모든 주요 기업가들과 정치인들은 합리적인 결정을 내릴 수 있는 충분한 경제 지식은 물론 투자 위험 요소에 대한 적절한 지식을 갖추고 있다'는 것이 사람들의 보편적인 믿음이었다. 재무부 장관 역임 후 영국의 국무총리가 된 고든 브라운(Gordon Brown)은 "호황과 불황의 순환은 끝났다."라고 당당하게 주장했지만, 그의 주장은 후에 크게 잘못된 것으로 판명되었다.

지금 우리는 우리가 알 수 있거나 알아야 하는 상황에 대해 이야기하고 있는 것이 아니다. '모르는 것'은 우리가 이미 알고 있는 모든 것을 한쪽으로 제쳐놓자는 뜻이 아니다. '모르는 것'에 진입한다는 것은 우리가 기존의 지식에 제약을 받지 않는 공간에 들어간다는 의미다. '모르는 것'은 나아갈 길을 알 수 없거나 아직 해답이 없는 복잡한 문제를 다루는 상황에 대처하는 하나의 방법이고, 적극적인 과정이자 새로운 경험과 배움을 활용할 수 있는 선택이다. 이것은 복잡성과 모호성, 역설과 함께 생활하고 함께 일하는 하나의 방법이며, 우리가 경계에서 직면하는 불확실성과 불편한 느낌을 수용하는 방법이다. 이러한 관점은 '모르는 것'의 부정적인 의미에 도전하며, '모르는 것'을 잠재성과 기회의 긍정적인 공간으로 재구성한다. 그리고 이곳에서 우리는 새롭게 등장하는 지식에 접근할 수 있다.

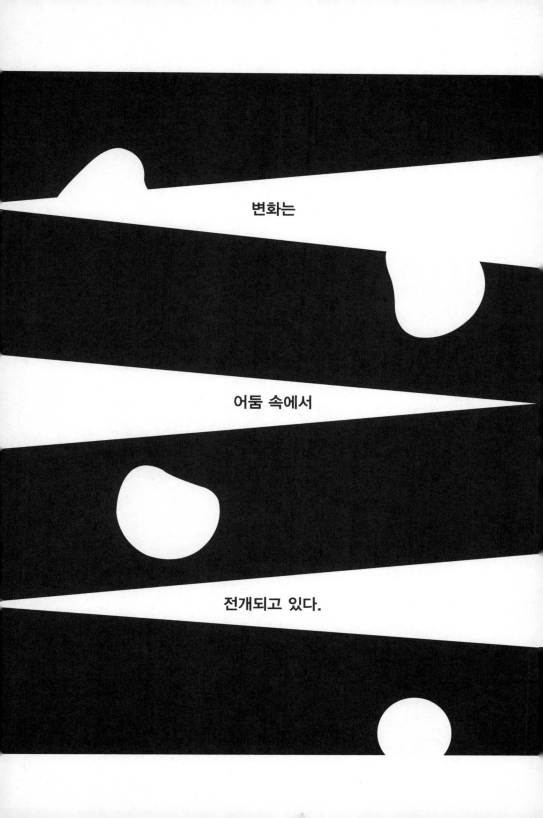

변화는

어둠 속에서

전개되고 있다.

미지의 세계의 사는 주민들

호주 멜버른의 콜린스 거리와 스완스톤 거리가 맞닿는 코너에 위치한 시티 스퀘어(City Square)에 서면 화강암 받침대 위에 서 있는 인상적인 동상을 볼 수 있다. 받침대 아래 부분에는 다음과 같은 글이 새겨져 있다.

> 로버트 오하라 버크(Robert O'Hara Burke)와 윌리엄 존 윌스(William John Wills)
>
> 빅토리아 시대의 탐험대 리더
>
> 오스트레일리아 대륙을 남에서 북으로 종단한 최초의 인물들
>
> 1861년 6월, 귀국하는 도중 센트럴 오스트레일리아 쿠퍼스 크리크(Cooper's Creek)에서 사망했다.

앉아 있는 윌스의 왼쪽 어깨에 버크가 팔을 얹은 채 서 있다. 윌스의 무릎 위에는 책 한 권이 펼쳐져 있다. 이 동상의 제막식은 1865년 4월 21일에 거행되었는데, 이 탐험대가 불행한 종말을 맞이한 지 4년이 지난 후였다.

버크와 윌스의 이야기는 인류의 큰 업적 중 하나다. 이 탐험대는 3,000km의 긴 여정 끝에 오스트레일리아 대륙 북쪽 해안의 카펜테리아만(Gulf of Carpentaria)까지 용케 도달했다. 이 여정은 또한 탐험 가운데 많은 생명이 목숨을 잃은 재난의 이야기이기도 하다. 버크와 윌스는 간신히 쿠퍼스 크리크까지 귀환했는데, 카펜테리아만에서 이곳까지의 거리는 멜버른까지 돌아오는 길의 3분의 1에도 못 미쳤다. 그들은 이곳에 있던 자신들의 버려진 공급 기지에서 결국 굶어 죽었다.

호주에서 '부시 터커(bush tucker)'라고 불리는 야생의 식용 동식물이 주변에 널려 있었는데 어째서 버크와 윌스가 굶어 죽었는지 많은 역사가들은 의아해했다. 이런 식용 동식물은 오스트레일리아 대륙 오지에 사는 토착민들이 먹는 풍부한 향토 음식이었다.[57] 《호주 원주민들이 들려주는 버크와 윌스 이야기: 잊혀진 이야기들(The Aboriginal Story of Burke and Wills: Forgotten Narratives)》의 저자 이안 클락(Ian Clark)이 말하는 바와 같이, 당시 유럽인들은 소멸해가는 반면 원주민들은 번창일로에 있었다.[58] 이 책은 이 질문의 답이 버크의 태도에 있다고 주장한다. 버크는 토착민들과 그 땅에 대한 그들의 지식을 존중하지 않았을 뿐 아니라 몹시 업신여겼다. 이전 탐험대의 다른 탐험가들은 토착민을 길잡이로 삼았었는데 말이다. 이런 측면에서 생각해보면, 이 탐험대의 실패는 호주 원주민인 안내자가 없었기 때문이라고 볼 수 있다. 호주 원주민들을 알차게 활용하지 못한 무능함 또는 거리낌이 결국 그들의 종말을 초래한 것이다.

버크는 대원 중 한 명인 윌리엄 브라헤(William Brahe)를 남겨 쿠퍼스 크리크의 보급 창고를 책임지게 했으며, 원주민들이 창고 근처에 얼씬도 못하도록 막으라고 명령했다. 그러나 4개월 후 카펀테리아만에서 귀환한 버크와 윌스, 킹(King)은 불과 몇 시간 차이로 브라헤를 만나지 못했다. 브라헤가 대원들을 기다리는 것을 포기하고 그날 일찌감치 공급 기지를 버렸기 때문이다.

이안 클락은 만일 브라헤가 수천 년 동안 쿠퍼스 크리크에서 살아온 얀드루완다(Yandruwandha) 부족의 사람들과 좋은 관계를 쌓아놓았더라면 버크와 일행이 도착하자마자 브라헤에게 그 사실을 즉시 알려줬을 것이라고 생각한다. 마찬가지로, 버크가 얀드루완다 부족과의 접촉을 거부하지 않았더라면 도중에 이 부족을 통해 그들이 오고 있다는 말을 브라헤에게 전할 수 있었을 것이다.[59]
그러나 이 탐험가들은 쿠퍼스 크리크에서 처음 만난 얀드루완다 부족 사람들이 제공한 우정과 환대를 믿지 않았다. 윌스는 일기에서 이 부족을 "모든 면에서 비천하고 경멸스럽다."라고 표현했다. 부족민이 제공하는 음식에 전적으로 의존하게 됐을 때조차 말이다. 마지못해 그들의 아량에 기대긴 했지만 윌스는 이렇게 썼다. "결국 어쩔 수 없이 몇 달 동안 이 흑인들처럼 살아야 할 것 같다."

영국 상원의 자유 민주당원이자 탐험대의 유일한 생존자인 존 킹 (John King)의 후손인 앨더다이스 경(Lord Alderdice)은 킹이 이 땅에 대한 호주 원주민들의 지식을 존중한 반면, 버크는 이를 몹시 무시했다고 말한다.[60] 버크는 음식을 가져다준 원주민의 머리에 총을 쏘았고 그 대신에 옷감을 가져오라고 요구했다. 나중에 버크는 이들이 제공한 물고기도 무례하게 거절했다고 전해진다. 얼마 후, 얀드루완다 부족은 탐험대에 음식을 가져다주는 것을 그만두었으며 결국 다른 곳으로 이주해버리고 말았다.

후원자가 사라지자 탐험대원들은 나두(nardoo) 씨를 찾느라 애를 먹었다. 수생 양치식물인 나두는 호주 원주민들이 빵을 만드는 재료였다. 그들이 애를 먹은 이유는 나두 씨가 나무에서 자라는 것이라고 잘못 생각하고 엉뚱한 곳에서 찾아다녔기 때문이다. 탐험대는 어찌어찌 씨를 찾자마자 허겁지겁 생으로 먹었는데, 나두 씨는 독성이 있어서 제대로 처리한 뒤 먹어야 한다는 사실을 까맣게 모르고 있었다(나두 씨는 체내의 비타민 B1을 고갈시켜 결국 영양실조로 사망하게 만든다).

영양실조에 걸리게 된 버크는 쿠퍼강(Cooper River) 기슭에서 쓰러지고 만다. 그는 킹에게 권총을 넘겨주고 자신을 매장하지 말고 가라고 부탁했다. 버크는 그날 늦은 시간에 죽음을 맞이했다. 킹은 얀드루완다 부족을 찾아다녔지만 허사였고, 보급 기지로 돌아왔을 때는 이미 이 세상을 떠난 윌스의 시신을 발견했다. 윌스를 묻은 뒤 킹은 다시 얀드루완다 부족을 찾아 나섰고, 마침내 그들을 발견했다. 앨더다이스 경은 킹이 생존할 수 있었던 유일한 이유는 호주 원주민들에게 관심을 가졌고, 이 땅에 대한 그들의 지식을 존중했기 때문이라고 지적한다. 킹은 멜버른에서 파견한 구조대가 1861년 9월 15일 자신을 발견할 때까지 두 달 이상 얀드루완다 부족과 함께 생활했다.

이러한 버크와 윌스의 행동은 오스트레일리아 대륙을 종단한 최초의 백인으로서 보여준 불굴의 의지와 용기와는 엄청나게 모순되는 점이다. 그들이 사망한 이유는, 알려지지 않고 신뢰할 수 없는 지식의 원천에 자신의 마음을 열지 않았기 때문이었다. 그들은 원주민에게서 알려지지 않은 것을 배우려 하지 않았으며, 이 원주민들이 자신보다 더 많은 지식을 가지고 있다는 사실을 믿지 않았다. 그들은 원주민들을 신뢰하지 않았다. 알려지지 않은 것으로부터 얻을 수 있는 새로운 지식에 대한 태도가 달랐더라면 버크와 윌스는 생존했을 것이다.

여러 시대를 거쳐 온갖 분야의 수많은 사람들이 알려지지 않은 것을 이해하려고 노력해왔다. '모르는 것'을 받아들이고, 심지어 포용하며, 성공의 주요한 추진력으로 여기는 상황에 대한 이야기는 세계 곳곳에서 볼 수 있다. '모르는 것'은 수많은 영역에서 중심이 된다. 예술 부문의 창의성을 비롯해 심리치료의 행동 변화, 과학 분야의 새로운 발견, 모험을 통한 새로운 영역의 탐험, 기업가 정신의 새로운 가치 창출에 이르기까지 광범위한 분야에서 중추적 역할을 하기 때문이다. 이처럼 다양한 영역에서 활동하는 사람들이 '모르는 것'을 창의성과 가능성의 원천으로 활용하는 방법은 이에 대해 배우고자 애쓰는 우리에게 교훈이 된다.

버크와 윌스처럼 행동해서는 안 된다. 마음을 항상 열어놓고 다양한 경험과 관점을 탐구하자. 우리가 이미 미지의 세계를 여행한 경험이 있든 없든, 첫 번째 여행이든 두 번째 여행이든, 그런 것들은 중요하지 않다. (플루타르크가 '시인과 우화 창작자'라고 표현한) 미지의 세계의 주민들에게서 배우자. 다음 장에서 우리는 미지의 세계의 주민들을 몇몇 만나 볼 것이다.

3

예술가,
천사와 악마 사이의 공간

"우리는 우리의 타고난 권리를 누릴 자격이 있다.
이 권리는 역설이나 모호성과 느긋하게 함께할 수 있는
중도(中道, middle way)이자 열린 마음의 상태다."

– 페마 초드론

예술가들은 경계에 있는 집에 산다. 그들은 경계 사이에 있는 창의적
공간에서 생활하는데, 이 공간은 자아의 파괴라고 표현되는 경험을
거친 후에야 열리기 시작한다.

　1937년에 태어난 미국의 화가이자 삽화가 겸 이야기꾼이며 교육
자인 마샬 아리스만(Marshall Arisman)은 〈타임(TIME)〉지에서 '마더 존
스(Mother Jones, 진보 성향의 미국 온라인 매체 – 옮긴이)'에 이르기까지 다
양한 매체에서 특집으로 다루어졌다. 마샬의 작품 중 영구 소장품들
이 스미스소니언(Smithsonian) 박물관과 미국 예술 박물관(Museum of
American Art)에 전시되었다. 마샬의 가장 유명한 작품 중 하나는 브
렛 이스턴 엘리스(Bret Easton Ellis)의 소설 《아메리칸 사이코(American

Psycho)》의 상징적인 표지로, 사람과 악마가 공존하는 주인공 패트릭 베이트먼(Patrick Bateman)의 모습을 묘사하고 있다.

마샬은 자신의 창작 과정이 거의 50년 동안 변함없이 한결같다고 털어놓았다. 아침에 일어나면 옷을 입고 자신의 스튜디오로 향한다. "나를 그곳으로 이끄는 것은 내 자아입니다. 나는 텅 빈 캔버스 앞에 앉아 생각합니다. '나는 이제까지 그린 것 중 최고의 그림을 그릴 거야.' 하지만 나는 잊고 있었던 거죠. 나를 스튜디오로 이끈 것은 분명히 나의 자아지만, 내 자아가 그림까지 그릴 수는 없다는 것을요! 하얀 캔버스 앞에서 나의 자아는 무엇을 해야 할지 모릅니다. 그래서 내가 그림을 그리기 시작합니다."

그림을 창작하는 과정은 항상 무언가를 가지고 시작하는데, 보통은 사진을 대상으로 삼는다. 사진을 올려놓고 생각한다. '이 개구리를 그려야겠어.' 도중에 개구리가 마치 돼지처럼 보이더라도 계속 그려나간다. 자신이 어떤 그림을 그리게 될지 결코 알 수 없다. 사실, 그는 자신이 상황을 통제하려고 크게 애를 쓰지 않을 때 최고의 그림을 그릴 수 있다고 생각한다.

"20분 후에 내 그림이 그다지 좋지 않다는 것을 깨닫게 됩니다. 나는 나 자신과 싸우기 시작하지요. '이건 별로야.' '넌 지금 때려치우고 포기해야 해.' '너는 절대 그림을 그릴 수 없다니까!'" 이런 내면의 싸움은 적어도 20분 동안 계속되며, 싸움이 길어지면 때로는 2시간에 이를 때도 있다. 결국 다음과 같이 인정할 때까지 말이다. "이거 여전히 끔찍하군!"

이 시점에서 자기의 자아가 조금씩 약해지기 시작한다고 마샬은 설명한다. "이런 자아 파괴의 중간 어딘가에서 내 안의 또 다른 내가 그림을 그리게 되는데, 내 자아가 시키는 대로 한 것이 가치가 없다고 결정했을 때에서야 비로소 활력을 얻게 됩니다. 약간의 공간이 생기는 거죠. 오래가지는 않아요. 아마 15분 정도쯤 될 겁니다. 하지만 그거면 충분합니다. 이런 공간은 자아의 파괴를 통해서만 얻을 수 있습니다."

마샬의 경우, 이런 과정을 통해 창작된 것은 자신에게서 나온 것이 아니라 자신을 '통해' 만들어진 것이다. "사람들이 '당신 그림이 정말 마음에 들어요'라고 말할 때면 '난 그곳에 없었어요' 하고 대답합니다. 마크 로스코(Mark Rothko) 또한 자신은 채널에 불과했다는 사실을 넌지시 암시했습니다. 에너지가 자기를 통해 나왔다고 말입니다. 나는 이런 공간을 소중하게 생각합니다. 이것에 중독됐지요. 이제 일흔다섯이 되면서, 나의 자아는 그림을 그리는 것이 아니라 다시 이런 공간을 찾는 데 집착하게 됐습니다. 하지만 이런 공간에 계속 머물러 있는 것은 절대 불가능한 일입니다."

자아를 놓으라는 것은 마샬이 뉴욕의 시각예술학교(School for Visual Arts)에서 가르치는 프로그램의 핵심적인 부분이다. 우선 그는 학생들에게 일어나서 그림을 통해 자신이 겪었던 실제 이야기를 해보라고 요청한다. 처음에 학생들은 극도로 남의 시선을 의식하기 때문에 이야기를 할 때 부자연스럽게 굴며 쑥스러워한다. 그리고 나서 그는 학생들에게 2~3주 동안 같은 이야기를 다시 반복하게 하는데, 마지막에는 개 얼굴의 마스크를 쓰고 이야기하게 한다. 마침내 학생들은 자아를 놓게 되고 자신이 체험했던 순간의 기억을 되살리게 된다. "그들은 자아 파괴의 순간에 얻게 되는 공간에 가까워진 겁니다. 바로 그 시점에 우리는 좋은 이야기를 얻을 수 있습니다."

마샬은 자신의 할머니를 떠올린다. 그녀는 유명한 영매이자 심령술사였다. "할머니가 영매들의 공동체에서 생활했기 때문에, 어린 시절에 나는 영매들에 둘러싸여 많은 시간을 보냈어요. 할머니는 말씀하셨죠. '인생에서 천사들과 악마들 사이의 공간에 서는 법을 배워야 해. 천사들은 장난삼아 우리를 유혹하고 부추긴단다. 악마들은 재미있지만 위험하지.' 내 연구에서, 지금 나는 말 그대로 중간 지대에서 일하고 있습니다. 벽의 한쪽에는 천사들의 그림이, 다른 한쪽에는 악마들의 그림이 있지요. 나는 이 '모르는 것'의 공간이야말로 중간에 존재하는 '인간의' 공간이라고 생각합니다."

미지의 세계로 떠나는 모험

4

탐험가,
한 번에 하나씩 정복하며

"우리가 정복하고자 하는 것은 산이 아니라 우리 자신이다."

– 에드먼드 힐러리 경(Sir Edmund Hillary), 산악인

에두르네 파사반(Edurne Pasaban)은 히말라야 8,000m 고봉 14좌를 모두 정복한 세계 최초의 여성이다. 그녀의 경험은 미지의 영역에 발을 들여놓을 때 어느 누구나 직면하게 되는 도전 과제에 대해 강력한 통찰력을 제공한다.

에두르네는 스페인 바스크 지방의 톨로사라는 자그마한 그림 같은 마을에서 자랐다. 청소년기에 산과 사랑에 빠진 그녀는 열다섯 살에 처음으로 알프스 산맥에서 가장 높은 몽블랑(Mont Blanc)의 정상을 정복했다. 열여섯이 되던 해에는 해발 6,310m인 에콰도르의 침보라소 산(Mount Chimborazo)을 포함해 안데스산맥 일곱 봉우리의 정상에 올랐다.

"그 나이 또래의 다른 여자아이들은 모두 남자친구와 함께 휴일을 보내는 데 관심이 쏠려 있었지만, 내 마음은 온통 등산에 빠져 있었어요. 나는 경험이 풍부한 산악인들로 구성된 작은 등반팀의 멤버였어요. 그들은 인내심을 갖고 나를 대해줬을 뿐만 아니라 많은 것을 가르쳐줬어요. 초기의 이런 멘토링은 중요한 역할을 했고 내가 자신감을 갖는 데 도움이 됐습니다."

2001년에 에두르네는 등반대와 히말라야산맥의 에베레스트산 정상에 도달했다. 이것은 두 가지 모두를 할 수는 없으니 가업을 물려받든, 등산에 전념을 하든 택일하라는 아버지의 최후통첩에 대한 대답이었다. 그렇게 그녀는 등산을 선택했던 것이다.

에베레스트에 오르고 난 후, 에두르네는 해마다 8,000m 고봉을 한두 개씩 오르기 시작했다. 중요한 것은, 그녀가 이 미션을 시작했을 때 자신이 8,000m 고봉을 모두 오를 거라고는 상상도 하지 않았다는 것이다.

"하나하나에 너무나 많은 에너지와 헌신이 필요했기 때문에 그런 생각을 품는 것조차 나에게는 미친 짓이었어요. 아홉 번째 8,000m 고봉을 정복하고 나서야 8,000m 고봉을 모두 오르는 게 가능할지도 모르겠다는 생각이 들었죠. 왜냐하면 끝이 보이기 시작했으니까요." 성취를 하기 위한 일반적인 접근법과는 대조적으로 에두르네는 '끝을 염두에 두고' 시작하지 않았다. 그녀는 그냥 등반을 시작했으며, 계속해나갔다. 마지막으로 성취해야 할 것이 무엇인지는 진행 과정에서 분명해졌던 것이다.

에두르네의 등반 여정은 결코 쉽지 않았다. 2004년에 그녀는 세계에서 가장 위험한 산이라고 여겨지는 K2(카라코람산맥의 중앙부에 있는, 8,611m 높이의 세계에서 두 번째로 높은 산 – 옮긴이)의 정상을 정복했지만, 동상으로 발가락 두 개를 잃었으며 하마터면 목숨까지 잃을 뻔했다. 그녀는 자신의 팀과 산소를 가져다준 셰르파(Sherpa)의 도움으로 안전하게 하산할 수 있었다. 그들이 없었다면 지금 이렇게 살아 있지 못했을 것이라고 에두르네는 확신한다. 탐험가들이 미지의 세계에서 살아남으려면 다른 사람들의 도움을 받아야만 한다.

그러나 발가락을 잃은 시기가 에두르네의 삶에서 가장 어려운 때는 아니었다. 그 순간은 산에서 내려온 다음 닥쳐왔다. "집으로 돌아왔을 때 내 나이는 서른둘이었어요. 친구들은 모두 결혼을 했고 나와 다른 생활을 하고 있었죠. 나는 스스로에게 수많은 질문을 했어요. 내 삶을 제대로 살고 있는 걸까? 계속 등반을 하면서 미지의 세계를 탐험해야 할까? 아니면 평범한 삶을 살면서 엄마로 살아가야 할까? 나는 장기적인 우울증에 걸린 데다 건강이 좋지 않아 4개월간 입원해 있었어요. 내가 살아온 삶이 싫다고 생각하면서 말이죠."

에두르네가 이 시기를 극복하게끔 도와준 것은 가족과 친구들, 등반팀이었다. 그들은 그녀에게 (산을 오를 때나 베이스캠프에서) 가장 행복했던 순간들을 떠올리게 했다.

"비록 내 삶이 친구들과는 달랐지만 그래도 행복한 삶을 살았다는 확신을 갖도록 도와줬어요. 그리고 다시 도전할 수 있는 용기를 줬지요. 그래서 1년 후 새로운 등반대를 편성했고 8,000m 고봉 14좌를 모두 정복하는 데 전념했어요. 미지의 세계에서 가장 어려운 순간은 계속해야 하는 동기를 잃는 때예요. 그래서 우리를 이해하는 사람이 필요한 거죠. 그들은 우리의 삶을 좀 더 편안하게 해주니까요."

그저 이성적으로 생각하는 대신에 자신의 몸과 마음에 귀를 기울이는 것 또한 등반가의 능력이다. 2001년, 이탈리아 팀과 함께 등반길에 오른 에두르네는 정상을 불과 200m 앞에 두고 있었는데, 매우 불길한 느낌에서 벗어날 수 없었다. 이유는 몰라도 어쨌든 기분이 좋지 않았기에 정상을 바로 눈앞에 두고 있었음에도 자신의 직감에 귀를 기울인 뒤 하산이라는 매우 어려운 결정을 내렸다. 내려가는 도중 두 명의 스페인 산악인을 만났는데, 그들은 함께 다시 정상에 오르자며 그녀를 설득하려 애썼다. 그러나 자신의 느낌에 이미 충분히 주의를 기울인 후에 결정을 내렸던 터라 단호히 거절할 수 있었다. 에두르네는 이 스페인 등반가 중 한 명이 자신이 불길한 느낌을 받았던 정확히 그 지역에서 목숨을 잃었다는 것을 나중에야 알았다. "직감이 말을 걸어올 때는 귀를 기울여야 합니다." 에두르네가 충고한다.

에두르네는 미지의 세계로 모험을 감행할 때는 도중에 기념할 만한 사건과 작은 성공을 축하하는 것이 아주 중요하다고 생각한다. 최종적인 결과는 몇 년이 지나야 알 수 있을지라도 말이다. "그런 중대한 순간들을 찾으세요. 그 순간들이 중요한 단계가 됩니다. 자신의 성취를 폄하하지 마세요. 목표를 달성하도록 도와준 사람들과 함께 축하하세요. 누구나 인생은 한 번뿐이라고 생각합니다. 내게 두 번째 인생을 줄 수 있는 사람은 아무도 없으니까요."

5

심리치료사,
미지의 세계로 가는 길

"과거의 기억을 버리세요. 미래의 바람을 버리세요.

둘 다 잊어버리세요.

자신이 알고 있는 것과 바라는 것을 모두 버려야

새로운 생각을 할 수 있는 공간이 생깁니다."

– 윌프레드 비온(Wilfred Bion), 정신분석가

서양의 신학과 철학에는 '모르는 것'을 '미지의 세계로 가는 길'이라고 함축적으로 부르는 전통이 있다. 이러한 개념은 심리치료와 영성(spiritu ality) 사이의 대화에 특히 두드러지는 특징이다. 런던 트위크넘에 있는 성 메리 대학에서 목회 신학과 영성학 부교수 겸 신학 선임강사로 활동하고 있는 피터 타일러(Peter Tyler) 박사의 경우, 이런 개념은 통합 심리치료사인 그의 목회 활동에 직접적인 영향을 미친다.

피터는 우리의 언어는 늘 언어로 표현할 수 없으며 이해할 수 없는 것을 나타낸다고 했던 오스트리아의 철학자 루트비히 비트겐슈타인(Ludwig Wittgenstein)의 말을 인용한다. "비트겐슈타인은 언어와 대화는 말해진 것과 말해지지 않은 것 사이의 안무, 아니 좀 더 정확히 말

하면 말해진 것과 보이는 것 사이의 안무라고 말합니다. 우리의 지성은 방정식의 겨우 절반만을 이해할 수 있습니다. 온전한 현실이 존재하려면, 알려진 것과 알려지지 않은 것(즉, 말해진 것과 보이는 것) 모두가 공존해야 합니다."

피터의 경우, 심리치료사로서 자신의 일에서보다 이것을 더 잘 보여줄 수 있는 곳은 없다. 환자가 치료실에 들어올 때마다 그는 자신이 배우고 훈련받은 대로 할 것인지, 아니면 환자와 함께 미지의 세계에 발을 들여놓을 것인지를 선택해야 하는 기로에 선다. 이러한 접근법은 영국의 정신분석가 윌프레드 비온의 접근법과 같은 선상에 있다. 비온은 이러한 어려움을 다음과 같이 설명한다.

환자와 함께 치료실에 있을 때, 우리는 가만히 있어야 합니다. 그렇게 하는 것이 뭐 그렇게 무섭고 어려운 일이냐고 하겠지만 사실 쉬운 일이 아닙니다. 침묵을 지키며 환자에게 어떤 것이든 말할 기회를 준다는 것은 어려운 일입니다. 더군다나 환자들은 이것을 싫어합니다. 우리는 무언가를 말해야 하고, 자신이 의사나 정신분석가, 사회복지사라는 사실을 인정해야 하며, 완제품이라는 꼬리표를 단 상자를 제공해야 한다는 압박감을 끊임없이 받습니다.[61]

피터는 "심리치료사는 과거의 기억과 미래의 바람을 모두 버리고 '미지의 공간'으로 발을 들여놓을 수 있는 용기와 겸손함을 가져야 한다."라는 비온의 충고에 귀를 기울인다. 이곳은 기억을 필요로 하며, 통제가 필요할 뿐만 아니라, '원숭이 마음(monkey mind)' 같은 어수선하고 산만한 재잘거림을 모두 제쳐놓고 다른 사람들을 위해 존재해야 하는 공간이다. 피터에게 이것은 현재의 순간에, 그 사람이 지금 여기에 가져온 문제에 귀를 기울여야 한다는 의미다. 그가 설명하는 바와 같이 이것은 큰 변화를 가져올 수 있다.

> 이런 놀라운 변화는 생각이나 그림, 심지어 곡조로 떠오르거나 신체적인 감각 또는 감정으로 발생할 수도 있습니다. 치료를 시작하기 전에 나는 항상 내가 감정적으로, 신체적으로, 심리적으로 어떤 상태인지 빠르게 자가 진단을 하고 점검을 합니다. 치료 중 새롭거나 놀라운 느낌 또는 생각, 신체적인 감각, 감정 등이 발생할 때는 십중팔구 내 앞에 있는 사람의 영향을 받은 게 틀림없다고 확신할 수 있습니다. 이것은 머리나 어깨의 뻐근함이나 분노, 두려움, 무기력함, 심지어 내가 한동안 떠올리지 못했던 이미지나 충격적인 기억 등 다양한 형태로 나타날 수 있습니다.

피터는 이것이 심리학자들이 '전이(transference)와 역전이(counter-transference)'라고 부르는 것이라고 인정한다. 모른다는 입장에서 치료를 함으로써 이런 감각과 느낌, 생각을 통해 더 큰 안도감을 얻을 수 있으므로, 치료사들은 더 나은 위치에서 환자들로부터 한걸음 물러나 보다 의식적인 방법으로 그들과 교감하며 치료를 할 수 있다. "거의 20년 가까이 이 일을 해오면서 분명히 말할 수 있는 점은, 이 분야는 경험이 많을수록 도움이 되는 분야 중 하나라는 것입니다."

피터에 따르면 미지의 세계로 가는 길은 무지와는 다르다. 중세 시대에는 이것을 '스툴타 사피엔시아(stulta sapientia)'의 길이라고 했는데, 이는 말 그대로 '유식한 무지' 또는 '어리석은 지혜'를 의미한다. 기업 경영자든 의사든 간호사든, 심리분석가든 혹은 선생님이든 우리는 자신의 직업에 관한 기술을 연마해야 한다. 하지만 언제 침묵을 유지해야 하는지는 물론 자아의 요구를 진정시키고 미지의 요소가 그 모습을 드러나게끔 해야 하는 때를 어떻게 파악하는지도 배워야 한다. 피터는 언제 말을 해야 하고 언제 침묵을 유지해야 하는지를 아는 이런 기술이 대인관계에서 큰 차이를 만든다고 말한다. "정보와 잘못 '알고 있는 것' 그리고 '전문가들'의 편협한 의견이 넘쳐나는 세상에서, 나는 '유식한 무지'의 시대가 다시 도래했다고 제안하는 바이다. (중략) 상업과 거래, 사업이 주도하는 극도의 스트레스를 받는 세상에서 이런 현상은 훨씬 심화된다."

6

과학자,
일탈의 자유

"과학자가 되려면 불확실성을 믿고, 미궁 속에서 즐거움을 찾아야 하며,

의심을 키우는 법을 배워야 한다. 결과를 확신하는 것보다

실험을 망치는 더 확실한 방법은 없다."

– 스튜어트 파이어슈타인(Stuart Firestein), 신경과학자

알려지지 않은 것을 다루는 가장 직접적인 방법은 자유로운 탐구와 과학적인 방식의 실험 접근법이다. '모르는 것'은 가설을 세우고 실험을 실시하는 방법에서뿐 아니라 새로운 발견을 하는 데도 중요한 역할을 한다. 옥스퍼드 대학의 수석 생명과학자인 한스 호페(Hans Hoppe)는 '모르는 것'이 과학적 과정에서 수행하는 역할에 대한 견해를 다음과 같이 밝힌다.

"2010년 가을의 어느 날 화요일 오후였어요. 컴퓨터 스크린의 데이터가 나를 빤히 쳐다보며 짜증나는 말을 건네고 있었어요. 여전히 아무런 의미도 없다고 말이에요. 몇 주 동안이나 계속 쳐다보았지만, 당시 내 지식으로는 이 데이터를 이해할 길이 없었어요."

한스는 그가 생각할 수 있는 이론을 총동원해 가능한 모든 순열을

살펴보며 데이터를 설명해보려고 애를 썼다. 그는 단백질의 기능을 향상할 수 있는 법에 대해 현재 이해하고 있는 것들의 맥락 속으로 그 데이터를 끌어오고 싶었지만, 여러 가정 중 어느 것으로도 전혀 설명이 되지 않았다. 한스는 세포 표면 수용체에 완전히 새로운 기능(진화 중 아주 갑작스럽게 생겨난 기능)이 나타난 이유를 연구하고 있었다. 뜻밖의 변화였기 때문에 당혹스러웠지만 그는 이 변화의 뒤에 어떤 원인이 있는지, 그리고 이 완전히 새로운 기능이 어떻게 진화할지 궁금했다.

물론 한스는 이러한 양상을 무시하고, 자신의 전문 분야 밖에서 관찰해야 할 데이터로 남겨놓은 채 그냥 넘어갈 수도 있었다. 하지만 그것은 너무나 중요한 분자(molecule)였으며, 새로운 무언가를 발견했다는 사실에 너무 흥분되고 놀라서 그냥 넘어갈 수가 없었다. 이 시점에 그의 연구는 이미 5년 넘게 진행 중이었으며, 세 개의 대륙에서 온 열여섯 명의 과학자들이 연구결과를 규명하기 위해 한 팀을 이루었다. "하지만 나는 여전히 이 문제의 원인을 찾고자 애쓰는 중이었고, 내가 성취한 것이라고는 고작 '아직 해답이 없다'에서 '내가 연구하는 단백질 과학 분야의 범위 안에서는 가능한 해답이 없다'로 바뀐 것뿐이었습니다. 정말 답답한 상황이었어요."

동시에 한스는 이 시기가 이상할 정도로 흥미진진했다고 말한다. 그는 자신의 현재 지식과 역량이 정말 한계에 도달했으며 미지의 세계가 앞에 있다는 것을 알았지만, 한편 새로운 무언가를 탐구할 수 있다는 해방감을 느끼기도 했다. 이러한 마음가짐으로 한스는 자신의 기준의 틀을 완전히 바꿀 수 있었으며, 마침내 중대한 발견을 할 수 있었다. 그 과정을 되돌아보며, 한스는 과학에서 '모르는 것'의 역할을 다음과 같이 설명한다.

"때때로 과학에서 알려지지 않은 것을 연구할 때 가장 중요한 측면은 어디서부터 시작해야 하는지 아는 겁니다. 하지만 우리는 보통 이런 식으로 생각하지 않고 '우리의 지식이 끝나는 곳'에 집중합니다. 이것은 지극히 자연스러운 일입니다. 왜냐하면 결국 우리의 세부적인 지식과 경험을 통해서만 새로운 관찰을 할 수 있으니까요. 일반적으로 이것은 알려진 이론을 입증하기 위해 '빈칸 채우기식' 접근법으로 알려지지 않은 것을 다루는 것과 같습니다."

이론을 조정하기 위한 작은 조치들이 아무런 도움이 되지 않을 때, 그때가 바로 우리의 이해력을 도약시켜야 하는 때라고 그는 주장한다. 미국의 물리학자 토머스 쿤(Thomas Kuhn)은 이런 현상에 '패러다임 전환'이라는 용어를 붙였다.

한스는 새로운 통찰력에는 새로운 사고가 필요하다고 지적한다. 그러므로 개인에게 영향을 미치는 특정한 제약, 즉 물질적·정신적 제약 모두로부터 어느 정도 자유로워야 한다. 그는 정신적 제약을 알아차리고 떨쳐내기가 더 어렵다고 생각한다. 특히 처음에 새로운 관찰을 가능하게 했던 바로 그 지식에서 그러한 제약이 발생한 경우에는 더욱 그렇다. "앞서 언급했던 나의 진화 연구에서와 마찬가지로, 선택한 지식의 틀을 확장한다 해도 자유롭게 생각하며 이전의 개념을 버리고 새로운 개념을 발견할 수 있는 만족할 만한 해법은 찾지 못할 겁니다. 여기에는 해방감이나 모험을 감행할 수 있는 용기를 불어넣는 과정이 필요합니다."

한스는 알려진 것에 대한 집착을 버리고 이전에 너무 이상해서 탐구할 수 없다고 여겼던 발상들에 마음을 열기로 개인적인 결정을 내렸다. 그는 바로 이 결정이 과학적인 탐구 과정에서 근본적인 역할을 했으며, 그 격차를 메우고도 남았다고 주장한다. "일단 새롭게 확대한 지식의 틀을 받아들이고 알려지지 않은 것의 경계를 새롭게 그린 다음, 알려지지 않은 것에 다시 '격차 메우기' 연구 사이클을 적용할 수 있습니다. 이렇게 하면 적어도 알려진 것에서 벗어나 모험을 감행함으로써 새로운 기회를 촉발할 수 있죠. 또 다른 관찰로 인해 우리가 아는 지식에 장애물이 생길 때까지는 말입니다."

과학이 지식 습득 과정과 비슷한 경우, 가설에서 벗어날 수 있는 자유가 불필요한 지체와 주의 분산을 유발하거나 혹은 유용성을 추구하는 과학적 연구의 가치를 퇴색시키는 것처럼 보일 수 있다. 현재 예측할 수 있는 용도를 뛰어넘어 진정한 과학적 진보를 이루려면 수평적 사고를 하거나 '고정 관념에서 벗어날 수 있는' 개인적인 자유를 좀 더 고려하는 편이 유용하다. 이런 자유가 총체적으로 알려지지 않은 세계로의 모험을 감행할 수 있는 용기를 불어넣기 때문이다.

7

기업가,
예측할 수 없는 미래에 맞부딪히기

"'모르는 것'은 정해진 급여를 받으며 정해진 업무를 하는 근로자보다

기업가를 더 놀라게 한다. 우리 기업가들은 위험을 감수하며,

실패를 하기도 한다. 우리는 앞으로 어떤 일이 일어날지 모른다.

우리는 미지의 바다에 발을 담그기만 하는 것이 아니라 다이빙을 한다.

머리부터 말이다."

- 리오 바바우타(Leo Babauta), **작가**

마드리드 IE 경영대학원 기업경영학부 교수인 조셉 피스트루이
(Joseph Pistrui)에게, '모르는 것'이란 모르는 것이 제공하는 기회를 활
용해 '지금'을 다루는 하나의 방법이다.

조셉은 임원들이 자신의 경험이 별로 유용하지 않은 상황을 점점
더 많이 접하고 있기 때문에 이제는 새로운 접근법을 채택해야 한다
고 지적한다. 알려지지 않은 영역에서 사업을 할 때, 과거의 경험만을
토대로 상황을 '아는 것'보다는 그들 앞에 놓여 있는 상황을 '감지하
는' 자신의 능력에 보다 의존해야 한다.

"자신이 아는 것을 유지하면서 모르는 것을 받아들이는 태도는 오
늘날의 세계에서 필요한 리더십과 경영 능력의 매우 중요한 기틀이
됩니다." 조셉은 이런 태도를 통해 임원들이 현재의 경영을 보다 효율

적으로 할 수 있으며, 보다 효과적으로 새로운 기회를 파악할 수 있다고 생각한다.

기업가 정신은 불확실성과 알려지지 않은 것을 다루는 하나의 방법이다. "나는 변화를 목격하고 있습니다. 기업은 '계획'에 중점을 둔 리더십 관점에서 '문제'에 중점을 둔 리더십 관점으로 전환하고 있습니다. 계획에 소비하는 에너지를 줄이는 대신 문제를 이해하는 데 보다 초점을 맞추고 있는 거죠. 비록 알려지지 않은 문제거나 알 수 없는 문제일지라도 말입니다!" 조셉에게 기업가 정신이란 불확실성이 높은 상황과 알려지지 않은 것들을 체계적인 방법 및 확실한 증거를 통해 좀 더 알려진 것으로 전환하는 것이다. "이런 마음가짐의 전환을 수용하게 되면 알려지지 않은 것에 대해 자유로워질 수 있습니다. 또 이러한 과정을 통해 다른 사람들과 일하면 다양한 생각을 촉진할 수 있고, '어떤 가능성이 있을까?'와 같이 돌발적인 질문도 염두에 둘 수 있고요. 하지만 전통적인 경영 접근법으로는 이런 능력을 활용할 수 없지요." 그가 설명한다.

조셉은 '모르는 것'이 힘을 실어준다는 것을 발견했다. 우리에게 구체적인 출발점이 없을 때에야 비로소 무엇이든 가능하다고 그는 믿는다. 이러한 목적으로 그는 '넥스트센싱(Nextsensing)'라는 개념을 개발했다. 이것은 경험이 풍부한 임원들이 '모르는 것'을 연구하고, 알려지지 않은 것을 좀 더 편안하게 다룰 수 있는 한 가지 방법이다. "대부분의 조직은 상당히 잘 짜인 의사결정 프로세스를 갖추고 있지만, 설계자들이 '모호한 준비 단계(fuzzy front end)'라고 부르는(내 경우엔 '차질을 일으키는 모호함'이라고 일컫는) 초기 단계에서 이런 프로세스는 압도감을 줄 수 있습니다. 이 단계일 때 임원들은 그들의 생각을 서로 교환해야 합니다. 넥스트센싱 프로세스는 통찰력을 공유하고 상황에 대한 새로운 감각을 키움으로써 임원들이 스스로 앞일을 예측할 수 있는 체계적인 방법입니다."

연구 도중에 데이터 패턴의 변화를 비롯해 뜻밖의 발견, 예상치 못한 상황 등 조셉은 갖가지 형태의 혼란을 경험했다. 그는 이 시점에서 어려운 점은 처음에 떠오르는 생각을 기정사실로 받아들여서는 안 되며, 그것을 하나의 가정으로서 시험해야 하는 것이라고 말한다. 그는 임원들과 함께 일하며 그들이 상황을 '있는 그대로의 지금 상황'으로 더 잘 이해하게 도움으로써 초기에 변화를 감지할 수 있게 한다. 현재의 상황을 깊이 있게 이해하는 과정에서 그들은 '추정할 수 있는 예감'을 개발할 가능성이 한층 높아지는데, 이런 예감은 그들에게 통찰력을 제공하며 향후 일을 해나가는 데 활용될 수 있다.

그는 조직의 미래가 어떻게 될지 감지하는 것은 모두가 참여해야 할 책무라고 믿는다. 왜냐하면 통찰력은 어느 부문, 어느 계층에서나 나올 수 있기 때문이다. "성공적인 조직과 그러한 조직을 구성하는 팀은 '모르는 것'을 수용하고 적극적으로 다루며 한걸음 앞서 경쟁적인 우위를 유지할 수 있는 방안을 찾는다."

예술과 과학, 모험, 심리 치료, 기업가 정신 등 다양한 분야의 이야기를 통해 '모르는 것'이 광범위한 관련성을 갖고 있다는 사실은 역사적으로뿐만 아니라 일상적인 관행을 통해서도 입증된다. 하지만 '모

르는 것'에 가치가 있다는 사실을 인정한다면, 그러한 세계에서 살아
갈 방법을 어떻게 개발해야 할까? 다음 장에서 이에 대해 알아보자.

3장

미지의 세계를
탐험하는 즐거움

새로운 기회를 만들어내는 방법,
'부정적' 수용 능력 기르기

1817년 12월 21일, 키츠(Keats)는 형제들에게 또 다른 위대한 영국의 시인 콜리지(Coleridge)를 대놓고 비판하는 한 통의 편지를 썼다. 키츠는 콜리지가 절대적인 지식을 추구하고 자연계의 신비를 벗기는 데 지나치게 집착한다고 생각했다. 키츠는 창의적인 천재에겐 어떤 마음 상태가 필요한 것인지 흥미를 느꼈다. 특히 문학 부문에서 말이다. 그는 자신이 존경하는 셰익스피어(Shakespeare)의 특별한 자질을 콜리지와 대조해 설명하였다. 그는 셰익스피어가 "진실과 사유를 추구하려고 안달하지 않으며, 불확실성과 미스터리, 의심의 세계에서 존속할 수 있는" 천재라고 생각했고,[62] 이런 능력을 '부정적 수용 능력(negative capability)'이라고 불렀다. 앞서 이야기 속에 등장한 사람들은 이런 능력을 갖추고 있는 것이다.

이러한 생각은 매우 강력하다. 마음속에 새로운 생각이 뿌리내릴 수 있는 공간을 만들어야 할 필요성을 잘 포착하고 있기 때문이다. 이것은 마음속에 있는 기존의 지식이나 상투적인 생각, 기존의 가정 등을 깨끗하게 정리해주는 데다 (이미 마음속에 있는 것을 부정함으로써) 마음의 공간을 만드는 것이 능력이라는 역설을 정확히 담고 있다. 이것은 몇몇 사람들에게는 타고나는 기술이자 능력이지만, 후천적으로는 연마할 수 있는 것들이기도 하다. 부정적 수용 능력이라는 기술을 연마하려면 긍정적인 에너지와 집중력, 소질이 필요하다. 그냥 저절로 생기는 능력이 아니라는 얘기다.

한 세기가 지난 후, 영국의 학자 로버트 프렌치(Robert French)와 피터 심슨(Peter Simpson)은 부정적 수용 능력이란 개념을 비즈니스와 리더십 부문에 도입하였다. 지식, 기술, 역량과 같은 긍정적 능력과 침묵, 인내, 의심, 겸손과 같은 부정적 능력의 결합을 통해서만 경계에서 배움과 창의성의 공간을 창출할 수 있다고 그들은 주장한다.[63] 또한 "조직의 리더들은 알려지지 않은 것과 순간의 창의적인 통찰력, 자신의 무지의 '경계'를 지향해 나아감으로써" "그들의 경쟁적 우위를 확립하거나 유지해야 할 뿐만 아니라 경쟁이나 시장의 힘에 직면했을 때 조직이 번창할 수 있도록 보장해야 하며, 고객의 요구를 확실하게 충족해야 한다."[65]

성공하는 데 있어 '모르는 것'이 중심이 되는 다양한 직종에서 얻을 수 있는 교훈은 많다. 하지만 타인들로부터 알 거라는, 혹은 명확한 결정을 내릴 거라는 기대를 받는 상황에서 우리는 '모르는 것'을 어떻게 활용할 수 있을까? 또 기업적·정치적 리더십을 비롯해 사회적 상황에 이르기까지 특히 '지식을 숭배하는' 분야에서는 어떤 능력을 활용할 수 있을까? 다음 장에서 우리는 '모르는 것'이 성공의 요건인 직종들로부터 그 본질을 추출해, '모르는 것'이 골칫거리인 영역에 적용할 것이다. 이러한 부문들은 알려지지 않은 것을 향해 나아가고 있다. 우리는 미지의 세계에서 생존하고 번창하는 데 필요한 '부정적인' 능력에만 오로지 초점을 맞추었다. 보통 직업의 세계에서는 이러한 능력이 소홀히 여겨지기 때문이다.

하지만 이것은 단지 여러분에게 '알려지지 않은 것을 다루는 법에 대한 지도만을 제공하겠다'는 이 책의 정신에 위배될 것이다. 어쨌든 여러분은 지도를 손에 넣자마자, 여러분 뒤에 있는 절벽 위에 놓아두어야 한다. '모르는 것'은 지도로 나타낼 수 없는, 단지 경험만 할 수 있는 상태기 때문이다. 더군다나 그것은 여러분 자신만의 특별한 경험이 될 것이다.

우리는 미지의 세계를 탐험하고 발견한다는 마음가짐으로 이 장을 썼다. 이러한 생각들이 여러분이 '모르는 것'의 가능성에 대해 눈뜨는 데 도움이 되고, 여러분의 여정에 유용한 동반자가 되기를 바란다. '자신의 잔을 비워라' '눈을 감고 보라' '어둠 속에서의 도약' '미지의 세계의 즐거움'이라는 네 개의 각기 다른 주제로 부정적인 능력을 분류해보았다.

여섯,

나의 잔을 비우라

초보자는
에게

보게는

무한한

가능성의

문이
열려
있지만
전문가
에게는
그
문이
좁다

선승 스즈키 슌류의 글에서 영감을 얻은 말

1

초심자의 마음을 가지라

자신의 능력에 매우 자신감이 있고, 입사한 지 1년 만에 부서장으로 승진한 한 젊은 팀장이 상무 이사와 약속을 잡게 됐다. 그는 다음 직급으로 올라가기 위해서는 어떻게 해야 하는지 이사로부터 듣고 싶었다. 승진하고 싶은 마음, 그것도 빠른 시일 내에 그렇게 하고 싶은 마음도 간절했다.

상무 이사는 자신의 사무실에서 그를 다정하게 맞이하며 차를 한 잔 권했다. 고맙다는 인사를 끝내기가 무섭게 이 젊은 팀장은 자신이 성취한 모든 것과 사업에 관해 자신이 알고 있는 것들을 늘어놓기 시작했다. 이사에게 깊은 인상을 주고 싶었기 때문이다. 젊은 팀장이 찻잔을 내밀자 상무 이사는 커피를 계속 따랐으며 결국 찻잔이 넘쳐 카펫으로 흘러내리기 시작했다.

젊은 팀장이 놀라서 물었다. "뭐 하시는 겁니까? 이미 잔이 가득 찼는데 왜 계속 따르시는 겁니까?" 상무 이사가 대답했다. "이 잔처럼 당신 마음속의 잔이 이미 가득 찼기 때문에 당신은 이 자리에서 아무것도 배울 수 없을 겁니다."

'모르는 것'은 참선 수행에서 강조된다. 이를 때로는 '초심자의 마음'이라고도 한다. 전문가들은 자신이 어떤 주제에 대해 깊이 있게 안다고 생각하겠지만, 자신이 이미 가지고 있는 생각 때문에 새로운 가능성을 못 볼 수도 있다. 이와 대조적으로, 초심자들은 참신하고 편견 없는 눈으로 볼 수 있다. 초심자의 마음으로 실천한다는 것은 사전에 형성된 생각이나 해석, 판단 등에 얽매이지 않고 삶을 충족하는 능력을 기른다는 의미다.

우리가 자신의 생각으로 가득할 때면, 새로운 배움을 받아들이는 능력이나 실질적인 순간에 있는 그대로의 현실에 대응할 능력을 잃게 된다. 초심자의 마음은 우리의 경험과 지혜를 없애는 것에 관한 것이 아니다. 이것은 신선한 관점에서 상황을 보는 데 우리의 경험과 지혜가 오히려 걸림돌이 되지 않도록 돕는 마음가짐이다.

더 큰 성공을 거둘수록 우리는 자신이 뭘 해야 하는지 안다고 믿고 싶어 한다. 하지만 모든 프로젝트와 모든 문제는 각각 다르다. 그러므로 우리가 전에 본 적이 있는 문제인 양 새로운 도전 과제에 접근해서 이미 알려지고 검증된 해법을 적용한다면 결국 실수를 범하게 될 것이다. 예를 들어, 몇몇 대규모 컨설팅 업체들은 어떤 문제든 그들의 기존 모델에 들어맞는다고 가끔씩 착각을 한다. 이러한 업체들은 크고 작은 문제와 셀 수도 없이 다양한 고객들의 문제에 적용할 수 있는 자신만의 전매특허인 프로세스를 개발하는 데 이미 많은 시간을 투자했기 때문에 그렇게 하는 것이 비용 대비 효율적이다. 우리의 동료 중 하나는 미국의 경제계에서 아주 이름난 고위 관리자를 예전에 만났던 일을 기억한다.

이 관리자는 자신의 삶이 얼마나 흥미로웠는지에 대해 많은 시간을 들여가며 들려주었는데 그중 이런 말을 했다고 한다. "당신도 알다시피 나는 모든 걸 다 알아요. 나는 오랜 경력을 쌓아왔고 경험해보지 못한 문제란 없어요." 그녀는 그 교만함에 충격을 받았다. "자기가 모든 걸 다 안다는 건 정말 말도 안 되는 소리였어요. 그가 100번의 합병에 참여한 경험이 있다 하더라도, 단순히 이전의 99번째 합병 경험을 잘라 붙이는 식으로 101번째 합병을 할 수는 없을 거예요."

2012년 세계젊은지도자회의(One Young World Summit)에서 무함마드 유누스(Mohammad Yunnus)는 자신이 그라민 은행(Grameen Bank)을 창립하게 된 계기에 대해 설명했다. 그라민은 이제 노벨 평화상을 받은 소액 금융 기관이자 지역사회 개발에 기여하는 은행으로 성장했다. 야누스는 자신이 은행 업무에 대해 전혀 몰랐기 때문에 이렇게 좋은 일이 생길 수 있었다고 말했다. 만약 그가 은행 업무에 대해 조금이라도 알고 있었더라면, 애초에 소액 대출 프로젝트를 시작하지 않았을 것이다.[66] "때로는 '모르는 것'이 축복이 될 수 있습니다. 마음을 열고 규칙이나 절차에 얽매일 필요 없이 자신의 방식대로 일을 처리할 수 있으니까요. (중략) 우리는 규칙이나 절차가 필요할 때마다 종래의 은행들이 하는 방식을 살펴봤습니다. 일단 그들이 어떻게 하는지 배우고 나면 나는 그들과 정반대로 했습니다. 종래의 은행이 남성 고객을 위주로 하면 나는 여성 고객을 위주로 했고, 종래의 은행이 부자들의 소유라면 그라민 은행은 가난한 사람들이 소유하도록 했습니다. 이런 것들은 내가 아무것도 몰랐기 때문에 시도할 수 있었던 것들이었습니다." 그는 젊은 기업가들에게 이렇게 충고한다. "모르는 게 있다고 해서 겁먹지 마세요. 아주 똑똑해야 무언가 할 수 있다는 생각을 버리세요. 우리처럼 우둔한 사람들도 무언가 할 수 있으며 잘될 수 있습니다."[67]

런던 대학 경제혁신연구소의 부소장이자 샌드박스 네트워크(Sand-box Network)의 공동 창립자인 크리스티앙 부쉬(Christian Busch)에 따르면 현대의 소액 대출과 모바일 뱅킹, 소액 적금 등은 모두 이전에 실질적인 기반 시설이 마련되어 있지 않은 상황에서 생겨난 아주 흥미로운 혁신들이다. 그러므로 제도적으로 이미 배운 것을 잊어야 할 필요가 없었으며, '기존에 일이 어떻게 처리됐는지'에 대한 기존의 개념 또한 없었다. 크리스티앙에게 이런 사례들은 역사의 짐을 짊어지거나 기존의 방식에 의존할 필요 없이, '모른다는 사고방식'이 어떻게 혁신의 방아쇠를 당길 수 있는지를 보여준다.

크리스티앙은 최근의 많은 흥미로운 혁신들이 자원의 제약을 받는 환경에서 나왔다는 점을 지적한다. 이런 환경에서는 기존 개념의 제품이나 서비스, 비즈니스 모델이 없거나 또는 (예컨대 비용 면에서) 기존 개념이 닿을 수 없을 만큼 동떨어져 있어서 지엽적으로만 고려할 수 있을 것이다. 그는 케냐의 모바일 뱅킹을 예로 든다. 이곳 사람들은 자신의 친구나 가족과 전화 통화하는 프로세스를 활용해 종래의 은행 업무 서비스를 대신할 수 있는 방안을 확립했다.

"은행에 접근하기가 어렵거나 이용할 경제적 여유가 거의 없는 나라에서 반드시 어떻게 더 나은 현금 인출기를 설계할 것인지에 대해서만 우리의 생각을 국한할 필요는 없습니다. 그보다는 오히려 다른 각도에서 문제를 다루어야 합니다. 첫째, 우리는 휴대 전화가 있습니다. 둘째, 우리는 전달해야 할 가치가 있습니다(휴대 전화 사용 시간, 그리고 돈). 셋째, 우리는 복잡하게 제도화된 금융 관행이 필요 없는 금융 거래의 발판을 마련합니다. '모르는 것'이든 '접근할 수 없는 것'이든, 이러한 혁신은 (공공시설과 같은) 기존의 조건을 이용할 수 없거나 이에 접근할 수 없는 환경에서 창출됩니다."

1990년대 영국의 래디슨 블루 호텔(Radisson Blue Hotel)은 총지배인들에게 전반적인 호텔 관리에서 벗어나 식음료 관리 또는 룸서비스 같은 다른 분야를 맡도록 하는 급진적 결정을 내렸다. 2~3년마다 총지배인들에게는 자신의 전문 분야를 바꿀 수 있는 기회가 주어졌다. 그때마다 그들은 다시 초보자로 돌아가야 했다. 이런 식으로 그들은 자신의 지식을 호텔의 새로운 분야에 적용해나갔고, 겉보기에 서로 관계가 없는 부문 간의 상호연관성을 신선한 시각으로 찾을 수 있었다.

합기도의 창시자인 모리헤이 우에시바는 85세의 나이로 죽기 직전에 자신에게 초보자들이 착용하는 흰 띠를 매어 묻어달라고 요청했다. 마찬가지로, 가장 뛰어난 합기도 사범들은 합기도의 기본을 충실히 가르치며, 의식적으로 '초보자'의 공간에 머무르는 것을 선택한다. 우리들 또한 초심자의 마음을 의식적으로 선택할 수 있으며, 새로운 배움과 성장의 공간에 마음을 활짝 열 수 있다.

모른다는 사고방식

'모른다는 사고방식'은 동양의 전통에서 중심이 되는 개념이다. 무술에서 이것은 단순히 상황을 성급하게 미리 판단하지 않는다는 의미가 아니라 상대에 대해 안다는 것을 근거로 자신의 승패를 속단하지 않는 것을 말한다. 상대가 우리보다 더 강해 보이든 더 약해 보이든, 우리는 자신의 판단이 틀릴 수도 있다는 것을 인정해야 하기 때문에 이런 생각을 보류하고 열린 마음을 가져야 한다. 이길 거라고 예상했다가 매트 위에 나동그라져 있는 자신의 모습을 발견하는 것보다는 '어떤 일이라도 일어날 수 있다'는 자세를 갖는 것이 훨씬 더 낫다.

경쟁 전략의 측면에서 봤을 때 단지 어떤 조직이 더 약하거나 작아 보인다고 해서, 또는 제품의 품질이 더 떨어져 보인다고 해서 누가 경쟁 시장에서 이길 거라고 성급히 점칠 수는 없다. 이러한 관점을 가지고 우리는 경쟁자가 우리 조직보다 약자의 위치에 있을 경우뿐 아니라 강자의 위치에 있을 경우에 대해서도 전략을 세워야 한다. 사업을 하는 사람들은 경쟁자에게 이기거나 질 확률을 알려주는 분석에 의존하는 것을 훨씬 더 편안해하는 것 같다. 하지만 '모른다는 사고방식', 즉 '모른다는 가정하의 전략'이라고 부를 수 있는 이런 사고방식은 이

기거나 질 가능성을 동시에 인정한다. 이런 접근법은 두 가지 가능성 모두에 대비해 준비를 하며, 그 둘의 혜택과 위험을 다룬다. 이것은 심지어 경쟁사가 자사와의 사업 경쟁에서 이기거나 자사의 사업을 망칠 가능성조차 배제하지 않고, 경쟁사가 우리의 레이더에 포착되지 않을 가능성도 인정한다. 예를 들어 10년 전 우리는 슈퍼마켓이 개인 금융 상품을 제공하며 은행과 경쟁을 하게 될 것이라고는 상상조차 하지 못했었다.

2

통제하지 말고 신뢰하라

"사람들을 신뢰하라. 그러면 그들이 당신을 진심으로 대할 것이다.
훌륭한 사람을 대하듯 하라. 그러면 그들이 훌륭한 모습을 보여줄 것이다."

— 랠프 월도 에머슨(Ralph Waldo Emerson), 미국 작가

조직도를 집어던지고 역할과 책임도 집어치우고, 사람들에게 스스로 자신의 급여와 근무 시간, 휴일 등을 정하도록 한다면 어떤 일이 벌어질까? 통제 대신에 신뢰의 공간을 만든다면 어떤 일이 생길까? 스코틀랜드에 기반을 두고 있는 우드 그룹(Wood Group)의 계열사이자 콜롬비아에 있는 엔지니어링 회사인 에너제티코스(Energeticos)의 사장 피터 킹(Peter King)이 정확히 실천으로 옮겼던 일이다. 이 회사는 2004년에는 손실을 봤지만 2012년에는 인원이 60명에서 1,050명으로 늘었으며, 연간 매출액 또한 400만 달러에서 5,600만 달러의 규모로 성장했다. 이 회사는 이렇듯 재정적으로 큰 수익을 올렸을 뿐만 아니라 직원들 사이에 활기가 넘쳐흘렀다.

변화가 성공할 수 있었던 핵심적인 요인은 위에서 아래로 통제하는

방식에서 벗어나 직원들 안에서 발생하는 문제를 결정하는 데 필요한 리더십과 결정권을 그들에게 허용한 덕분이었다. 사람들을 신뢰할 수 없다는 생각을 버리고 그 대신 자율권과 목표, 책임을 주면 사람들이 잘하고자 하는 순수한 내재적 동기를 갖게 된다는 신뢰를 통해 이룬 성과였다.

2003년 6월 피터는 에너제티코스의 사장직을 맡게 되었는데, 그에게는 생소한 역할이었다. 그는 그때 일을 이렇게 회상한다. "겁을 먹은 채 쭈뼛쭈뼛 사장실로 들어갔던 기억이 납니다. 하지만 이것은 지극히 정상적인 반응이며 편안함을 느끼려면 시간이 필요하다는 것을 알았습니다."

피터가 에너제티코스에 처음 왔을 때 회사는 거의 이윤을 내지 못하고 있었고, 2004년에는 30만 달러에 달하는 적자를 기록했다. 직원이 60명밖에 되지 않는 소규모 회사에서 이것은 큰 손실이었다. 다행히 우드 그룹의 한 자매사가 던져준 생명줄 덕분에 곤경에서 벗어날 수는 있었지만, 피터는 더 이상 단순히 이전과 같은 방식으로 경영하는 것만으로는 충분치 않을 거라고 판단했다. 상황을 근본적으로 바꿔야 했던 것이다. 당시 그는 브라질 출신의 최고경영자 리카르도 세믈러(Ricardo Semler)가 쓴 《매버릭(Maverick)》이란 책을 읽고 있었는데, 이 책은 리카르도가 근본적인 조치를 취하며 직원들에게 자율권을 줌으로써 어떻게 회사를 변모시켰는지에 관한 내용을 담고 있었다. 그는 이 책을 읽고 '이것이야말로 회사가 추구해야 하는 모습'이라는 생각이 들었다. 회사는 신뢰라는 기반 위에 세워져야 한다.

새벽 일찍 눈을 떴어요. 6시 45분에 사무실로 출근해 직접 회사 '매뉴얼'을 작성하기 시작했어요. 쉬지 않고 쓴 덕분에 오전 9시까지 끝마칠 수 있었죠. A4용지 절반도 안 되는 크기의 쪽지에 적은 몇 페이지 안 되는 작은 매뉴얼이었어요. 초조함과 흥분으로 이 작은 책자를 직원들에게 돌렸어요. 본사의 허락 없이 한 행동이었죠.

피터가 에너제티코스에서 실시한 변혁의 중심에는, 신뢰라는 기반 위에서는 책임감을 가진 사람들이 일을 더 잘한다는 믿음이 있었다. "스코틀랜드 애버딘의 비서에게 나를 대신해 문서를 타이핑해달라고 시켰던 일이 기억나네요. 나는 '고마워요.'라고 말한 다음, 검토하지 않은 채 바로 문서에 서명을 했어요. 그녀가 얼떨떨한 표정으로 '한번 안 읽어보세요?'라고 물었고, 나는 '네.'라고 대답했죠. 나중에 그녀가 또 다른 편지를 가지고 들어왔을 때에도 나는 읽지 않은 채 그것에 사인을 했어요. 당신이 사람들을 지켜보지 않으면, 그들은 그것을 알고 좀 더 의식적으로 일을 잘하려고 노력합니다."

에너제티코스는 직원들을 위해 모든 것을 공개하기 시작했다. 심지어 경영진의 급여까지도 말이다. 이 일은 한동안 사람들을 놀라게 했지만, 그 뒤에는 그저 일반적인 관행이 되었다. 게다가 피터는 직원들에게 스스로 자신의 급여를 직접 정할 수 있는 책임을 주었다. 2011년 당시에 70명의 공정 엔지니어가 있었는데, 모두 자신의 급여에 불만을 가지고 있었다. 피터는 무엇이 예산에 편성돼 있는지, 회사의 재정 상태와 관련된 자료를 비롯해 에너제티코스의 경쟁사에서 그들과 같은 일을 하는 사람들에게 지급하는 급여 기준을 비교한 자료 등을 완전히 투명하게 모든 직원들에게 제공했다. 그러면서 그는 직원들에게 스스로 조직을 편성하고, 자신의 수준을 평가하고 급여를 책정할 수 있는 방안을 마련해보라고 요청했다. 매우 힘든 일이었고 해내는 데 많은 시간이 들었음에도 직원들은 훌륭한 평가 시스템과 매우 경쟁적인 급여 책정 방안을 가지고 돌아왔다.

피터는 자신의 생각을 이렇게 말한다. "직원들에게 책임을 맡길 당시, 그들이 무엇을 제시하든 받아들이겠다고 약속했습니다. 설령 내 생각과 다르거나 터무니없다고 여겨져도 말입니다. 중요한 것은 내가 약속을 지킨다는 것과 진정으로 그들을 신뢰한다는 사실을 보여주는 것이었습니다. 내가 직원들에게 '믿고 맡긴다'고 말했을 때, 그들이 얼토당토않은 무언가를 제시했던 적은 결코 없습니다. 이번 일로 사람들에 대해 상당한 신뢰가 생겼습니다. 우리가 신뢰를 받고 책임을 맡게 되면, 우리는 놀랄 정도로 최선을 다합니다."

이 과정에서 핵심적인 역할을 한 것은 50대와 60대의 에너제티코스 엔지니어들이었다. 자신들의 풍부한 경험을 공유하며 젊은 엔지니어들에게 방향을 제시한 그들은 많은 사랑을 받았고, 젊은 엔지니어들은 단체로 찾아와 그들에게 도움과 조언을 구하곤 했다. 심지어 그들은 오전 7시부터 9시까지 '에너제티코스 교실'을 열어 서로의 아이디어와 경험을 함께 나눴다. 강의료 같은 것 없이 순전히 배움에 대한 열의로 개설된 교실이었다. 경영진은 3개월이나 지난 어느 날, 벽에 붙은 포스터를 보고서야 이런 일이 일어나고 있다는 것을 알았다. 피터는 이 순간을 아주 만족스럽게 기억한다. 상의하달식 리더십의 압박 없이 어떻게 그들이 자체적으로 조직을 편성하는지 볼 수 있었기 때문이다.

피터는 또한 기존에 확립된 계층 구조를 없앴다. 팀 안에서 기능을 발휘하는 조직들은 프로젝트에 따라 배정되었으며, 팀장들도 다양한 분야에 배치되었다. 에너제티코스에는 심지어 조직도조차 없었다. 더 이상 필요가 없었기 때문이다. 사람들은 스스로 조직을 편성할 수 있는 보다 다양하고 창의적인 방법들을 찾아냈다. 피터는 직무 기술서에 따라 그들에게 역할을 주는 대신 어떻게 직원들이 자신의 역할을, 다시 말해 자신들에게 적합한 역할을 찾을 수 있는 공간을 창출해냈는지 설명한다.

"역할과 책임은 우리가 스스로 맡았을 때에야 비로소 중요해집니다. 우수한 인재들이 회사에 지원을 하면 우리는 3개월간 그들에게 회사를 돌아보게 한 뒤 어떤 일을 하고 싶은지 말해달라고 하지요. 많은 회사들이 너무 일찍 사람들에게 꼬리표를 붙이고 역할을 정해주고 싶어 합니다. 어떤 사람은 결국 광고 부문의 일을 하게 되고, 또 어떤 사람은 프로젝트 엔지니어링 감독이 됩니다. 또 문서 관리자로 일하다 정보 기술 관리자가 되는 사람이 있는가 하면, 커피를 내오는 일을 하던 직원 둘이 구매 업무를 맡게 되기도 합니다. 우리는 역할을 보는 게 아니라 사람을 봅니다. 그리고 탄력적으로 운용합니다."

신뢰를 기반으로 하는 문화를 가지고 있다고 해서 의사결정에 어려움이 없었다는 얘기는 아니다. 이 회사는 충분한 수입을 벌어들이지 못해서 직원들을 내보내야 하는 시기가 있었다. "우리는 우리의 원칙을 고수했으며, 관리자들은 열 명의 직원들과 함께 앉아 공개적으로 회사의 상황에 대해 이야기를 나누었습니다. 모든 직원들이 우리의 사정을 이해했으며, 금요일 오후에 일자리를 잃었다고 통보하는 대신에 다른 기회를 찾을 수 있도록 2~3주 정도의 시간을 준 것에 대해 감사를 표했습니다. 그리고 떠난 사람들을 복직자 명단에 최우선 순위로 올렸습니다. 우리는 직원들을 사업의 파트너로서 존중하는 마음으로 대했습니다."

"'모르는 것'은 일을 다루고 처리하는 다양한 방법이 있다는 사실을 고려하는 겁니다. 많은 사람들이 새로운 생각을 탐구합니다. 나는 탐험을 앞에 놓고 머뭇거리지 않습니다. 나는 열정을 다해 탐험했습니다." 피터가 말한다. 이 철학은 그의 리더십 접근법의 특징이다.

피터는 에너제티코스의 직원들에게 결정을 내릴 수 있는 자유와 사업에 대해 책임을 질 수 있는 자율권을 줌으로써, 그들이 변화로 인해 생긴 불안정을 처리할 수 있도록 도왔다. 통제를 기꺼이 포기하고 그 대신 사람들의 능력을 신뢰하기로 한 그의 결단력은 직원들로 하여금 문제를 해결하기 위해 더 높은 직위의 리더들에게 다시 의존하는 대신 자신의 도전 과제에 맞설 수 있는 문화를 창출해냈다.

런던 웨스트민스터 경영대학원의 기업 및 경영학 교수인 블라트카 흘루픽(Vlatka Hlupic)은 전통적인 명령과 통제 방식의 접근법에서 협력적인 접근법으로 전환한 조직을 전문적으로 연구한다.[68] 오랜 연구를 통해, 직원들에게 자신의 관심에 따라 조직을 자체적으로 편성하고 새로운 생각을 실험할 수 있는 자유를 주면 그들은 보다 적극적으로 참여하고 성과를 내려는 동기를 부여받을 뿐 아니라 조직의 최종 결과에 상당히 긍정적인 영향을 미친다는 사실을 알아냈다. 역설적으로 들릴지 모르지만, 통제와 힘을 포기하면 더 큰 힘을 얻을 수 있는 여건을 창출할 수 있다. 더 많은 일을 처리할 수 있으며, 더 많은 일을 성취할 수 있기 때문이다.

피터의 이야기에서 유용한 아이디어는 '속도 조절'이라는 개념이다. 그는 전반적인 통제를 포기하지는 않았다. 그랬더라면 직원들이 너무나 많은 불확실성으로 불안해했을 것이다. 대신 그는 사람들이 더 많은 책임을 갖는 것에 적응할 수 있는 시간을 주었으며, 덕분에 통제에서 신뢰의 문화로 서서히 전환할 수 있었다.

'모르는 것'을 다루는 우리의 능력은 기꺼이 통제력을 버리고 있는 그대로를 다루려는 마음가짐과 연관된다. 우리의 도전 과제는 전문 지식만큼이나 무력함을 소중히 여기는 것이다. 이것은 허무주의의 공간이 아닌 겸손의 공간에서 비롯된다. 다시 말해, 전문 지식의 한계를 인정하고 자신이 아는 것의 경계를 넘어서야만 이용할 수 있는 여러 가지 가능성을 볼 수 있는 것이다.

상 호　신 뢰

3

목적과 가치를 고수하라

"살아야 하는 이유가 있는 사람은 그 어떤 역경도 이겨낼 수 있다."

— 프리드리히 니체(Friedrich Nietzsche), 철학자

어느 날, 건축 엔지니어링 회사인 AE 웍스(AE Works)의 최고경영자이자 창립자인 마이클 체락(Michael Cherock)은 회사가 무너지기 일보 직전이라는 충격적인 사실을 우연히 알게 되었다. 더 안 좋은 소식은 무슨 일이 벌어지고 있는지 아는 사람이 아무도 없다는 것이었다. 심지어 책임을 져야 할 경영진조차 어떤 상황인지 전혀 모르고 있었다.

2012년 6월 4일, 모든 것이 멈춰버렸습니다. 6월의 첫 번째 월요일이었는데, 계산서 결제 등 금융 활동을 하기로 돼 있는 날이었어요. 5년 전 우리 집 지하실에서 출범한 AE 웍스는 성장 중인 회사였고, 나는 우리가 성취한 것들을 자랑스럽게 생각했습니다.

오전 9시, 나는 비좁은 회의실에 자리 잡고 그 달의 재무 상태를 살펴

보기 시작했습니다. 불현듯 아주 불길한 느낌이 들기 시작했어요. 점점 커지는 우려와 늘어나는 의문은 다음 일정으로 잡혀 있던 약속 때문에 중단됐습니다. 우리가 이전하기로 되어 있는 새로운 사무실 때문에 생긴 대출 문제를 마무리 짓기 위한 중요한 회의였습니다. 사무실 이전까지는 두 달 정도밖에 남지 않은 상황이었어요.

회의를 매듭짓고 나서 다시 재무 보고서를 살펴봤습니다. 새로운 사무실에 조달할 자금 때문에 방금 생긴 새로운 부채가 여전히 꺼림칙했어요. 지불해야 할 금액에 대한 해답을 간절히 찾으며 문서를 한 장 한 장 넘겨보았죠. 마지막 장에 이르러 우리의 최종 재무 상태를 알게 되었고, 나는 절망에 빠진 채 고개를 떨구었어요. 사실이 아니길 바랐던 불길한 내 느낌이 빠르게 현실이 되어 다가왔어요. 나의 회사는 심각한 적자 상태에 빠져 있었어요.

회사의 위험한 재정 상태를 파악하기 위해 마이클은 자사의 핵심층, 즉 회사의 총괄 운영 관리자와 수석 부사장, 회계사에게 의존했다. 그와 여러 해 동안 동고동락을 함께 해온 이들 모두는 각자 직업적으로 훌륭한 평판을 받고 있었으며, 수십 년간 쌓은 풍부한 경험과 이 업계의 내부 작용에 대한 통찰력을 가지고 있었다. 마이클은 그들을 신뢰했고, 그들이 미래에 대한 공통적인 비전을 가지고 있을 거라고 믿었다.

명확한 원인을 찾기 위해, 마이클은 우선 회사의 총괄 운영 관리자에게 질문을 하기 시작했다. 그는 왜 회사가 이 지경이 됐는지 모르고 있는 것 같았다. 더 심각한 것은, 그가 걱정할 이유가 전혀 없다고 생각하고 있는 것이었다.

불안감이 커지면서, 마이클은 자신을 제외하고 회사에서 가장 고위 직에 있는 수석 부사장 겸 영업부장인 사람을 그다음으로 불렀다. 상황을 설명하는 과정에서 마이클은 수석 부사장이 회사의 자산 운용 측면에서 어떤 일이 벌어지고 있는지 아는 게 거의 없다는 것을 알았다. 대화를 통해 회사가 새로운 기회에 더 많은 지출을 하게 되면서 받을 금액은 줄어드는 반면 채무는 늘어나고 있다는 사실을 알게 되면서, 부서장이 내는 우려의 신음소리가 커졌다.

새로운 사업에 착수하기 위해 새로운 인력과 자원을 확보하는 것은 광범위할 뿐만 아니라 비용이 많이 드는 일이었다. 이 최악의 궤도가 의미하는 것은 단 하나, 바로 회사가 채무를 이행할 수 없는 상황으로 치닫고 있다는 것이었다.

곧 닥쳐올 실패처럼 보이는 상황에서 내가 부를 사람은 이제 딱 한 명밖에 남아 있지 않았어요. 내가 담당 회계사에게 상황을 털어놓자 그는 재빨리 분석을 해보더니 회사가 재정적으로 붕괴되기 일보 직전이라고 말했어요. 이때까지 그 어느 때보다 더 튼실해 보이던 회사 였는데 말이죠. 나는 내 귀를 믿을 수가 없었어요. 어떻게 이런 일이 일어날 수 있었을까요? 나는 그가 우리의 사업을 얼마나 알고 있는 지 캐묻기 시작했고, 그가 세부적인 거래 내용에 대해서는 거의 아는 게 없다는 것을 금세 알아차렸어요. 내 스트레스는 커지다 못해 분노로 바뀌었어요. 내 회사가 심각한 타격을 입었는데 그 이유를 아는 사람이 한 명도 없었으니까요. 내가 돈을 주고 회사를 맡겼던 사람들이 자신이 해야 할 일을 제대로 하지 않았던 거예요. 나는 불같이 화가 났어요. 내가 믿었던 모든 것들이 주위에서 무너져 내리는 순간이었죠.

시계는 오후 5시를 가리켰다. 그날의 사건들이 시작됐던 여전히 같은 회의실에서, 마이클은 침묵 속에 앉아 있었다. 그가 5년 전에 창립한 회사가 침몰할 위기에 봉착해 있었다.

내가 오랫동안 해온 모든 노력과 재정적인 위험관리가 물거품으로 돌아갈 수 있는 상황이었어요. 이런 결과가 나올 확률이 높아지자 눈시울이 뜨거워졌습니다. 가족과 친구, 고객, 직원, 다시 말해 나를 믿고 새로운 무언가를 창출하기 위해 나와 함께한 모든 사람이 느꼈던 희망이 잘못된 경영 때문에 순식간에 물거품이 될 판이었어요. 그들 모두가 느낄 실망감을 생각하니 속이 울렁거렸어요. 이 모든 생각 중에서도, 나를 가장 침통하게 한 것은 회사가 이 지경이 되도록 내가 아무것도 몰랐다는 겁니다.

마이클은 그 어느 때보다 무방비 상태로 노출되었고 나약함을 느꼈다. 그러나 가장 큰 절망의 순간에 자신의 목적과 가치 속에서 엄청난 자신감을 발견해냈다. 이 가치는 평생 그가 의사결정을 하는 데 길잡이가 되었으며, 다른 사람들과 삶을 공유할 수 있는 회사의 설립으로 이어졌다. 마이클은 그 순간 자신이 아는 게 얼마나 적은지 깨달았지만, 자신의 명확한 가치에서 안도감을 얻었다. 결국, 사람들은 이렇게 공유하는 가치 때문에 신생 기업에 합류하는 경험을 감수했던 것이다. 그는 이처럼 공유하는 신념 체계가 사실상 그들의 가장 큰 잠재력이라고 믿었다.

이러한 공유 가치로 더 큰 의미를 얻을 수 있을 겁니다. 우리의 나약함을 함께 나누고, 서로를 신뢰하며 기회를 만드는 법을 배웠을 뿐만 아니라 회사의 불리한 판도를 뒤집을 수 있는 법을 배웠으니까요. 2012년 6월 4일은 우리에게 재난의 날로 기록되지 않을 겁니다. 아니, 지금까지 주어진 가장 큰 배움의 기회로 남을 겁니다! 새롭게 착수한 사업, 그리고 우리의 사업과 공유 가치를 지원할 새로운 사무실을 기반으로, 우리는 내가 엉망으로 만들어놓은 상황을 바로잡을 수 있었습니다.

그다음 몇 달 동안, 명확한 비전과 공동의 신념 체계를 제시하기 위해 마이클은 쉴 새 없이 일했다. 하지만 결정을 내리기는 더욱 어려워졌다. 몇몇 사람들과 관계를 끝내야 했고, 기존의 낡은 구조와 체계에 상당히 큰 변화를 통합해야 했다.

오늘날, 우리 회사는 개방적인 의사소통을 최고의 자산으로 여기는 문화 위에 서 있습니다. 이 문화를 토대로 상호 간의 신뢰는 물론 팀에 대한 신뢰를 쌓습니다. 가치에 기반을 두는 의사결정에 의해 옹호되는 우리 회사의 문화 덕분에 재정적이거나 창의적인 면에서 뛰어난 성과를 누릴 수 있습니다. 이러한 성공의 비결이 뭐냐고요? 간단합니다. 우리 회사의 힘은 직원들을 믿고 의지하는 것 그리고 서로에 대한 유대감에서 나옵니다.

그 이후에 AE 웍스는 2년 연속 피츠버그 100대 기업으로 선정됐으며, 미국의 월간 경제지 〈Inc.〉가 선정한 '미국에서 가장 빨리 성장하고 있는 5,000개 기업'에 꼽히는 영예를 누렸다.

목적과 가치는 우리가 존재하는 이유의 중심에 있다. 이것은 우리의 삶에 의미를 부여하고, 기쁨을 준다. 미지의 세계 한가운데에서 우리가 유일하게 의지할 수 있는 것은 명확한 가치와 목적뿐이다. 이것은 나침반이 되어 방향을 잡고 앞으로 나아갈 수 있도록 도와준다. 목적지를 분명히 모를 때조차 말이다. 하버드 경영대학원에서 '진정한 리더십(Authentic Leadership)'에 대해 가르치는 빌 조지(Bill George)는 우리의 가치가 '진북(眞北, True North)'을 찾는 데 도움이 된다고 주장한다. 변화의 바람에 우리가 이리저리 휘둘릴 때 우리의 가치는 중심을 잡고 나아갈 수 있는 원동력이 된다. 비록 어디로 향하고 있는지는 모를지라도, 우리가 왜 그래야 하는지는 알 수 있기 때문이다.

4

놓으라

"붙잡고 있으면 지키고자 하는 것을 망칠 것이고,
놓으면 평온하게 있는 그대로 받아들일 수 있을 것이다."
– 마거릿 휘틀리(Margaret Wheatley), 리더십 전문 작가

예술가 이브 클랭(Yves Klein)의 사진 '허공으로의 도약(Leap Into the Void)'은 틀림없이 떨어져 다칠 것처럼 보이는 공간, 몇 피트 아래로 펼쳐진 거리로 도약하는 상징적인 이미지를 담고 있다. 하지만 클랭이 찍은 사진 속의 인물은 얼굴에 미소를 머금고 있다. 이 인물은 훈련된 무술인이었으며 상처를 입지 않고 떨어지는 낙법을 알고 있었다. 역공간(liminal space, 아무것도 없는 공간 – 옮긴이)으로 뛰어내리는 이 이미지는 과거의 기억을 떠올리게 한다. 이것은 '근거'의 안전함을 벗어나 '무근거성'을 경험하게 되는 시기에 대한 강력한 비유다. 확실성이 없는 공간에 있다는 것은 가능성의 공간에 있다는 의미이기도 하다. 이곳에서는 다양한 선택을 할 수 있고, 이곳은 변화의 공간이 될 수도 있다. 숙련된 체조 선수가 공중에 떠 있는 모습을 상상해보라.

그녀는 두 발로 바닥에 착지하기 전에 가능한 동작을 다양하게 선택할 수 있다. 다음은 스티븐의 이야기다.

'허공으로의 도약'이 어떤 느낌인지, 또 무근거성이 무엇인지 직접 경험해보고 싶었어요. 그래서 런던 리젠트 공원에서 하는 '공중그네(Flying Trapeze)' 수업에 등록했어요. 어렸을 때부터 나는 높은 곳이 무서웠어요. 수업을 받으러 갔을 때 예닐곱 명의 사람이 있는 걸 봤는데, 그중 몇몇은 나처럼 처음으로 공중 점프를 배우러 온 초보자들이었어요. 실제로 보니 이론으로 듣던 것보다 훨씬 더 어려워 보이더군요. 우리는 기본적인 안전 규칙을 배웠어요. 간단하게 들렸지만, 이 규칙은 나에게 미지의 세계로 들어가는 데 꼭 필요한 것이 무엇인지 생각해보게 했어요. 맹목적으로 규칙을 따르는 것이 아니라 가장 도움이 되는 것이 무엇인지 알아내야 하는 상황이었죠.

우리는 12m가 넘는 높이의 공중그네에서 곧바로 점프를 하지 않고 지상에서 50~100cm 정도밖에 되지 않는 높이의 공중그네에서 연습하는 것부터 시작했어요. 나는 몸을 들어올리고, 바(bar)에 오금을 걸친 채 매달린 다음, 다시 발을 낮추면서 지면으로 내려오는 법을 배웠어요. 그리고 나서 안전줄을 매고 점프를 하기 위해 사다리를 오르기 시작했죠. 내가 겁에 질려 있던 반면 열한 살 정도밖에 안 돼 보이는 초등학생 셋이 편안하게 농담을 주고받았어요. 그 모습은 나를 놀라게 했어요. 나는 이 활동을 굉장히 진지하게 받아들이고 있었지만, 이 어린 소년들과 같은 태도를 가졌더라면 그 도전을 즐거운 놀이로 받아들일 수 있었을 거예요. 위에 올라가 안전줄을 매면서 나는 몸이 떨리는 것을 느꼈어요. 약간의 현기증과 메스꺼움을 느꼈지만 흥분감도 있었죠. 꼭대기에 서서, 나는 자신에게 한 약속이니 이제 물러설 수 없다고 생각했어요.

점프하라는 외침이 예상보다 빨리 들려왔어요. 나는 정말 점프를 하고 싶어 했어요, 하지만 점프할 마음의 준비를 하기도 전에 뛰라는 요청을 받는 경우가 허다해요. 보드에서 뛰어내리면서 자유 낙하를 경험했고, 그다음 공중을 날 때는 완전히 흥분되는 느낌이었어요. 모든 체중이 공중그네 바를 잡고 있는 내 손안에 실려 있었어요. 호 (arc) 맨 윗부분의 중력이 가장 작은 곳에 도달했을 때가, 다리를 들어올려 그네의 바에 걸기 가장 좋은 타이밍이에요. 나는 다리를 바에 걸었어요. 쉽지 않았지만, 중력이 나를 뒤로 당기도록 몸을 맡긴 채, 바에서 두 손을 놓고 오금만으로 매달려 있었어요. 나는 아무런 힘도 들이지 않고 중력이 움직이는 대로 몸을 맡겼어요. 나에게 이것은 움직임에 저항하는 대신 완전히 모든 것을 놓고 움직임을 받아들인다는 의미였어요. 그때가 모든 경험 중에서 가장 흥분되는 순간이었어요. 그리고 나서 배운 대로 다시 손을 올리며 뒤로 공중제비를 돌며 우아하게 착지하려고 시도했지만 아쉽게도 그런 일은 일어나지 않았어요! 나는 아래에 준비된 안전 매트 위로 떨어졌지요.

미지의 세계로 뛰어드는 것은 일종의 연습이에요. 전에 해본 경험이 있는 사람은 다음에는 더 잘할 수 있고 실력이 향상됩니다. 나는 내 안에서 꿈틀대는 두려움과 이 새로운 기술을 그리 잘 해내지 못할 거라는 고정형 사고방식을 알아차렸어요. 한 번은 시도했지만 다시 하고 싶은 마음은 없었어요. 이것이 내가 진짜 도전해야 할 과제라고 생각합니다. 한 번만 뛰고 마는 것이 아니라, 그 순간의 공간을 창의적인 방법으로 활용할 수 있을 때까지 몇 번이고 되풀이하는 것 말이죠.

이전의 장들에서 살펴본 바와 같이, 조직과 팀은 책임자에게 기대감을 갖는다. 이것은 우리의 내재적인 특성이다. 경계에서 확신 없이 갈팡질팡하는 자신의 모습을 보게 되면 우리는 권한을 가진 사람들과 맺어왔던 의존적인 관계로 돌아갈 위험에 직면하게 된다. 그들이 우리로부터 책임을 가져가고 대신 문제를 처리해줌으로써 우리를 보호해주길 바라는 것이다. 우리가 평소에 쓰던 방법이 더 이상 충분하지 않을 때, 전에 경험한 적이 없는 상황에 직면했을 때, 우리는 권위 있는 사람들이 '모르는 것'을 쉽게 용납하지 않는다.

자신의 역량을 뛰어넘고 경계에 다가갈 때, 우리는 사람들이 우리에게 가질 수 있는 기대를 재조정해야 한다. 에너제티코스의 피터 킹은 직원들이 상호 의존해 목표를 세우고 그 목표에 대해 끝까지 책임지는 문화를 창출해냈다. 그는 자신이 모든 해답을 가지고 있지 않다는 사실을 인정함으로써 직원들이 스스로 접근법을 개발하고 결정할 수 있는 여지를 남겨놓았다.

여러 가지 위험이 있음에도, 지시를 줄이면 보다 많은 것을 배우고 보다 큰 창의성을 발휘할 수 있다. 2009년 루이빌 대학과 MIT의 두뇌

및 인지 과학과 출신의 과학자들은 3~6세 사이의 어린이 48명을 대상으로 한 가지 연구를 실행했다. 연구진들은 말을 하고, 몇 곡의 음악을 재생하고, 여러 이미지를 비추는 등 다양한 기능이 있는 장난감을 나누어 준 뒤 첫 번째 그룹의 아이들에게는 장난감을 가지고 놀기 전에 그중 한 가지 기능만을 알려주었고, 두 번째 그룹의 아이들에게는 아무런 정보도 주지 않았다. 결과적으로 두 번째 그룹의 아이들이 첫 번째 그룹의 아이들보다 더 오랫동안 장난감을 가지고 놀았으며 장난감이 가지고 있는 기능을 평균 여섯 개 정도 찾아냈다. 첫 번째 그룹의 아이들은 겨우 네 개 정도의 기능만을 찾아냈을 뿐이다. UC버클리에서 실시한 비슷한 연구에서도 아무런 지시를 받지 않은 아이들이 문제에 대한 새로운 해법을 찾아낼 가능성이 훨씬 더 높다는 사실이 입증되었다. 이 대학의 심리학 교수인 앨리슨 고프닉(Alison Gopnik)은 로봇에게 지시한 대로 따르도록 프로그래밍하면 예상치 못한 상황이 발생했을 때 로봇은 작동을 멈출 것이라고 주장한다. 하지만 다양한 선택을 할 수 있고 실수로부터 배울 수 있도록 프로그래밍을 한다면, 그 로봇은 새로운 문제에 도전할 수 있을 것이다.[69]

리더십의 도전 과제는 의도적으로 지식의 환상을 버리고 전통적으로 책임자를 에워싸고 있는 통제력을 타파하는 것이다. 우리가 도전 과제를 혼자 해결할 수 없다면 다른 사람들에게 참여할 수 있는 기회를 제공하고, 그들의 힘을 빌려야 한다. 그렇게 한다면 방향을 제시하고 성급하게 문제에 대한 해답을 찾거나 문제를 해결하려고 하기보다는 오히려 색다른 무언가를 시도해볼 수 있을 것이다. 우리는 침묵을 지킴으로써 다른 사람들에게 참여하고 통제할 기회를 줄 수 있다. 모든 사람들의 견해를 들어본 후 자신의 관점을 함께 나눈다면 창의성을 발휘할 수 있는 여지가 더 커질 것이다. 우리가 생각하고 있는 것이나 앞으로 했으면 하는 것에 대해 먼저 표현하지 않으면 다양한 의견을 들을 수 있는 공간을 창출할 수 있다.

매사추세츠주 케임브리지 프리젠싱 연구소(Presencing Institute)의 조직 학습 컨설턴트인 베스 얀데르노아(Beth Jandernoa)는 지난 15년 동안 수많은 조직 혁신 프로젝트가 계획대로 진행되지 않는 것을 보아왔다. 그녀는 '놓는 것'과 관련된 프로세스의 전문가다.

특히 그녀를 돋보이게 한 프로젝트가 있다. 세계적인 기술 업계의 기업과 관련된 프로젝트였는데, 이 회사는 수십 년간 업계의 리더 자리를 지켜왔지만 경쟁우위를 잃어가고 있었다. 민첩한 신규 경쟁업체들이 시장점유율을 야금야금 갉아먹고 있는 상황이었기에 혁신적인 아이디어가 절실히 필요했으며, '평소와 같은 비즈니스'에서 탈피할 수 있는 극적인 변화를 기대했다. 회사의 모든 사람이 한마음이 되어 새로운 운영 방식으로 전환하는 데 전념했다. 임원진은 위험을 감수했고, 평상시엔 폐쇄돼 있는 전략 기획 과정을 공개했다. 또한 130명의 사람들을 기획 과정에 참여시켜 정보를 제공하고 각 부서가 어떤 방향으로 나아가야 하며 어떻게 목표를 달성할 것인지 결정하게 했다. 공급자, 고객, 직원 등 가치 사슬(value chain, 기업 활동에서 부가가치가 생성되는 일련의 과정 ─ 옮긴이) 안에 있는 모든 사람이 북미 유통업계의 미래를 설계하는 데 참여한 것은 회사 역사상 처음 있는 일이었다.

임원진은 업무 프로세스의 설계를 비롯해 회사가 고객이나 공급자와 어떤 식으로 관계를 맺고, 어떤 식으로 결정해야 하는지에 대한 직원들의 의견을 향후 적극 반영하겠다고 약속했다.

마지막 회의를 이삼일 앞두고 있던 시기의 이 회의에서는 전략에 대한 단체 협약을 체결하기로 되어 있었다. 이전의 회의를 한 지 4주가 지난 때였다. 베스는 그녀의 팀원들과 업무 프로세스 설계를 최종적으로 확정짓기 위해 의견을 교환하는 중이었다. 하지만 그들이 한창 검토에 열을 올리고 있을 때, 의뢰인 측의 대표단이 충격적인 소식을 전달해왔다. 두 번째 회의를 하고 난 지 2주 후에, 회사의 최고 경영진은 임원진에게 예상했던 것보다 빨리 몇 가지 중대한 결정을 내리라는 최후통첩을 보냈다는 것이었다. 직원들과 합의한 것보다 일정을 앞당기라는 의미였다. 전략 기획 참가자들의 최종적인 의견을 반영하지 않고 중대한 결정을 내리라는 말과 다름없었다. 대표단은 이 소문이 벌써 쫙 퍼졌으며 수많은 직원들이 격분하고 있다는 사실을 전했다. 직원들은 이러한 조치가 자신들을 설계 과정에 참여시키겠다는 약속을 저버리는 배신행위라고 여겼다.

나는 이런 일이 벌어질 거라고는 예상하지 못했어요. 그 순간 실패의 두려움을 맛볼 수 있었고, 분노한 직원들의 모습이 떠올랐어요. 하지만 이내, 이처럼 '모르는 것'의 공간에서 내가 흔들려서는 안 되며, 전에 사용해본 적이 없는 기술과 자원에 의지해야 한다는 것을 깨달았어요. 우리 팀은 '곤경에서 벗어날 수 있는 묘안을 마련'해야 한다고 생각했어요. 다시 말해, 우리를 새로운 영역으로 이끌어줄 길을 찾아야 했던 거죠. 우리는 여태껏 공들여 만든 설계를 놓아버리고, 배신이라고 생각하고 있는 직원들을 대상으로 다시 신뢰를 쌓고 헌신적인 분위기를 조성할 수 있는 방식의 프로세스를 마련해야 했어요.

이 팀은 사실상 한걸음 물러나 원래의 의제를 지워버리고 직원들과 경영진이 서로의 입장이 되어볼 수 있는 방법을 설계하기 시작했다. 왜 경영진이 그런 조치를 취했는지 직원들이 이해할 수 있고, 직원들이 해석한 상황을 경영진이 들어볼 수 있는 방안을 마련해야 했기 때문이다. 그러자 갑자기 온갖 창의성의 정수(精髓)가 넘쳐흐르기 시작했다. 그들은 회의실에 두 개의 높은 사다리를 들여다놓으라고 지시했다. 하나는 경영진이 올라가 질문에 답변하고 그들의 입장을 해명하기 위한 것이었고, 다른 하나는 직원들이 올라가 이에 대한 직원들의 반응을 대변하기 위한 것이었다.

회의가 시작되면서 회의실에 감도는 긴장감을 느낄 수 있었다. 하지만 이런 긴장감을 피하는 대신, 경영자 대표와 직원 대표를 한 명씩 회의실 앞으로 나오도록 요청해 서로의 느낌과 생각을 대변하도록 했다. 회의실에는 침묵이 흘렀고 경영자 대표가 경영진이 느끼고 있는 긴박감과 압박감에 대한 이야기를 들려주기 시작했다. 그러고 나서 직원을 대변하는 노조의 대표가 이 사건에 대한 자신의 견해를 밝혔다. 어떤 가정하에 그런 행동을 취했고, 어떤 결론을 도출하였으며, 어떤 신념으로 임하고 있는지에 대해 질문과 대답을 주고받을 때마다 경영자 대표와 노조의 대표는 사다리를 한 칸씩 올라갔다. 청중으로 참여한 경영진과 직원도 마찬가지로 질문을 하고 대답을 할 수 있었으며, 그때마다 각 대표는 사다리를 한 칸씩 올라갔다.

모두가 분명하게 알게 된 사실은 각 측에서 좋은 의도로 취한 행동이 오해를 불러일으켰다는 것이었다. 일단 이러한 사실이 밝혀지자 양측의 분위기는 눈에 띄게 달라졌다. 무너졌던 신뢰가 새롭게 형성되었을 뿐만 아니라 한층 깊어졌으며, 각 측에서는 이 표면적인 분열로 알게 된 정보를 토대로 새로운 방안을 만들어나가기 시작했다.

"팀원들과 나는 의제에 연연하기보다는 잡고 있는 것을 놓고 지금 벌어지고 있는 현실에 참여하는 것이 얼마나 중요한지 배웠습니다. 우리는 실패에 대한 두려움과 알려지지 않은 상황에 대한 두려움에 직접 직면했습니다. 사실 우리는 혼란이 일어난 것에 감사했습니다. 불확실한 길을 향해 나아가면서 생기는 의견 차이에 직면했을 때, 이를 헤쳐갈 수 있는 새로운 힘을 키웠기 때문입니다."

프로세스를 통제하거나 특정 결과를 기대하는 하나의 방법으로 전략을 보는 대신에, 우리는 한걸음 물러나서 있는 그대로의 현실에 참여할 수 있다. 이미 계획한 것을 맹목적으로 따라가는 대신, 이미 가지고 있는 것을 기반으로 조치를 취해보는 것이다. 이런 일을 가능케 하는 열쇠는 생각하고 있는 것을 사람들이 들을 수 있도록 말로 표현하는 것이다. 이렇게 하면 변화에 소리 없는 장애물처럼 보였던 것이 대화를 통해 예상치 못하게 알려질 수 있으며 일하는 수단이 될 수도 있다.

하지만 한 가지 주의해야 할 점이 있다. 우리가 무엇을 놓을지 주의를 기울여야 한다. 왜냐하면 조직 및 역량과 관련된 복잡한 문제가 여기에 묶여 있기 때문이다. 때때로 우리는 자신이 아는 것을 지나치게 많이 버리고 싶은 유혹에 빠진다. 다이애나의 동료 중 한 사람은 새로운 역할을 처음 맡게 되면서 새로운 기술과 전문 지식을 연마하라는 요구를 받았을 때, 자신이 거기까지 오면서 쌓아온 모든 것이 새로운 상황에서는 더 이상 쓸모가 없을 것이고, 경영이나 전략 등 이전의 위치에서 배웠던 모든 것이 이제는 설 자리가 없다고 생각했다. 하지만 나중에서야 그녀는 너무 많은 것을 버렸으며, 자기가 아는 것을 신뢰하지 않았다는 사실을 깨달았다. 이것은 폭넓은 경험을 통해 기여할 수 있는 그녀의 자신감과 능력에 영향을 미쳤다.

5

<u>모른다고 말하라</u>

"무지와 불확실성, 상반되는 감정을 인정하는 것은

발행인란의 당신 자리와 프로그램의 당신 자리를 양도하는 행위이며,

대신할 사람을 갈망하는 눈동자들은 그들에게 기꺼이

모든 해답을 팔아먹을 다음 글쟁이를 일제히 찾을 것이다."

– 팀 크라이더(Tim Kreider), 미국의 수필가이자 만화가

'모르는 것'이 왜 그렇게 어려운가? 불확실한 상황에서 앞으로 나아가려면 우리는 문턱을, 즉 '피니스테레'의 경계를 넘어야 한다. 그리고 그렇게 하기 위한 유일한 방법은 간단하지만 지독히도 어려운 한마디를 하는 것이다. 그 말은 바로 이것이다. "모르겠어요."

전설에 따르면, 소크라테스의 친구 카에레폰(Chaerephon)이 델포이의 신관(神官)에게 소크라테스보다 더 지혜로운 사람이 있는지 물었다고 한다. 아테네 전역에서 더 지혜로운 사람은 아무도 없다는 신탁(神託)을 받았을 때, 소크라테스는 이 역설을 풀기 위한 임무에 착수했다. 어떻게 자기처럼 지독하게 무지한 사람이 가장 지혜로운 사람이 될 수 있다는 것일까? 그는 정치인과 시인, 그 외 여러 분야의 엘리트

들과 이야기를 나누면서 그들 모두가 지식과 지혜를 가지고 있는 척한다는 것을 알았고, 신탁이 맞다는 결론을 내렸다. 다른 사람들과 달리 그는 자신이 무지하다는 것을 알고 있었으며, 이로 인해 지혜로워질 수 있었다. "내가 알고 있는 것은 하나다. 그것은 내가 아무것도 모른다는 것이다."

자신이 모른다는 것을 우리는 받아들일 수 있는가? 자신이 모른다는 것을 우리는 인정할 수 있는가? 우리는 느긋하게 모른다는 것을 인정하고 '모른다'는 준거 틀의 공간으로 들어갈 수 있는가? 그렇게 되면 상사가 "내가 이 데이터를 살펴봤는데 이 행동 방침대로 하면 매출이 오를 거야."라고 말할 때, 우리는 "이건 새로운 시장이라서 확신할 수 없습니다. 다양한 방법으로 시도해보는 게 어떨까요?"라고 말할 수 있다. 또는 자기 지식으로는 이해하기 힘든 회의에 참석했을 때, 고개를 끄덕이며 문제를 이해하고 조치에 찬성하는 척하기보다는 "아직 결정하지 못하겠어요. 좀 더 논의해보는 게 어떨까요?"라고 제안할 수도 있을 것이다. 물론 이런 태도는 우유부단해 보일 가능성이 있다. 특히 우리가 다른 사람들을 이끌거나 주요한 의사결정을 하는 입장에 있다면 말이다. 유로스타(Eurostar)의 최고경영자인 니콜라스 페트로빅(Nicolas Petrovic)은 이렇게 말한다. "모호함을 용납하지 않는 경영자들은 우리가 '상황에 따라 다릅니다'라고 대답했을 때 어쩔 줄 몰라 갈팡질팡합니다."

사람들이 언제 우리가 해답을 제시하기를 기대하는지 알기란 어렵지 않다. 팀 크라이더는 그와 같은 언론인들이 직면하고 있는 딜레마를 다음과 같이 설명한다. "어떤 매체의 논설위원이나 해설자도 결코 입 밖으로 내서는 안 되는 것 중 하나가 '모르겠다'라는 말입니다. 왜냐하면 이 한마디 때문에 사람들은 '이들은 기후 변화의 과학에 대해 너무 무지해서 해박한 견해를 들려줄 수 없을 것이다.' '솔직히 그들은 이 나라의 총기 폭력에 대해 어떻게 해야 할지 모를 것이다.' '그들은 이스라엘과 팔레스타인의 갈등에 대해 전혀 이해하지 못하고 있으며, 솔직히 말하자면 이에 관한 이야기를 듣는 데 신물이 나 있을 것이다.' 등과 같이 생각할 것이기 때문입니다."[70]

영국의 정신분석가인 월프레드 비온의 말을 인용하면, 로버트 프렌치 교수와 피터 심슨 교수는 '무지에 의해 형성된 공간을 아는 것으로 채우고 싶은 유혹을 뿌리칠 수 있다면 새로운 아이디어와 생각, 통찰력을 얻을 수 있다'고 주장한다.[71] 이것은 모든 것을 잊거나 자신이 이미 아는 것을 부정해야 한다는 의미가 아니라, 우리의 지식과 생각을 가볍게 해야 한다는 뜻이다. 비온은 '양안시(binocular vision, 양쪽 눈을 동시에 이용하여 대상을 볼 때 각 눈으로부터 정보를 통합하고 하나의 상으로 종합함으로써 대상의 형태, 색, 공간 위치 등을 지각하는 것 – 옮긴이)가 필요하다'는 비유를 통해, 우리가 아는 것과 모르는 것을 동시에 유지하며 지속적으로 초점을 맞춰야 한다고 말한다.

스페인 출신의 경험이 풍부한 과학자 프란시스카 페레즈(Francisca Perez)는, 최근 과학을 선도하는 제약 회사에서 영리를 추구하는 스위스 여행사로 자리를 옮겼다. 그녀는 자신이 평소 사용하는 '모르는 것'에 관한 접근법에 사람들이 거부감을 느낀다는 것을 알았다. "과학자로서 내 관점에서는, '모른다'는 말은 (허세를 부리는 것은 자신 없는 사람들이나 하는 짓이기 때문에) '나는 자신 있다' 또는 (내가 정확하게 무엇을 알고 무엇을 모르는지 말해줄 수 있기 때문에) '나를 믿어도 좋다'는 말과 같은 의미입니다."

하지만 비즈니스 세계에서는 이런 말들이 완전히 다른 의미를 갖는다는 것을 곧 깨달았다. 그녀는 이제 빠르게 움직이는 업계에서 일하고 있었으며, 자신이 투입하는 정보와 자원이 사업의 결과에 매우 직접적인 영향을 미칠 수 있는 역할을 맡게 되었다. 따라서 확실성을 제공하는 것이 필수적인 일이었는데, 이 새로운 상황에서 "모르겠어요."라고 말하는 것은 "나는 이 직업에 맞지 않아요."라고 말하는 것과 다름없었다. 프란시스카는 처음으로 모르는 것이 용납되지 않는 상황 속에 있는 자신을 발견했다. 수개월간 매일같이 그녀는 해고당할 만한 실수를 저지르지 않을까 남모르게 전전긍긍했다. 시간이 지나면서 새로운 환경에 적응하게 됐고, '모르는 것'에 대한 자기 내면의 개방성과 '알아야 한다'는 외부적 압박 사이의 긴장감을 조절하는 법을 배웠다.

잠재적인 위험이 있긴 하지만 자신이 모른다는 것을 인정하면 주변 사람들과 유대감을 쌓을 수 있다. 이러한 인정을 통해 나약함과 겸손함을 보여줌으로써 같이 일하는 사람들과 한층 가까워질 수 있고, 앞으로 나아가기 위한 도전 과제에 그들을 참여시키고 당면한 문제를 해결하기 위해 함께 노력할 수 있다. 우리 모두가 정말 중대한 도전 과제에 직면했을 때, 권력의 차이와 계층적 구조는 그 중요성을 잃는다.

이전에 국제적인 유제품 회사에서 고위 영업 관리자로 일했던 글렌 페르난데스(Glenn Fernandez)는 구조 조정 후 새로운 팀의 팀장이 되었다. 그는 당시 상황을 이렇게 회상했다. "사업 전략의 변화로 자신의 업무 중 절반을 잃은 사람들을 어떻게 끌고 나갈지 막막했습니다. 이전에 그들은 높은 성과를 올리는 팀에 있었지만 이제는 업무에 집중하지 못하고, 동기와 목적을 잃은 것처럼 보였습니다. 불확실한 시기에 사람들을 관리한다는 것은 힘든 일이었어요. 게다가 나를 신뢰했던 주요 임원마저 회사를 떠났기 때문에 힘이 돼줄 만한 건 아무것도 없었어요. '이런 빌어먹을!' 나도 모르게 입에서 욕이 튀어나오더군요. 나 자신이 그렇게 나약하게 느껴졌던 적은 없었어요. 길을 잃었고, 가장 든든한 후원자이자 지지자였던 사람도 사라져버린 상황이었으니까요. 나는 완전히 주눅이 들어 있었어요. 몇 주 동안 할 일을 찾아 매달렸지만, 내가 무슨 목적을 가지고 일을 하고 있는지 알 수 없어서 불안감도 느꼈죠. 나는 이 새로운 팀과 함께 뭘 해야 할지 정말 막막했고, 그렇게 한동안 암흑 속에 빠진 채 주위를 헤매고 다녔어요. 지침을 주는 사람도 없이 말이에요."

어느 날 글렌은 팀을 이끌고 직장에서 벗어나 무슨 일이 일어나고 있는지에 관해 함께 이야기할 수 있는 자리를 만들기로 결정했다. 그들은 이틀간 야외로 여행을 떠났다. 그는 위험을 무릅쓰고 자신이 불안감을 느끼고 있으며, 누군가 자신에게 할 일을 알려주길 기다리고 있는 상황이라고 솔직하게 말하기로 결심했다. 그는 이 상황을 어떻게 다뤄야 할지 모르겠으며, 해답보다는 질문거리가 더 많다고 털어놓았다. 팀장이 새로운 팀에게 자신의 연약함과 초조함에 대해 마음을 터놓고 이야기한 것은 이 회사에서 처음 있는 일이었다. 이 회사는 상명하달식으로 세세한 것까지 관리하는 문화를 가지고 있었고, 상사들 중 어느 누구도 자신의 불안감을 함께 나눈 사람이 없었다.

"이러한 내 행동은 팀원들에게 '나는 여러분을 믿고 있으며, 여러분을 존중합니다'라는 메시지를 전달했고, 팀원들은 그것을 이해했습니다. 내가 어떤 기분인지를 공유하자 그들 또한 자신의 이야기를 나누기 시작했습니다. 불안감과 자신감 상실 등, 변화에 대해 모두가 같은 반응을 보였습니다. 그것은 팀 전체에 자극을 주는 경험이었어요. '모른다'는 말이 모두를 평등하게 만들었어요."

'모른다'고 말하는 것은, 기존의 지식이 우리의 길잡이가 될 수 없는 상황이라고 다른 사람들에게 분명한 신호를 보내는 행위다. 이것은 자신과 다른 사람들에게 다시 초심자로 돌아가 다양한 방법을 찾아보도록 해준다. 우리의 한계를 인정하게 되면 믿을 수 없을 만큼 자유로워진다. 장 자크 루소(Jean-Jacques Rousseau)는 다음과 같이 말했다. "모른다는 말은 '우리'가 되게 해주는 표현이다."

6

<u>의심을 품으라</u>

"온전히 믿으면서 동시에 의심을 품는다는 것은 전혀 모순된 행동이 아니다.

이것은 진리를 보다 더 존중한다는 것을 전제로 한다.

즉, 진리는 언제라도 말로 하거나 행동으로 할 수 있는 것을

항상 넘어설 수 있다는 인식을 전제로 한다."

– 롤로 메이(Rollo May), 미국의 실존주의 심리학자

이번에는 다이애나의 이야기에서부터 시작해보자.

강의를 하다 보면 의뢰인들이 "어떻게 내가 옳다는 것을 알 수 있을까?"라는 문제를 붙들고 끙끙대며 씨름하는 소리를 종종 듣습니다. 이것은 대답하기 가장 어려운 질문이며, 연구해야 할 가장 도전적인 과제입니다. 이런 사람들 중 상당수가 중요한 일을 맡고 있으며, 중대한 의사결정을 책임지고 있습니다. (중략) 우리는 삶을 옳고 그른 것, 또는 흑과 백으로 양분합니다. 그리고 신호를 찾습니다. '올바른' 방향으로 가고 있다는 것을 보여주는 어떤 신호 말입니다. 우리는 의심의 가능성을 염두에 두고 있어야 할까요?

이제 81세가 된 비즈니스 사상가이자 작가인 찰스 핸디(Charles Handy)는 자신을 사회철학자라고 소개한다. 스티븐은 찰스와 그의 아내 리즈와 함께 대화를 나눈 적이 있는데, 런던 경영대학원에서 강사들 중 교수로 승진시킬 사람을 선발하기 위한 회의를 하던 중에 있었던 일을 들려주었다. 한 후보가 있었는데, 사람들은 그가 적임자가 아니라는 것을 알았음에도 정확하게 그 이유를 꼭 집어 말할 수 없었다. 그때 누군가 입을 열어 이렇게 말했다. "그의 문제점은 온당한 의심을 품지 않는다는 겁니다."

"온당한 의심을 품는 것은 괜찮습니다. 확실성을 옹호하는 사람들은 신뢰할 수 없습니다. 모든 게 잘될 거라는 믿음을 갖는 것, 이것이 바로 신뢰의 본질입니다. 심지어 불확실한 상황에서도 말입니다." 찰스가 말했다. 그는 중세 시대 영국의 신비주의자였던 노리치의 줄리안(Julian of Norwich)이 했던 말을 인용했다. "모든 것이 잘될 것이다. 어떤 일이든 모두 잘될 것이다." 많은 사랑을 받는 이 말은 우리에게 큰 희망을 갖게 한다. 우리가 불확실성의 한가운데서 이해하지 못한 채 혼란스러운 상황을 겪을지라도, 결국 괜찮아질 것이라는 희망 말이다.

기존 지식에 대한 의존성은 종종 우리의 발목을 잡는다. 특히 새로운 정보가 나타날 때 더욱 그렇다. 가장 뛰어난 학자들과 리더들은 자신이 현재 가지고 있는 지식에 대해 의심을 품는데, 이것은 새로운 발견의 문을 여는 데 도움이 되며 모르는 것을 담을 수 있는 '주머니'를 만든다.

질문하는 것을 습관화하며, 우리가 세상을 바라보는 관점은 주관적이고 결함이 있음을 인정하는 능력은 리더십의 필수적인 기술이다. 그리고 이것은 우리가 더 나은 결정을 내리는 데 도움이 될 수 있다. 프로젝트의 결과를 의심해봄으로써 우리는 자유롭게 다른 사람들과 관계를 맺을 수 있고, 다양한 견해를 내놓을 수 있도록 권장함으로써 복잡한 도전 과제에 새로운 통찰력을 추가할 수 있다.

세계경제포럼의 전 인사 담당 최고 책임자이자 서큘러 소사이어티의 창립자인 카르슈텐 주트호프는 그의 모든 것을 바꿔놓은 두바이의 밤을 회상한다. 그는 세계경제포럼의 글로벌 어젠다에 관한 연례 정상회담이 열리기 전날 밤, 이 상징적인 아랍 에미리트의 도시에 도착했다.

"깊이 있는 질문을 촉발한 것은 우리의 격렬한 대화만이 아니라 전반적인 분위기와 열기였어요. 리더십 또는 리더십의 부재가 정말 사회가 대대적으로 직면하고 있는 수많은 문제의 유일한 원인일까? 아니면 리더십은 더 큰 사회적 불균형이 낳은 파생물일까? 복잡성과 모호성이 판을 치고 환경과 사회, 경제가 너무나 명백하게 서로 연관돼 있는 세계에서, 우리는 정말 이처럼 오로지 개인의 성공에만 계속해서 초점을 맞춰야 할까?"

카르슈텐은 사람들이 다른 사람들과의 상호 연계성을 고려한다면 상당수의 시급한 문제를 해결할 수 있다는 가설을 세웠다. 그의 가설이 맞는지 알 수는 없지만, '현실적인 상호 연계성'을 리더십과 사회의 발달이라는 영역에 도입한 것은 매우 흥미로운 점이다.

"그날 밤 나는 잠을 잘 수가 없었어요. 머릿속에서 너무나 많은 질문들이 맴돌았거든요. 이 가정이 맞다면 어떤 사회적 변화들이 일어날 수 있을까? 어떻게 나아가야 할까? 내가 너무 순진해빠진 걸까?"

스위스로 돌아와 카르슈텐은 백지 한 장을 앞에 두고 비전의 초안을 작성하기 시작했다. 경험이 풍부한 고위 임원인 그는 전략적 문서를 작성하는 데 능숙했지만, 이것은 전혀 다른 일이라는 것을 곧 깨달았다. 이번에는 개인적인 꿈과 더 나은 세상을 위한 미래상을 써보았다. 우리가 다른 사람들의 삶을 향상시키며 개인과 조직이 함께 성공을 거두고 만족감을 얻을 수 있는 세상에 대해 말이다. "한 줄 한 줄 써 내려가면서, 나는 내 앞에 펼쳐져 있는 광활한 미지의 세계를 봤습니다. 한 장을 끝마칠 때마다 해답을 찾지 못한 질문들이 더 많이 생겨났고, 의심이 마음속에 자리 잡았어요. 마치 놀라우면서도 극도로 활기를 북돋워주는 공간에 있는 느낌이었어요."

카르슈텐은 이것이 그냥 단순한 또 하나의 프로젝트가 아님을 깨달았다. 이것은 그의 꿈이자 사명이었으며, 이를 실현하기 위해서는 세계경제포럼에서 맡고 있는 자신의 역할을 포기해야 할지도 모른다는 의미였다. 그는 의심으로 괴로워했다. "내가 기업가가 되는 데 필요한 자질을 가지고 있을까? 창의성과 끈기가 필요한 부문에서 실적을 올린 적이 있긴 하지만 그것만으로 충분한 걸까? 다양한 조직 환경에서 성공하긴 했지만 회사의 지원 없이 자력으로 생존할 수 있을까? 이런 식으로 생계를 유지할 수 있을까?"

자신의 의심에 대해 몇몇 기업가 친구들과 터놓고 이야기를 나누면서, 그는 자신이 경험하고 있는 불안감과 자신감 상실이 그런 상황에서는 누구에게나 지극히 정상적이고 건전한 것이라는 사실을 알았다.

"친구들이 콕 집어 내 질문에 대한 답을 해준 것은 아니지만, 친구들과의 의논은 문제의 틀을 잡고 문제를 정의하는 데 도움이 됐습니다. 내가 따라야 할 완벽한 시나리오 같은 것은 없다는 걸 알았으니까요." 그 후에 카르슈텐은 세계경제포럼을 떠나 서큘러 소사이어티를 창립했다. 새로운 방식의 사고와 행동을 촉진함으로써 개인과 사회의 삶에 대한 관점을 통합적으로 개선하는 것을 목표로 삼은 기구였다.

의심은 가능성의 출입구이며, 의심을 받아들이는 것은 배움과 창의성에 대한 유연성과 개방성을 보여준다. 하지만 이것을 우리 자신에 대한 믿음의 부족과 혼동하지는 말자. 의심을 받아들이는 것이 약점이 된다는 생각은 '모르는 것'을 다루는 데 걸림돌이 된다. 우리는 사람들이 우리의 확신 없는 모습을 보길 원치 않는다. 의심하는 모습을 보이면 사람들의 신뢰를 잃을 것이라고 생각하고, 이런 식의 생각은 기분을 나쁘게 한다. 최근 출판된 조지 워커 부시의 전기를 보면,[72] 이라크 전쟁에 대해 공개적으로 확실한 입장을 확고부동하게 밝혔음에도 그조차 개인적으로는 의아함을 갖고 있었다. 부시가 공개적으로 자신의 의심을 인정하지 않은 것은, 국민들의 신뢰를 얻고 주장이 진지하게 받아들여지려면 리더는 확실성을 보여줘야 한다는 그의 생각 때문이었다.

7

저항감을 제어하라

앞서 언급했던, 작가이자 기업가인 닉 윌리엄스는 처음으로 책 출판 계약서를 받았을 때 내면의 강력한 저항의 목소리와 씨름했다. 이 목소리는 그가 글 쓰는 일에 적합하지 않으며, 성공하지 못할 거라고 그에게 속삭였다. 하지만 동시에 그는 또 하나의 미약한 목소리가 이렇게 말하는 것을 들었다. "너는 글을 쓰기 위해 태어난 사람이야. 잘할 수 있어."

닉은 계약 제안서가 동봉된 봉투를 뜯은 채 자신의 저항감과 '함께 하는' 시간을 가졌다. 그러나 이 저항의 목소리에 계속 귀를 기울이는 대신 호기심이 생겨났고 이에 반박하기 시작했다. 그는 침묵에 잠겨 자신이 두려워하는 것이 무엇인지 깊게 파고들었고, 자신의 마음의 소리에 귀를 기울이며, 크리스마스 선물로 펜을 사달라고 하던 여덟 살짜리 소년의 꿈과 소망을 되찾았다. "영혼이 호통을 칠 수 있는지는 모르겠지만, 내 영혼이 그렇게 말하는 느낌이었어요. '끝내주는 책을 써! 그건 너의 사명이야. 그래서 네가 존재하는 거야!'라고 말이죠." 닉은 그 당시를 떠올렸다.

며칠 후 그는 기도를 하고 계약서에 사인을 했다. 저항감이 여전히 남아 있긴 했지만, 심사숙고의 시간을 가진 후 닉은 자신의 사명감을 찾았다. 그는 저항감이 자신을 장악하지 못하게 제어하는 법을 배웠다.

계약서에 사인하기로 마음을 굳힌 순간, 그에게 영감의 문이 열렸다. 닉은 세 달 동안 매일 3시간에서 13시간씩 글을 쓰기 시작했다. 그는 1999년 1월 약속한 시간에 쇼핑백 두 개 분량의 원고를 넘겼고, 그해 9월에 출판된 책은 베스트셀러가 되었다.

닉은 자신의 생각을 이렇게 밝히고 있다. "나는 알려지지 않은 것을 그렇게 두려워할 필요가 없다는 것을 배웠다. 왜냐하면 그것은 항상 기회와 가능성을 잉태하기 때문이다. 마음이 시키는 대로 하라. 진정한 자기 자신을 찾기 위해 그리고 내가 가져올 변화를 위해 위험을 감수하라."

그는 또한 삶에서 정말로 중대한 일을 감당하려면 충분한 준비를 하고 자신감을 갖겠다는 희망을 온전히 버려야 한다는 것을 배웠다. 성공은 그가 준비됐다고 느끼고 도약하기 위해 날개를 펼치기도 전에 찾아왔다. 자신의 가장 큰 두려움을 알아차리고 이와 맞서기 위해 부딪쳐 나아가면서, 좋은 것들은 대부분 저항감의 반대편에 존재한다는 것을 그는 깨달았다.

어둠 속에 있다는 것은

무한한 가능성의 공간에 있다는 것이다.

8

'모르는 것'을 몸에 익히라

교육자인 부모님 밑에서 자라 어린 시절부터 독서하는 습관을 갖게 된 '리더십 몸에 익히기(Embodied Leadership)' 트레이너인 마크 월시(Mark Walsh)는 학교와 학원에서 배우는 것이 간단하고 편리하다고 생각했다. 그는 이것이 중요한 것을 배우는 유일한 방법이라고 생각하며 자랐다. 적어도 영국의 이스트 앵글리아 시골 지역에서 아주 중요한 행사인 운전면허 시험을 볼 때까진 말이다. 실망스럽게도 그는 몇 번이나 시험에 떨어졌다. 한번은 도로 주행 시험을 보러 나갔다가 시험관이 위험하다며 시험장으로 끌고 들어온 적도 있었다. 또한 거의 같은 시기에 마크는 미친 듯이 첫사랑에 빠졌으며, 세상과의 유대감과 몸 안에서 끓어오르는 강렬한 감정을 경험했다. "사랑의 세계는 나를 학업의 토대에서 내려오게 했고, 감각의 세계로 나를 이끌었어요."

슬프게도, 이성 관계에 경험이 부족했던 그는 이 분야에서도 곧 '실패를 맛보았다'. 이 이야기에서 드러난 바와 같이 그가 모르는 것은 세상에 많았다. 그는 이렇게 말했다.

"어렵게 배운 이 두 가지 교훈을 통해 인지적으로 '아는 것'보다 똑똑해지는 다양한 방법이 있다는 것을 깨달았습니다. 운전이나 사회 관계는 책에서 배울 수 있는 것들이 아닙니다. 이러한 것들은 이제 신경과학자들이 묵시적 학습이나 절차적 학습, 체화 학습이라고 부르는 것들의 예입니다. 리더십과 관계, 생활 같은 것은 그 자체를 몸에 익혀야 하는 문제죠. 우리의 신체는 무의식적으로 활동하며, 습관과 직관을 통해 움직입니다. 만약 우리가 아는 것에 자신을 제한한다면, 정말 알아야 할 것들에 대해 접근을 제한하는 셈입니다."

마크는 그 후로 자신이 연구해온 무술이나 춤 같은 신체적 기예를 통해 이러한 사실을 발견했다. 하지만 그는 훈련을 하고 컨설팅을 하는 현대의 근로 환경에서 사람들이 종종 신체를 소홀히 한다는 것을 알았다. 느긋하게 긴장을 풀고 직관적으로 신체가 대응할 수 있는 흐름을 허용할 때만, 반응성과 창의성을 통해 진정한 효과를 얻을 수 있다. 선종에서 이것은 '무심(無心)', 즉 '마음이 없는 상태'로 알려져 있다. 이것은 배우와 즉흥 코미디 연기자, 연인, 뛰어난 리더에게 친숙한 개념이다. 마크는 이렇게 설명한다. "신체는 신비와 지혜의 원천입니다. 신체를 단순히 두뇌를 넣어 다니는 카트 정도라고 생각하는 데 익숙해져 있는 사람들에게는 아마 놀라운 발상일 것입니다. 그래서 우선 설명하고 싶은 점은 내가 '신체'라는 말을 할 때는, 단지 하나의 기계가 아니라 현재의 우리를 존재하게 하는 친밀한 부분을 말하고 있다는 것입니다. 어떻게 우리가 움직이고 어떻게 우리가 서 있는지가 바로 세상에서 우리가 존재하는 방식입니다."

그는 세상과 우리 자신을 안다는 환상이 우리의 기본적인 성향과 행동 패턴에 계속 묻어난다는 점에 주목한다. 우리는 습관을 가지고 있으며, 신체가 이것을 제자리에 유지한다. "'모르는 것'의 관점에서, 신체적 성향(지난 사건의 고착화)은 실제 있는 그대로의 현실은 물론 유연한 대응으로부터 우리를 멀어지게 합니다. 만일 우리가 일어날 수 있는 상황에 대해 대화를 나누지 않고 그저 과거의 반복적인 패턴을 따라 한다면 결코 강력하고 품위 있게 대응할 수 없을 겁니다."

신체는 '모르는 것'의 입구이며, 알려지지 않은 것에 대한 혼란과 불안감으로 머리와 두뇌가 우리를 실패하게 할 때 활용할 수 있는 유용한 자원이다. 평소에 사용하는 습관적인 방식으로 '문제를 해결'하려고 애를 쓰다 그럴 수 없다는 사실을 뒤늦게 깨닫기보다는, 오히려 연습을 통해 '모르는 것'을 몸에 익혀두는 편이 낫다. '목 아래의 몸에서' 일어나고 있는 일은 앞으로 무슨 일이 벌어질지 예측하는 데 필요한 데이터의 중요한 원천일 뿐 아니라, 미지의 세계를 항해하는 데 필요한 단서를 제공하는 중요한 기반이기도 하다.

9

토대를 마련하라

2000년 미국 신문 업계가 기록했던 650억 달러의 수익은 2012년에 200억 달러 선으로 뚝 떨어졌다. 뉴스페이퍼데스와치닷컴(newspaper deathwatch.com)같이 무시무시한 웹사이트가 생겨났고, 영국에서는 2005년부터 7년 만에 242개의 지역 신문이 사라졌다. 최고경영자들에게 이것은 익숙한 변화가 아닌, 완전히 다른 변혁이었다. 다음에 어떤 일이 벌어질지, 또는 무엇을 해야 할지 아는 사람은 아무도 없었다.

가까스로 이 고비를 넘긴 신문사가 영국에서 발행되는 〈파이낸셜 타임스(Financial Times)〉였는데, 이 신문사는 국제적인 독자층을 확보하고 있었다. 독특하게 분홍색 종이를 사용해 충실한 독자들 사이에서 '분홍 신문'이라는 애칭으로 알려져 있는 〈파이낸셜 타임스〉는 민감한 정보와 높은 품질의 보도 기사를 비즈니스 세계에 제공한다.

스티븐과 동료는 이 신문사의 글로벌 부사장이자 영업 및 마케팅 담당 이사인 벤 휴즈(Ben Hughes), 그리고 그가 이끄는 관리팀과 함께 지난 3년간 일해왔다. 벤은 어떻게 〈파이낸셜 타임스〉가 알려진 (활자의) 세계에서 알려지지 않은 새로운 (디지털의) 세계로 이행하는 과도기에 대처하는 법을 배웠는지 설명한다.

이런 점진적인 추세를 알고는 있었지만, 그것이 진정으로 가슴에 와 닿았던 것은 2012년 여름 처음으로 온라인 수익과 구독자 수가 오프라인 발행 수익과 판매 부수를 초과했을 때였습니다. 나는 35장으로 구성된 슬라이드 전략 프레젠테이션을 봤던 것을 기억하는데, 그중 단 하나의 슬라이드만이 오프라인의 발행 부수와 광고에 초점을 맞추고 있었습니다. 미국에서 발행 부수는 아주 짧은 시간에 급격히 떨어졌습니다. 이것은 사업이 '기우는' 순간이었으며, 예전 같지 않을 것이라는 의미였습니다.

〈파이낸셜 타임스〉는 '디지털 퍼스트(Digital First)'라는 슬로건을 통해 회사 내부에 그 의도를 알렸고, 몇 년 동안 분기별로 고위층의 리더십 팀을 소집해 업계의 변화를 둘러싸고 있는 복잡한 상황에 기업이 어떻게 대비할 것인지를 논의했다. 변화의 속도가 너무나 빨랐기 때문에 급진적인 아이디어들 또한 제시되었다. 재무 담당 이사는 종이 신문을 발행하지 않고 실용적인 온라인 사업만을 지속적으로 운영한다면 성공할 수 있다는 확신을 표명했다.

이 팀은 미래를 수용하는 한편 과거를 인정하고 존중해야 하는 데서 발생하는 긴장감을 처리해야 했다. 그들은 이것이 미래를 선택하느냐 과거를 선택하느냐의 문제가 아니라, 신문 발행 사업의 현재 목적을 변경하는 동시에 디지털 무대에서 새로운 기회를 모색해야 하는 상황이라고 판단했다. 신문 발행으로 인한 수익이 비록 줄어들긴 했지만, 이는 여전히 기업의 중요한 수입원으로 기여하고 있었다.

"나는 미래를 수용하기 위해 우리가 할 수 있는 모든 것을 명확하고 결단력 있게 실행해야 한다고 믿었지만, 리더들이 알려지지 않은 것을 다루면서 현재를 묵살하고 충분히 존중하지 않는 실수를 범하고 있다는 생각이 들었습니다." 벤이 말했다.

사업을 강화하기 위해 이 회사는 원래 알려진 고품질의 사설 콘텐츠를 재정비했다. 〈파이낸셜 타임스〉의 시사 평론가들은 진실성과 심도 있는 분석으로 유명하다. 더군다나 인터넷에 게시되는 정보의 신뢰성이 떨어지면서 독자들은 고품질의 정보를 위해서라면 기꺼이 돈을 지불하려 했다. 2011년 전화 해킹 스캔들이 터지면서 매우 의심스러운 언론의 관행이 폭로된 후, 영국 언론을 대상으로 실시하게 된 2012~2013년 레브슨 조사(Leveson Inquiry) 도중에 이런 경향은 특히 두드러졌다. 그 와중에 〈파이낸셜 타임스〉는 흠잡을 데 없는 평판을 유지해나갔다.

하지만 모든 신문사들처럼, 〈파이낸셜 타임스〉 역시 직원의 수를 조정해야 했다. 벤은 직원들에게 진실을 말해야 했던 순간을 다음과 같이 회상한다. "우리가 알려지지 않은 것을 다루면서 얻은 가장 중요한 교훈 중 하나는 대화를 할 때 마음을 터놓고 정직해야 한다는 겁니다. 직원의 수를 조정하고 난 후 몇몇 직원들과 이야기를 나눴던 기억이 납니다. 진심으로 그들 앞에 앉아 이것이 변혁의 끝이라고 말하고 싶지만, 그렇게 말할 수 없는 상황이라고 솔직하게 털어놓았습니다. 변화가 없는 것처럼 보이는 신문사들도 있지만, 미래를 못 본 척 외면하는 것은 우리가 선택할 방안이 아니라고 생각한다고 말했죠."

벤과 〈파이낸셜 타임스〉의 고위층 리더십 팀은 직원들에게 앞으로의 변화에 대비하도록 했을 뿐만 아니라, 과거와 미래 사이에 다리를 놓음으로써 새로운 현실에 적응하도록 준비할 수 있었다. 그들은 사람들이 잘하는 것을 존중하며, 기존 사업의 탄탄한 구조를 기반으로 삼고, 마음을 터놓고 솔직하게 의사소통을 함으로써 눈앞의 알려지지 않은 것들에 대한 불안감을 다스릴 수 있는 안전 지대를 충분히 만들었다. 과거에는 효과적이었지만 상실하게 되는 것을 존중하고, 그들 앞에 기다리고 있는 잠재적인 기회를 축하하며, 〈파이낸셜 타임스〉는 업계에 밀어닥친 변혁의 물결에 휩쓸리지 않고 오히려 그 물결에 올라탈 수 있었다.

알려지지 않은 것에 대비한 토대를 마련하는 또 하나의 방법은 '피 같은 내 돈을 투자하는 모습'을 보여주는 것이다. 이런 방법은 앞으로의 여정에 흔들림 없는 헌신을 하겠다는 신호를 보냄으로써 다른 사람들이 따라오도록 고무하며 동기를 부여한다. 셰리 쿠투는 기술과 기업가 정신, 교육을 결합하는 데 있어 세계적으로 인정받는 전문가 중 한 사람이다. 그녀는 〈와이어드(Wired)〉지가 선정한 기술계의 가장 영향력 있는 25인이기도 하다. 그녀는 라즈베리 파이(Raspberry Pi),

파운더스포스쿨스(Founders4schools), 링크드인(LinkedIn), 아트파인더(Artfinder), 케어닷컴(Care.com), 케임브리지 대학 출판국 등 다양한 기관에서 이사 겸 자문 위원으로 활약하고 있다.

셰리는 이해 관계자들을 한데 모아 일을 해내는 데 있어 강력한 실적을 가지고 있다. 최근 그녀는 '더 케임브리지 클러스터 맵(The Cambridge Cluster Map)'이라는 회사를 설립했는데, 이 회사는 컴퍼니스 하우스(Companies House)와 링크드인으로부터 데이터를 수집해 어떤 회사들이 가장 빠르게 성장하고 있는지를 나타내는 지도를 제작한다. 지금까지 1,540개가 넘는 회사들이 지도에 표시되었는데, 모두 합하면 123억 파운드(21조 3,000억 원) 정도의 규모에 달한다.

"힘든 프로젝트였어요. 정부로부터 얻어야 하는 데이터가 있었는데, 상당히 복잡한 절차를 거쳐야 했거든요. 이 프로젝트가 성공하는 데 뒷받침이 된 핵심 요소는 알려지지 않은 상황에 직면해 확고한 결의를 보여줬다는 거예요. 나는 내 돈을 이 프로젝트에 쏟아부었어요. 그리고 내가 개인적으로 얼마나 헌신적인지를 보자 다른 사람들도 참여하기 시작했어요."

셰리의 행동으로 세 개의 업체가 이 프로젝트에 적극 참여하게 되자 몇몇 후원자들이 기꺼이 합류했다. 하지만 그녀의 진정한 성취는 원하는 여섯 개 업체를 모두 프로젝트에 참여하게 했다는 것이다. 이 경험으로 얻게 된 주요 교훈은 '우리가 무엇을 할 수 있는지는 다른 사람들의 이야기를 듣고 나서야 알게 된다'는 것이라고 그녀는 설명한다. "종종 단순하게 실상을 노출하는 것만으로도 더 많은 것들의 발견으로 이어지는 씨앗을 얻을 수 있습니다. 이 씨앗은 그렇게 하지 않았더라면 활용이 불가능했을지도 모르는 잠재력을 성취할 수 있습니다."

'피 같은 자기 돈을 투자하는 모습'을 보여준 셰리의 능력 덕분에 다른 사람들은 프로젝트에 대한 확신을 가지게 되었고 많은 것들이 알려지지 않은 위험성이 큰 사업에 합류하며 투자하였다.

일곱,   눈을 감고 보라

약 30초 동안 가운데 있는 원에
초점을 맞추고 본 다음, 눈을 감아보라.
무엇이 보이는가?

"나는 보기 위해서   눈을 감는다."

폴 고갱(Paul Gauguin)

1

눈을 감고 보라

마르코 안토니오 마르티네즈(Marco Antonio Martinez)는 멕시코의 사진작가로 전 세계 미술관에 자신의 작품을 전시해왔다. 자신이 꾼 꿈을 시각화한 한 프로젝트에서 그는 점토와 알루미늄으로 만든 작은 조형물, 건설 현장을 담은 사진 등을 활용해 창작한 작품들을 소개했다. 한 사진은 빨간 터널 곳곳에 흩어져 있는 작은 딱정벌레 같은 생명체들이 심연 속으로 빨려 들어가는 장면을 담고 있는데, 이 작품은 음산한 그림자를 드리우는 동시에 초현실적이고도 아름다운 정경을 연출한다. 이어지는 다른 작품은 어두운 배경 속에서 희미한 빛의 여운을 뿌리며 은은하게 빛나는 나무들을 보여주고, 또 다른 작품에서는 어둠 속에서 한줄기 빛이 쏟아져 나오는 곳으로부터 이채(異彩)를 띤 페가수스가 당당한 모습으로 등장한다.

이 사진 프로젝트의 비디오 프레젠테이션에서 페가수스는 강하고 자유로운 생명체를 상징한다고 마르코 안토니오는 설명한다. 첫 번째 사진에 표현한 심연의 폐소 공포에서 해방된 직후 페가수스가 이런 느낌을 꿈속에서 전달했던 것을 그는 기억한다. 이 꿈은 갑자기 붉은 색 섬광이 번쩍였다 사라지며 끝을 맺는다.

이 사진들은 아름답고 뇌리에서 지워지지 않을 만큼 강렬하다. 그리고 마르코 안토니오가 앞을 볼 수 없는 사람이기 때문에 더욱 비범하다. 자신의 사진을 통해 표현한 이 꿈은 그가 갑자기 시력을 잃게 된 지 불과 일주일 만에 꾸었던 것이다. 이 이야기는 어떤 이성적인 방법으로도 설명할 수 없는 실명(失明)의 내면적 경험에 대한 통찰력을 우리에게 제공한다.

실명을 하기 전에 마르코 안토니오는 거의 카메라에 손을 대지 않았으며, 대부분의 사람들처럼 파티에서의 가족 사진 같은 일상적인 사진만 찍었었다. 즉, 예술 사진에는 전혀 관심이 없었던 것이다.

"당신이 실명을 하게 된다면 어떤 식으로든 상실감을 느끼게 될 겁니다. 이전에는 꿈속에서조차 결코 상상할 수 없었던 새로운 문제나 걱정거리를 해결할 수밖에 없도록 삶이 당신을 몰아세울 텐데, 이것은 정말 감당하기 어렵습니다. 어쩔 수 없이 대안을 찾아야 하며 새로운 도구와 기술을 익혀야 하지요. 그렇기 때문에 자신의 공간과 자신에 대해 항상 탐구하고 의식할 수밖에 없습니다. 시행착오를 거치며 배우는 것이 이러한 과정의 일부라는 것을 인정하게 됩니다."

마르코 안토니오는 이전에 보았던 것들을 참고하며, 감각적인 사진

기법을 통해 이미지를 창출하는 방법을 배웠다. "나의 환경을 상상해 보는 것은 내가 있는 곳을 느끼고 이해하기 위해 필수적인 일입니다. 이제 끊임없는 상상을 통해 나의 현실을 확장할 수 있고, 이러한 상상 속의 현실을 늘 설계하고 창조합니다."

그는 멕시코의 사회단체인 '오호스 큐 시엔텐(Ojos Que Sienten)', 즉 '감성의 눈(Sight of Emotion)'에서 촬영 기법을 배웠다. 시각장애인들에게 사진술을 가르치고, 그들에 대한 주류의 인식을 바꾸겠다는 야심 찬 프로젝트다. 이 단체는 멕시코에서 1,000명이 넘는 젊은이들과 함께 일해왔으며, 국제적인 프로젝트 또한 운영하고 있다.

'감성의 눈'의 선구적인 사진 촬영 프로세스는 시각장애인들로 하여금 그들의 모든 감각을 이용해 이미지를 창출할 수 있는 로드맵을 만들게 한다. 사진을 찍는 사람들은 소리를 이용해 촬영할 대상이 어디 있는지 알 수 있을 뿐 아니라 거리와 높이도 가늠할 수 있다. 사진을 프레임 안에 넣기 위해 팔을 75~80도 정도로 가늠해 벌려야 하는데, 이것이 디지털 카메라로 대상을 포착하고 찍기 쉬운 각도이기 때문이다. 촉각을 이용해서도 사물의 질감 혹은 피사체의 크기나 털의 종류 등 추가적인 정보를 얻을 수 있다. 거리에서 촬영을 할 경우에는 후각 또한 사진을 찍는 사람들의 주위에서 어떤 일이 벌어지고 있는지 추측할 수 있는 중요한 기준점이 된다.

이 프로젝트는 멕시코의 사진가 지나 바데노아(Gina Badenoch)가 처음 시작했다. "미지의 세계에 발을 들여놓을 때 해서는 안 되는 최악의 행동은 자아에 매달려 자신이 통제할 수 없는 것을 통제하려고 하는 거예요." 지나가 자신의 생각을 말했다. 일을 하는 동안 그녀는 참가자들에게 자신의 현재 상황을 받아들이고, 자기가 가지고 있지 않은 것을 파악하며 수용하라고 요구한다. 그러나 동시에 아직 가지고 있는 것에 초점을 맞추고 다른 사람과 협력을 통해 현재의 자기 약점을 보완할 수 있는 방법이 있다는 것 또한 인정하라고 요청한다.

대부분 사진을 찍는 사람들에게는 결과물, 즉 인화된 사진이 사진 촬영 전체의 요점이다. 하지만 시각장애인들에게는 촬영 과정 자체가 요점이며, 인화된 사진을 감상하는 것은 다른 사람들의 몫이다. 그들은 사진을 찍는 모든 과정에 몰입하며, 다른 누군가가 자신의 사진을 좋아해주는 데서 얻는 강렬한 만족감뿐만 아니라 그 과정 자체를 즐긴다.

지나는 지난 일을 돌이켜보며 말한다. "몇 년간 시각장애인들이 모든 감각들을 이용해 찍은 사진들을 통해 세계 곳곳에서 일어난 이야기를 보고 들어왔어요. 또한 그들의 삶이 바뀌어가는 모습도 봤지요. 이는 볼 수 없는 사람들이 세상과 융화됐을 뿐만 아니라, 우리의 시각적 세계의 질을 한층 높였기 때문에 가능한 일이었습니다."

사업적 맥락에서 봤을 때, 특정 정보의 원천으로부터 입수한 특정 종류의 시장 정보에 의존하기 시작하면 다른 정보의 원천에 두는 비중을 제한하게 되고, 겉보기에 덜 중요한 다른 원천이나 관념의 가치는 볼 수 없게 된다. 이에 대한 스티븐의 이야기를 들어보자.

한번은 친구와 오스트리아의 인스브루크에 가서 '감각을 발견하라

(Discover your Senses)'라는 프로그램에 참가했어요. 완전한 어둠 속에서 도시를 체험하는 프로그램이었죠! 티켓을 구매한 후 우리는 대기실로 안내되었는데, 이곳에서 눈가리개를 한 다음 가이드를 소개받았어요. 가이드가 한 손으로 내 팔을 잡았고, 그가 이끄는 대로 천천히 문 밖으로 나섰어요. 눈가리개를 한 탓에 빛이라곤 한 점도 들어오지 않았어요. 방향을 잡는 데 도움이 될 만한 것이 하나도 없었죠. 나는 무서웠지만 동시에 흥분되기도 했어요.

나도 모르게 앞으로 손을 뻗어 더듬거리며 걸음을 옮겼고, 무언가와 부딪쳐 다치지 않으려고 애를 썼어요. 머뭇거리며 걸음을 뗐던 데다, 어디 있는지 알아내려고 조심스럽게 노력했기 때문에 내가 나아가는 속도는 자연스레 느려졌어요. 안 보이는 것에 좀 더 익숙해지자 다른 감각들이 활성화되기 시작했어요. 나는 아래에서 내 발걸음의 충격을 흡수하는 부드러운 땅을 느낄 수 있었어요. 갓 베인 풀내음을 맡았고, 은은한 꽃향기가 미풍을 타고 내 곁을 스쳐지나갔어요. 내가 들판에 있었던 걸까요? 강물이 부드럽게 소곤대는 소리도 들을 수 있었는데, 조금씩 다가가자 그 소리는 점점 커졌어요. 나는 귀를 쫑긋 세워 들었고, 내 움직임에 대한 의식이 고조되는 것을 느꼈어요. 내가 멈추거나 망설이면 가이드는 내 팔을 잡은 손을 통해 앞으로 나아가라는 신호를 줬어요. 뒤에 있는 가이드가 걸어오는 정감 어린 농담이 안도감을 줬어요. 다음 한 시간 동안, 우리는 다리를 건너 차들이 내는 무시무시한 소리를 들으며 번잡한 거리를 가로질렀고, 혼잡한 시장과 종이 울리는 교회를 지난 다음 마침내 최종 목적지인 레스토랑에 도달한 것 같았어요. 심지어 주문하고, 먹고, 계산하는 것도 어둠 속에서 해야 했죠. 음식을 눈으로 찾을 수 없었기 때문에, 느린 속도로 한 입 한 입 음미해야 했어요. 후각이 예민해졌고, 내 혀는 마치 처음인 것처럼 식감의 미묘한 차이를 감지해냈어요. 그러는 동안 접시가 그 자리에 있는지 확인하기 위해 손으로 접시를 수시로 더듬어야 했어요!

식사를 마친 후 우리는 출구로 나가는 문을 통해 밖으로 나왔고 마침내 눈가리개를 제거할 수 있었어요. 내 눈이 다시 빛에 익숙해질 무렵, 우리를 아주 능숙하게 안내했던 가이드들이 모두 시각장애인이라는 사실을 알고 나는 경악했어요. 이 경험을 한 지는 10년이 넘었지만, 지금까지도 그때 기억이 선명하고 생생하게 남아 있어요.

선택적 실명 접근법을 따라 우리는 의도적으로 몇몇 정보의 원천에 신경을 끊어버림으로써 놀라운 원천으로부터 더 많은 것을 배울 수 있을 것이다. 여기에는 우리의 직접적인 경험이 개입한다. 평소 신뢰하는 정보의 원천으로 찾아가는 대신 신입 사원들을 새로운 정보 원천으로 여겨보는 것도 한 예가 될 수 있다.

보기 위해 눈을 감는 것은 일부 지식을 차단하고 중요한 원천으로부터 입수한 정보를 의도적으로 '모르는 것'으로 여기는 것이며, 우리가 전에 가본 적 없는 곳에서 새로운 지식의 문을 여는 방법이다. 역설적으로 들릴지 모르지만 이런 차단은 새로운 지식을 창출한다. 이것이 '모르는 것'의 비밀이다. 의도적인 차단은 지식을 축소하는 것과는 거리가 멀고, 그 과정도 생산적이며, 이전의 지식으로는 처리할 수 없는 어려운 도전 과제를 해결하는 데 필요한 새로운 방법을 통해 지식을 창출한다.

2

관찰하라

"진정한 발견의 여정은 새로운 풍경을 찾는 데 있는 것이 아니라

새로운 관점을 갖는 데 있다."

— 마르셀 프루스트(Marcel Proust), 작가

우리 대부분은 새로운 지역을 여행하며 '이제 어떤 일이 기다리고 있을까?' 하는 기대감과 함께 설렘을 느꼈던 멋진 추억이 있다. 새로운 장소와 새로운 요리, 새로운 향취를 즐겼던 추억 말이다. 이것은 외국인으로서의 관점이다. 하지만 일상생활에서 알려지지 않은 것과 맞닥뜨렸을 때는 어떻게 이와 같은 접근법을 취할 수 있을까? 알랭 드 보통(Alain de Botton)은 이것을 '여행 사고방식(travelling mindset)'[73]이라고 불렀다. 1795년에 발견한 새로운 방식의 여행, 즉 방구석 여행의 개척자인 프랑스인 자비에르 드 매스트르(Xavier de Maistre)가 자신의 몸에 익힌 독특한 여행 방식이다.

모험에 대한 갈망 때문에 드 매스트르는 자신이 태어난 프랑스 알

프스산맥의 기슭에서 이탈리아의 토리노로 이주했고, 다시 러시아의 상트페테르부르크로 거처를 옮긴 후 그곳에서 생애 마지막 몇 년을 보냈다. 또한 그는 20대에 공중 여행을 시도했던 것으로 알려져 있다. 종이로 커다란 날개를 만들고 대서양을 건너 아메리카 대륙까지 비행할 야심 찬 계획을 세웠던 것이다. 그 대담한 모험은 결국 실현되지 못했지만, 대신 1790년에 전혀 다른 종류의 모험에 착수했다. 결투에 참여했다가 그에 대한 처벌로 42일간 가택에 연금된 그는 그 기간에 자신의 침실을 발견하러 나섰으며, 이 여정을 《브와자지 오투어 드 마 샹브르(Voyage autour de ma chambre)》, 즉 '내 침실 여행(Journey around my bedroom)'이라는 제목의 자기 저서에 시간순으로 기록했다.

이 책에서 그는 자기 침실을 어떻게 거닐었는지 묘사하고 있다. 천천히 비선형으로 걸으며 눈여겨보았던 '구경거리'를 그 시대 기행문에서 볼 수 있을 법한 문체로 써내려갔다. "일단 안락의자에서 출발해 북쪽을 향해 올라가면 침대가 시야에 들어온다." 그는 자신의 여행에 대한 접근법을 다음과 같이 설명한다. "나는 가능한 모든 기하학적 궤도를 찾아낼 것이다. 필요하다면 말이다. (중략) 내 영혼은 모든 종류의 생각과 풍미, 감성에 완전히 열려 있으며, 있는 그대로의 모든 것을 탐욕스럽게 받아들인다!"

드 매스트르의 중립적인 관찰 능력과 알려진 것과 익숙한 것을 재발견할 수 있는 능력, 그리고 세세한 것들에까지 기울이는 철저한 관심은 200년 이상이 지난 지금에도 우리에게 큰 도움이 되는 사고방식의 멋진 사례다.

관찰이란 과정은 우리의 속도를 늦춰주며, 현재의 순간에 근거를 두게 한다. 이것은 조급하게 행동하며 너무 성급하게 해법 모드로 뛰어들고 싶은 유혹에 저항하는 데 도움이 될 수 있다. 주변에 있는 것들을 비롯해 무슨 일이 일어나고 있는지를 꼼꼼하게 관찰하면 행동을 취할 때 더 나은 관점을 가질 수 있다. 마르코 안토니오 마르티네즈는 관찰하는 행동을 "우리의 모든 감각에 대한 자극"이라고 즐겨 표현한다. 그는 이러한 정의가 어려운 문제와 상황에 대해 더 나은 관점을 가질 수 있게 해준다고 믿는다. "살다 보면 우리를 마비시키고, 할 수 있는 것이 아무것도 없다는 생각이 들게 만드는 '알려지지 않은 상황'이 있습니다. 하지만 우리가 다른 감각들을 통해 사물을 관찰하는 법을 배우며 다양하고 새로운 관점을 찾는다면, 우리의 꿈을 이룰 수 있는 새 방법을 찾을 수 있을 겁니다."

만일 여러분이 지금 어떤 상황을 이해하거나 복잡한 도전 과제를 진행하려고 애쓰고 있는 과정에 있다면, 그저 지성에 의존하기보다는 관찰하는 과정에서 모든 감각을 활용하는 편이 나을 것이다. 우리는 특정 경험에 몰입하며 (시각이나 청각, 후각, 촉각, 미각 등) 이용할 수 있는 자신의 모든 감각을 통해 정보를 수집할 수 있다. 이 풍부한 데이터는 당면 문제를 다루는 데 필요한 보다 다양한 선택들을 우리에게 제공할 수 있다. 자신의 생각이나 감정, 선입견, 해석 등에 영향 받지 않고 객관적으로 관찰하게 될수록, 우리는 탐구와 경이로움의 새로운 영역에 더 활짝 마음을 열 수 있다.

세상에는 불교의 마음 챙김과 가톨릭 전통의 명상 활동처럼 의식을 계발하고 가르치는 다양한 정신 수행법이 있다. 이러한 수행법은 모두 우리가 한걸음 물러나 "내가 어디에 있는 걸까?" 또는 "여기서 무슨 일이 일어나고 있는 걸까?"와 같은 질문을 할 수 있도록 도움을 주는 역할을 한다. 회의 중 자신의 의자를 뒤로 밀어놓거나, 잠시 호흡에 집중하거나, 보고를 듣는 관행을 개발하는 것 같은 간단한 행동을 통해 우리는 좀 더 주의 깊게 관찰하고 좀 더 깊이 있게 생각할 수 있을 것이다.

3

<u>침묵의 공간을 만들라</u>

"뉴턴(Newton)이 알고 실천한 바와 같이,

가장 단순한 진리에 도달하기 위해서는 다년간의 사색이 필요하다.

행동이나 추론, 계산, 어떤 종류의 분주한 활동, 독서, 담화는 물론

어떤 노력이나 생각도 필요 없다.

우리가 알아야 하는 것은 그저 있는 그대로를 마음에 담는 것이다."

— G. 스펜서 브라운(G. Spencer Brown), 수학자

기업 환경에서 침묵을 지키기는 힘들 것이다. 하지만 침묵을 지키기에 라틴 아메리카의 교도소보다 더 적대적인 환경이 있을까? 지난 2년 반 동안, 호세 키스 로메로(Jose Keith Romero)는 멕시코의 교도소에 명상 수행을 도입했다. 그의 봉사 활동은 수감자들에게 내면의 평화와 자존감을 경험하게 하고, 상호 존중의 마음을 형성·강화하게 하는 것이 목적이었다.

최근 호세의 팀은 멕시코시티의 한 대형 교도소를 찾아갔고, 수감자들이 명상할 수 있도록 배정된 공간으로 안내를 받았다. 창문이나 환기구 같은 것은 없었으며, 숨이 막힐 듯한 곳이었다. 그들은 교도소의 소음을 뚫고 명상 음악을 틀기 위해 노트북 컴퓨터를 가지고 들어

갔다. 명상 프로그램을 시작한 이 특별한 날, 단조로운 명상 음악이 한창 반복되던 도중에 컴퓨터가 갑자기 작동을 멈추었다. 수감자들은 자원봉사팀이 컴퓨터를 고칠 때까지 참을성 있게 기다렸다. 몇 번이나 고쳐보려고 필사적으로 시도했지만 결국 포기하게 되었고, 아카펠라로 명상 음악을 대신하기 시작했다.

수감자들이 한마음이 되어 호응했을 때 호세의 팀은 정말 깜짝 놀랐다. "그들은 명상 음악의 힘을 통해 적극적으로 가르침을 찾으려는 것 같았어요. 우리의 아카펠라 선율이 방 안 구석구석에 울려 퍼졌죠." 15분간의 아카펠라가 끝난 후, 그들은 다시 침묵하며 명상에 들어갔다. 이것은 심호흡과 바른 자세, 마음의 침묵으로 이루어지는 간단한 수행이었다. "우리는 신성한 무(nothingness)의 공간으로 들어갔어요. 모두가 심호흡에 집중했고, 어떤 소음이나 노랫소리도 없었어요. 완벽한 조화 속에서 그저 들이쉬고 내쉬는 호흡 소리만 존재했죠."

마지막 순간에, 명상을 도와주는 사람들 중 한 명이 모두에게 권했다. 눈을 뜨고, 발가락을 꼼지락거려 자신의 몸과 접촉하며, 그들의 의식을 다시 지금의 방 안으로 되돌리라고 말이다. 프로그램은 이렇게 끝났고, 모두 작별의 악수를 나눴으며, 자원봉사팀은 꼬불꼬불한 복도를 통해 밖으로 나왔다.

"교도소 문 밖을 나서면서 우리는 조금 전에 있었던 일을 생각해보았습니다. 우주는 노트북 컴퓨터나 테이프 레코더, 자신을 알리기 위해 내는 소리 같은 것을 필요로 하지 않는다는 것이 핵심이었습니다. 마음을 진정시키고 영혼을 마음의 지혜에 맡기면 미래가 들어오고,

침묵

그야말로 평온함과 존경심이 어우러집니다."

집단 침묵에는 우리를 연결하고 열중하게 하는 강력한 무언가가 있다. 예상치 못한 일이 벌어져 우리가 진로에서 벗어나거나 상황이 우리에게 불리하게 돌아갈 때, '공백을 채우기 위해' 무언가 하려고 허둥거리는 대신 속도를 늦추고 침묵을 지키며, 잠깐 멈춘 채 기다려보자. 이 몇 초가 영겁의 시간처럼 느껴질 수도 있지만, 침묵은 새로운 무언가가 등장할 수 있는 공간을 열어줄 가능성을 갖고 있다. 이윽고 이것은 우리에게 있는 그대로를 받아들일 수 있는 수행, 통제를 하려는 우리의 본능을 완화할 수 있는 수행이 될 수 있다.

분별력으로서의 침묵

퀘이커교(The Quakers)로 더 잘 알려진 프렌드 협회(The Society of Friends)는 함께 일하기 전에 집중하기 위해 침묵을 이용하는 훌륭한 전통이 있다. 작가이자 교육가, 행동주의자인 파커 파머(Parker Palmer)는 이런 사례 중 하나에 대해 다음과 같이 말한다. "한 공동체 회의에서 우리는 어떤 문제를 놓고 의견이 분분했습니다. 시간이 부족해서 그 문제를 다음주까지 미루기로 합의했는데, 그 한 주 내내 서로의 감정이 격해졌고, 상반된 견해 차이도 심화됐습니다. 우리는 간절한 마음으로 다음 회의에 모였고, 조급하게 이 문제를 해결하려 했습니다. 그곳은 퀘이커교 공동체였기 때문에 회의 전에 5분간 침묵의 시간을 가져야 했는데, 그날 서기는 이 문제에 대한 논의가 격렬하기 때문에 평소처럼 5분간의 침묵 시간은 가지지 않을 것이라고 공지했습니다.

그 말을 들은 우리 모두가 안도의 한숨을 쉴 때, 서기의 목소리가 들려왔습니다. "오늘 우리는 20분간 침묵의 시간을 가질 겁니다."[74]

미네소타주 세인트클라우드 주립대의 회계학 수석 교수이자 전문 강사인 브루스 '하브' 부스타(Bruce 'Harv' Busta)는 어려운 상황에 직면했을 때 어떻게 침묵을 활용해 자기 자신에게 귀 기울일 시간을 마련할 수 있는지 설명한다.

"나는 퀘이커 교도입니다. 우리는 신이 우리에게 직접 이야기할 수 있으며 실제로 이야기를 한다고 믿습니다. 우리는 조용히 앉아 명상에 잠긴 채 신과 우리 자신 그리고 서로에게 귀를 기울입니다. 올바른 길을 감지하기 위해서 말이죠. 귀 기울여 들으려면 연습이 필요합니다. 우리는 '집중하기 위해' 우리의 지식과 문제, 걱정거리를 놓는 것부터 시작하고, 가슴과 마음을 열기 위해 귀를 기울이는 데 초점을 맞춥니다."

하브에게 분별력을 얻는 과정은 더디다. 전형적으로 이것은 번쩍 떠오르는 통찰력이나 문제에 대한 빠른 해답이 아니다. 오히려 마음이 차분해진 상태에서 조심스럽게 바라는 것이 명료해질 때까지 기다리는 반복적인 과정이다. 하브가 설명하는 바와 같이 '흐릿함이 차츰 걷혀가는' 과정인 것이다.

어느 날 하브는 사무실에 앉아 수북이 쌓여 있는 연구거리들을 바라보았다. 종신 교수로서 그는 하나의 주요한 연구에 모든 것을 쏟아야 할 정도의 재직 기간만 남은 시점에 와 있었다. 문제는 '어떤 것을 연구할 것인가'였다. 추구할 가치가 있는 흥미로운 연구거리는 무궁무진했고, 그중 상당수에는 깊은 관심을 가지고 있었다. 하지만 자신에게 남은 시간을 고려하면 그 수많은 길 중 오직 하나에 전념할 시간밖에 없다는 것을 알고 있었다. 이것은 분별력을 얻기 위해 하브가 침묵을 활용할 수 있는 완벽한 기회였다.

그래서 명료함을 찾기 위해 (중략) 나는 시작했습니다. 침묵 속에 앉아 먼저 내가 결정해야 할 것에 대해 생각합니다. 그러고 나서 그것에 대해 더 이상 생각하지 않으려고 노력합니다. 그냥 침묵이 내게로 흘러와 나를 씻어내도록 몸과 마음을 맡깁니다. 천천히 호흡하면서 귀를 기울입니다. 긴장을 풀며 정신을 맑게 합니다. 결정해야 할 문제가 다시 살금살금 내 머릿속으로 들어옵니다. 나는 부드럽게 그것을 밀어내고 다시 집중하며, 그것에 대해 생각하지 않으려고 노력합니다. 어떤 것도 생각하지 않으며, 그저 귀를 기울입니다. 마음이 맑아지면서, 서서히, 아주 서서히 마음속의 생각이 사라집니다. 마음이 열리고 메시지가 시작되는 소리를 듣게 됩니다. 이때부터 명료해지기 시작합니다. 마치 진흙탕인 수영장과 같습니다. 아무것도 하지 않고 가만히 내버려두면, 진흙이 가라앉기 시작합니다. 우리의 생각도 마찬가지입니다. 아무것도 생각하지 않으면, 혼란스러운 마음이 걷히고 명료함이 찾아옵니다. 20분이 흐르고, 30분이 흘러갑니다……. 어떤 일이 생겼을까요? 전광석화처럼 스쳐가는 생각이요? 명확한 신의 계시요? 글쎄요, 그런 일이 일어나는 경우는 극히 드뭅니다. 하지만 침묵과 내려놓음은 우리를 좀 더 편안하고 차분하게 해줍니다.

서서히 시간이 흐르면서(아마 몇 달 정도 지났을 것이다) 하브는 단편적인 명료성의 조각들을 얻기 시작했다. '어떤 연구가 자기 자신과 주변 사람들에게 가장 좋을까?'라는 퍼즐의 조각들을 하나씩 끼워 맞추기 시작한 것이다. "이 길은 신이 내가 따르길 원하는 길입니다. 꼭 내가 기대하거나 바라는 길이 아닐 수도 있다는 뜻이죠." 분별의 과정에서는 우리가 신뢰하며 속마음을 털어놓을 수 있는 사람들을 아우르는 것이 중요하다고 하브는 설명한다. 그들과 함께 우리가 결정해야 할 것들을 탐구할 수 있기 때문이다. 이 사람들의 역할은 조언이나 지침을 제공하는 것이 아니라, 오히려 다양한 관점에서 문제를 살펴볼 수 있도록 돕고 걸림돌과 장애물에 대해 논의하는 것이다.

"분별력은 통찰력이나 훌륭한 판단 그 이상의 것입니다. 이 과정은 결과를 결정하는 지적인 훈련이 아닙니다. 내면의 신성한 소리를 찾아 귀를 기울이는 과정입니다. 우리의 마음을 맑게 하며 시작되는 메시지를 들을 수 있도록 마음의 문을 여는 것입니다."

4

귀를 기울이라

연구에 따르면, 의사들은 대개 환자가 크게 불편한 점을 이야기하는 것을 겨우 23초 정도밖에 듣지 않으며 그들의 말을 끊고 논의의 방향을 바꾼다. 로체스터 대학교 메디컬센터의 하워드 베크먼(Howard Beckman) 박사와 동료들은 의사들이 환자의 말에 귀를 잘 기울이지 않으며, 대화의 방향을 전환함으로써 중요한 데이터를 입수할 기회를 놓칠 수 있다는 사실을 보여주었다.[75] 이 연구는 또한 의사들이 질문을 시작하기 전에 환자가 말할 수 있도록 6초만 더 기다려준다면 그들이 우려하는 증상을 모두 말할 수 있을 것이라고 밝혔다. 의사들은 보통 첫 번째 우려하는 증상에 대해 듣기가 무섭게 말을 가로채기 때문에, 다른 중요한 문제를 입 밖으로 꺼내지 못한 환자가 많았다.

MIT의 부교수이며 프리젠싱 연구소의 설립의장인 오토 샤머는 'U

이론(Theory U)'의 창시자다. 이 이론은 그가 '프리젠싱(Presencing)'이라고 부르는 개념에 기반을 두고 있는 하나의 프로세스다. 프리젠싱은 집중력이 강화된 상태로 표현되며, 개인이나 그룹이 자신의 기능을 발휘하는 장소에서 내면의 장소로 이동할 수 있게 한다. 그렇게 함으로써 가능성이 나타나는 공간에서 활동을 시작할 수 있다.[76] U 이론을 통해 샤머는 네 가지 유형의 청취 방법을 설명한다.[77]

1) 다운로딩(Downloading): 순전히 자신의 판단을 재확인하기 위해 듣는 것이다. "이미 알고 있었어요."라는 식의 반응을 보인다. 우리는 자신이 이미 알고 있다는 사실을 확인하길 원한다.

2) 사실적(Factual) 경청: 더 많은 데이터 수집을 위해 사실에 주의를 기울인다. 자신이 아직 모르는 것을 추구한다.

3) 공감적(Empathic) 경청: 열린 마음으로 귀를 기울이며 진정으로 대화에 참여하고 상대와 나누는 이야기에 주의 깊게 관심을 기울임으로써 유대감을 쌓을 수 있다. 우리는 자신의 문제에 대한 것을 잊고 그들의 관점을 통해 세상을 본다.

4) 생성적(Generative) 경청: 우리 자신보다 더 큰 무언가와 한층 심화된 차원의 관계를 맺는다. 이런 경험을 설명하기는 어렵지만, 이것은 '기상천외한' 특성을 가지고 있다. 모든 사물이 느리게 움직이며 우리 앞에 펼쳐지는 세계에 온전히 존재한다.

나딘 매카시(Nadine McCarthy)는 아일랜드의 기업 전문 코치다. 아직 수습 코치였던 2006년, 그녀는 한 아일랜드 회사의 최고경영자인 고객과 관련된 프로젝트에 관여했었다. 다면적 성과 피드백에 따르면 이 최고경영자는 강력한 리더십을 보여줬지만 편안한 마음으로 스트레스 없이 일하는 능력이 부족했다. 나딘이 코치하는 시간에, 이 최고경영자는 문제가 그녀 자신과 다른 사람들에 대한 비현실적으로 높은 기대치, 그리고 극도로 오랜 시간 동안 일하는 데서 오는 스트레스 때문이라는 것을 깨달았다. 이 최고경영자의 강력한 리더십 자질을 감안했을 때, 그녀가 "나는 제대로 하는 게 하나도 없어. 결국 안 될 거야." 같은 말을 하는 것을 듣고서 나딘은 충격을 받았다. 나딘은 코칭 시간에 점점 좌절감을 느끼게 되었고, 정신이 산만해졌으며, 자기가 무능력해 고객을 도울 수 없다는 생각에 스스로에게 실망감을 느꼈던 것을 기억한다. 그녀가 자세히 묻거나 질문을 많이 할수록, 이 최고경영자는 더욱 불안해했다.

"문득 그 순간, 사실 내가 고객보다는 오히려 나 자신에게 귀를 기울이고 있다는 것을 깨달았어요. 나는 내 머릿속의 목소리에 귀를 기울이고, 어떻게 그녀를 도울 수 있을지 걱정하며, 내가 과연 좋은 코치인가라는 질문과 함께 그녀가 지금 나를 어떻게 생각할지에 대해 궁금해했어요. 내가 수습 코치에 불과하다는 사실을 명백하게 깨닫는 순간이었죠."

이런 혼란의 한가운데에서, 나딘은 이 최고경영자가 코칭 시간 중에 자신의 아버지에 대해 여러 차례 언급했던 것을 떠올렸다. 나딘은 이 단서를 따라가보기로 결정했다. 그러나 이번에 그녀는 단지 최고경영자의 이야기에 귀를 기울인 것뿐만 아니라 고객이 어떤 식으로 앉고, 호흡하며, 어떤 표정을 짓는지 세심한 주의를 기울였다.

"나는 가만히 있었어요. 내 모든 감각을 통해 그녀의 말을 듣고 있다고 느껴질 때까지 그저 귀를 기울였죠. 바로 다음 단계가 펼쳐질 거라고 믿으면서요. 이런 식으로 귀를 기울이자, 그녀가 하는 모든 말이 명료해지는 것 같았어요. 나는 마음의 눈으로 그것을 볼 수 있었죠. 그러고 나서야 그녀가 하는 말은 그저 긴장을 푸는 법을 배워야 한다는 의미라는 것을 알았어요."

나딘은 이 실마리를 가지고, 시각화를 통해 그녀의 고객이 자신의 몸과 마음의 긴장을 풀 수 있도록 그녀를 이끌었다. 서서히 이 최고경영자의 얼굴 표정이 부드러워졌으며, 호흡이 편안해졌다. 얼마 후 그녀는 눈가에 눈물이 맺혔고, 아버지에 대한 강렬한 기억을 떠올리기 시작했다. 그녀는 막 첫 학사 학위의 결과를 받았을 때의 일을 설명했다. "나는 2:1 등급의 학위(두 번째로 높은 등급의 학위)를 받고서 정말 기뻤어요. 나는 부모님과 함께 축하하기 위해 서둘러 집으로 갔어요. 아버지는 축하하기 위한 샴페인의 병을 따면서 이렇게 말씀하셨어요. '1등급 학위를 받지 못하다니 안됐구나!'" 최고경영자는 이 말을 하고 나서 멈칫했다. 왜 지난 26년 동안 자신을 그렇게 가차없이 몰아붙였는지 새로운 통찰을 불현듯 얻게 되자, 그녀는 두 눈을 깜빡거리고 고개를 내저으며 망연자실한 표정으로 말을 잇지 못한 채 나딘을 바라보았다. 나딘은 지난 일을 되새겨본다. "'모르는 것'에 자신을 맡기고 진정으로 귀를 기울이자 정말 마법과 같은 일이 일어났어요."

생성적 경청은 고대 문명만큼이나 오래되었다. 우리는 세계에서 가장 오래된 토착 문화를 가진 호주 원주민들로부터 이것을 배울 수 있다. 그들은 앉아서 듣고, 보며, 기다림을 통해 생성적 경청법을 배우는 데 이를 '다디리(dadirri)'라고 한다. 노던테리토리 주의 데일리강(Daly river) 출신의 예술가이며 원주민 부족의 원로인 미리엄 로즈 운군메르바우만(Miriam-Rose Ungunmerr-Baumann)은 이 특별한 자질을 '내면의 깊은 경청이며, 조용하고 고요한 인식'이라고 설명한다.[78]

다디리는 우리 내면에 있는 깊은 샘을 인식합니다. 다디리에서 중요한 부분은 듣는 것입니다. 다디리를 경험하고 나면 완전히 새롭게 태어납니다. 나는 강기슭에 앉아 있을 수도 있고 나무들 사이를 거닐수도 있습니다. 나와 가까운 누군가가 죽었다 하더라도 이 조용한 의식 속에서 평온함을 찾을 수 있습니다. 말을 할 필요가 없습니다. 우리 부족 사람들은 침묵을 두려워하지 않습니다. 침묵 속에서 집에 있는 것처럼 편안하게 지낼 수 있는 그들은 자연의 고요함과 더불어 수천 년을 살아왔습니다.[79]

5

가정에 도전하라

"예술의 적은 가정이다. 자신이 무엇을 하고 있는지 안다는 가정, 어떻게 걷고 어떻게 말해야 하는지 안다는 가정, 자신이 '의도하는' 것을 다른 사람들이 의도한 그대로 받아들일 거라는 가정, 이 모두가 예술의 적이다."

— 앤 보거트(Anne Bogart), 연극 연출가

31세의 파키스탄인 모빈 아스가르 라나(Mobin Asghar Rana)는 사우디 아라비아에서 일용 소비재의 판매를 관리하는 역할을 맡았는데, 그는 자신이 전혀 새로운 영역에 발을 들여놓았음을 알았다. "나는 다른 방식으로 일을 해야 했고 개인적인 생활이나 직장생활을 즐겁게 하려면 위험을 감수해야 했어요. 나는 또한 내 신념이 '알려지지 않은 공간'을 탐구할 수 있는 힘을 준다고 믿습니다. 나는 성경에 나오는 새 이야기를 좋아합니다. 다음 끼니를 어떻게 해결해야 할지 걱정하지 않는 새들에 관한 이 우화는 우리가 걱정하고 있을 때에도 자연스럽게 발생하는 기본적인 신뢰를 보여줍니다."

탐구하는 사고방식을 고무하는 경쟁적인 환경에서 자란 덕분에 편안한 마음으로 미지의 세계에 발을 들여놓긴 했지만, 모빈은 새로 맡은 역할이 자신에게 완전히 새로운 도전이 될 것을 알았다. 그는 새로운 나라에 있었고, 그 나라의 말을 할 줄 몰랐으며, 새로운 팀과 팀원들을 책임져야 했다.

"긴장됐지만, 동료들은 훨씬 더할 거라는 생각이 들었습니다. 우리 대부분은 양식과 문화가 비슷한 사람들과 함께 일하는 것을 편하게 생각합니다. 게다가 다른 공동체의 사람들은 우리를 이해하지 못할 것이라는 선입관을 가지고 있습니다."

자신의 팀이 그의 문화에 대해 가지고 있는 고정관념이 함께 일하는 데 걸림돌이 된다는 것을 모빈은 깨달았다. 특히 몇몇 사람들이 아랍 문화는 남아시아 문화보다 우월하다는 믿음을 가지고 있는 것이 문제였다. "이런 믿음은 여러 해 동안 누적된 경험에서 나온 것인데, 근로 계층 중 육체노동을 하는 남아시아 출신의 사람들이 많기 때문입니다. 그들이 나를 그들의 상사처럼 여기는 것은 사회적 규범이나 문화적 규범 때문이 아니라 바로 이런 고정관념 때문이었습니다." 이런 가정이 독재자처럼 권력을 휘둘러서 바뀔 수 있는 게 아님을 알게 된다. 모빈은 이에 대해 터놓고 말하고 개개인 한 명 한 명과 친분을 쌓음으로써 현재 팀이 '아는 것'에 관여하고 이에 도전하기로 결심했다.

사전에 대책을 마련하기 위해 의심을 활용하면 우리의 가정과 믿음에 도전하는 데 도움이 되고, 흑백으로 양극화된 세계에 보다 미묘한 색조를 띤 회색 지대를 도입할 수 있다. 대체적으로 선택할 수 있는 방안들을 검토하다 보면 사람들이 자주 다니는 길이라는 제약에서 자유로워질 수 있으며, 이전에 보지 못했던 새로운 기회의 문을 열 수도 있다. 우리가 어떤 가정을 할 때, 그 가정에 대해 알아보고 이를 '보류

지옥

왼쪽으로 가라

오른쪽으로 가라

천국

해야 할지' 판단하는 데 필요한 핵심 기술은 여유를 가지고 충분히 질문을 해보는 것이다. 이처럼 일시적으로 판단을 '보류하는 것'을 '괄호묶기(bracketing)'라고 한다. 우리는 가정을 하기보다는 계속 열린 마음으로 귀를 기울이고 더 많은 질문을 해야 한다.

게슈탈트(Gestalt, 부분이 모여서 된 전체가 아니라 완전한 구조와 전체성을 지닌 통합된 전체로서의 형상과 상태 – 옮긴이) 치료사 필 조이스(Phil Joyce)와 심리치료사 샬럿 실스(Charlotte Sills)는 누군가 승진한 상황을 예로 든다.[80] 우리는 이렇게 말하고 싶을 것이다. "축하해요, 좋으시겠어요." 하지만 이것을 잠시 괄호 묶기로 보류하고 어떤 기분이냐고 물어본다면, 다음과 같은 놀라운 대답을 들을지도 모른다. "죽겠어요. 상사가 그만두는 바람에 일은 두 배로 늘었는데, 급여는 그대로라니깐요." 또 다른 예로 "나 보고 그만 나오래."라는 말을 한 동료로부터 듣는다면 대개는 위로의 말을 전하고 싶겠지만, "그래서 어떻게 할 거야?"라고 물어본다면 "실은 오래전부터 그만두고 싶었어. 마침 나가라니 잘된 거지."라는 대답을 들을지도 모를 일이다.

6

권위와 전문 지식에 도전하라

"의심의 자유는 초창기 과학의 권위에 맞서기 위한 투쟁에서 태어났다.

이것은 매우 심오하고 강력한 투쟁이었다."

– 리처드 파인만(Richard Feynman), 물리학자

우리는 베살리우스에 관한 이야기로 이 책의 첫 장을 열었다. 이제 그의 이야기로 돌아가보자. 1537년은 베살리우스에게 풍성한 배움의 해였다. 학업에 박차를 가한 그는 1년도 채 안 돼서 의학 학위를 받았고, 졸업을 하자마자 불과 23세의 나이로 외과 의학 교수 겸 해부학 교수로 임명되었다. 이 새로운 역할을 맡게 되면서 베살리우스는 대부분의 시간을 그가 제일 좋아하는 일에 집중하는 데 썼다. 바로 해부를 통해 인체의 모든 부분을 아주 상세하게 탐구하는 일에 몰두한 것이다. 1537년 12월 자신의 첫 번째 공개적인 해부 행사에서 베살리우스가 기록한 것들은 그의 획기적인 접근법에 대한 뛰어난 통찰력을 제공한다. 갈레노스식 의술(Galenism)에 대한 도전의 시작이었다.

파도바 대학 역사상 최초로, 의대 교수가 전통을 깨는 일이 발생했

다. 베살리우스는 그의 권좌에서 내려와 직접 메스를 들었으며, 외과 의나 조수 없이 18세 남성의 시신을 해부하기 시작했다. 그는 당시의 관습대로 먼저 배를 연 다음 가슴을 절개했으며, 계속해 머리와 목을 절개한 다음 뇌를 열었고, 마지막으로 팔과 다리를 해부했다.[90] 해부 행사 도중 인체와 비교할 목적으로 해부한 개를 사용했는데, 이것은 후에 그의 트레이드 마크가 되었다. 하지만 이 해부 행사에서 가장 놀라운 점은 베살리우스가 말 그대로 자신의 손을 더럽혔다는 것이 아니라, 전적으로 갈레노스의 문헌에 의존하지 않고 해부 과정 동안 자신이 관찰한 것들을 이용하고 스스로 판단을 내리기로 결정했다는 사실이다. 그의 노트에는 세세하게 관찰한 내용들과 해부 과정에 대한 접근법이 기록돼 있다. "나는 해부학적 절개가 추측한 것을 확인하는 데 이용될 가능성을 신중히 고려하였다."[81]

파도바 대학에서 실시한 베살리우스의 첫 해부는 그의 비범한 경력이 시작된 출발점이었다. 그의 핵심 철학은 바로 그때 싹텄으며, 이것은 현대 해부학 과정을 형성하는 기반이 되었다. 다시 말해 그는 자신의 조사와 연구를 통해 그것이 사실이라고 입증될 때까지 과거의 권위를 받아들이길 거부했다.[82] 다음 몇 년 동안 그의 해부는 그 시대에 가장 광범위한 해부학적 탐구로 받아들여졌다. 그는 연구를 통해 갈레노스가 범한 실수들을 점점 더 많이 밝혀냈으며, 갈레노스가 틀림없이 모두 옳은 것만은 아니라는 생각을 확고히 굳혔다. "갈레노스의 설명이 항상 일관적이지는 않다."[83] 베살리우스는 많은 차이점을 찾아냈다. 예컨대, 인간의 가슴뼈는 갈레노스가 주장한 바와 같이 일곱 개가 아니라 세 개의 부분으로 구성돼 있다는 사실과 상완골(윗팔뼈)이 인체에서 두 번째로 긴 뼈가 아니라 네 번째로 긴 뼈라는 사실 등이었다. 그는 더 이상 갈레노스가 쌓아 올린 견고한 권위의 충실한 추종자가 아니었다.

　배살리우스의 획기적인 업적은 의학도와 의학자 모두의 감탄을 자아냈지만, 그 시대의 독실한 갈레노스 지지자들은 그의 불순종적인 태도를 비난했으며, 그가 단지 메스를 든 해부자에 불과하다고 여겼다. 그는 주로 젊은 의학도들로 구성된 100명 이상의 군중을 공개적인 해부 행사에 늘 끌어 모았지만, 구경꾼들 중 보수적인 성향의 사람들은 그의 교육 기법에 넌더리를 내며 종종 자리를 뜨곤 했다.[84] 배살리우스는 갈레노스의 연구결과가 인체 해부를 토대로 한 것이 아니라 원숭이와 돼지, 염소 등과 같은 동물들의 해부를 토대로 하고 있다는 사실을 알아냈을 때 비약적인 발전을 이루었다. 로마 시대에 인체 해부는 불법이었기 때문에 갈레노스는 인체에 대해 알기 위해 동물 해부에 의존할 수밖에 없었던 것이다.

　배살리우스가 갈레노스의 연구결과에 전면적으로 이의를 제기하기까지는 불과 2년밖에 걸리지 않았다. 학생들에게 갈레노스가 어떻게 틀렸는지 보여주기 위해 강의할 때, 그는 사람의 뼈대와 동물의 뼈대를 비교하며 그 차이를 설명했다. 또한 학생들에게 갈레노스의 주장을 검증할 기회를 주었고, 그들이 직접 관찰하고 인체에 대해 스스로 판단을 내리게 했다. 그는 이후 4년간 자신이 연구하고 발견한 것들을 토대로 광범위한 해부학 책을 집필하는 데 전념했다. 그는 이 책에 '드 휴마니 코르포리스 파브리카 리브리 셉템(De humani corporis fabrica libri septem)', 즉 '인체구조에 관한 일곱 권의 책(The Seven Books on the Structure of the Human Body)'이라는 제목을 붙였는데, 이 책은 흔히 '파브리카(The Fabrica)'라고 불린다. 파브리카는 갈레노스의 전통을 충분히 접목했고, 독자적인 관찰과 탐구를 기반으로 베살리우스의 선구적인 해부학 접근법을 알리기 시작했다.

베살리우스는 의학계에 새로운 진로를 개척했으며, 300년 후 등장한 다윈의 진화론을 비롯해 이후 수많은 과학자들의 연구에 영향을 미쳤다. 파도바는 유럽에서 가장 유명한 해부학의 무대가 되었으며, 이 대학은 지금까지도 자유로운 사고를 통한 연구와 가르침으로 정평이 나 있다.

베살리우스는 새로운 무언가를 보기 위해 기존의 지식에 눈을 감아야 했다. 때때로 우리는 기존의 합의된 지식을 한쪽으로 밀쳐놓고 사람들이 오랫동안 진리라고 여겨왔던 지식들의 가정에 도전해야 한다. 이처럼 기존의 합의된 지식을 의도적으로 '한쪽으로 밀쳐놓'으면, 현재 아무런 지식도 없는 것'처럼' 탐구할 수 있다. 이를 통해 우리는 진리라고 생각했지만 실은 그저 '일시적인 진리'였던 것들, 즉 어느 한 시점에 맞는 것으로 보였던 견해들을 찾아내 도전할 수 있다.

영국의 작가이자 경제학자인 노리나 허츠(Noreena Hertz)는 TED 강연에서 '전문지식의 민주화'에 대해 말하면서 증거와 가정, 누락됐을 가능성이 있는 것들에 대한 질문을 준비해 전문가들에게 기꺼이 도전하라고 우리를 독려한다. 그녀는 전문가들의 견해를 듣고 토론할 수 있는 이의 제기의 공간을 만들어 관리하는 것을 공개적으로 지지

한다. 이곳에서는 다양한 견해와 상충하는 견해, 이단적인 견해로부터 나온 지식이 허용될 뿐만 아니라 자신의 전문 지식을 과시하는 것이 아닌, 당면한 가장 어려운 문제를 해결하려고 노력하는 것에 초점을 맞추라고 격려한다.

7

질문하라

"만일 한 시간 만에 문제를 풀어야 하고 그 답에 따라

내 목숨이 좌우된다면, 나는 우선 적절한 질문을 찾아내는 데

55분을 쓸 것이다. 적절한 질문을 알아내기만 한다면

문제를 푸는 데는 5분도 채 걸리지 않을 것이기 때문이다."

– 알베르트 아인슈타인

스티븐의 이야기로 이 장을 시작해보자.

북런던에서 한 선사(禪師)를 만났던 일이 기억납니다. 보구밀라 말리노브스카(Bogumila Malinowska)라는 폴란드 이름을 가진 자안(Ja An) 선사는 갈색빛이 감도는 회색 머리를 가진 가냘픈 여성이었어요. 그녀가 선원(禪院)의 문을 열어주며 인사와 함께 나를 따뜻하게 맞이해줬어요. 그 선원은 그녀가 생활하고 있는 집이기도 했어요. 복도에서 자전거에 걸려 하마터면 넘어질 뻔했는데, 신발들이 많이 있었던 것 같아요. "내 아들 거예요." 그녀가 넘어지려는 자전거를 잡으며 설명했어요. '선사들조차 십대들과 살면 어수선할 수 있구나'라는 생각이 들면서 일종의 안도감을 느꼈어요. 모든 게 아주 평범해 보였어요.

문을 두드리기도 전에 나는 '선사라면 행동하는 게 어떻게 다를까?' 라는 기대를 하고 있었어요. 나는 그녀가 다른 볼일을 보고 숨 가쁘게 막 돌아오는 모습을 예상하진 않았어요. "편안하게 생각하세요." 그녀가 달마의 방을 보여주며 내게 말했어요. 거실처럼 보이는 그곳에는 깨끗한 나무 바닥에 방석이 두 줄로 가지런하게 놓여 있었고 한쪽 끝에는 불상이 있었어요. 방의 창문을 통해 파노라마처럼 펼쳐진 북런던의 경치가 눈에 들어왔어요. 부엌 문 위에는 관음 선원의 역대 선사들의 사진, 맨 오른쪽에는 선종을 서양으로 들여 온 숭산(Seung Sahn) 선사의 사진이 있더군요.

"선의 본질이 무엇입니까?" 내가 묻자 그녀가 대답했어요. "스스로 경험하는 겁니다……. 모르는 것을 말입니다. 자기 본연의 모습을 찾고 다른 사람인 양 행동하지 않는 것입니다. 이것이 하나의 과정이라는 것을 이해해야 해요. 끝이 없는 과정 말이에요. 매 순간 새로운 것을 배우며, 의식이 깨어 있는 상태로 존재해야 합니다. 우리 자신이나 다른 사람에 대해 어떤 견해를 갖거나 판단을 내려서는 안 됩니다."

말의 가르침이 아니라 본질적으로 존재하는 방식의 가르침이라는 발상이 나는 마음에 들었어요. 하지만 선에서, 이 경지에 도달하는 방법으로 종종 말을 사용한다는 것을 알고 있었어요. 말의 차원을 넘어서는 말, 즉 선문답을 통해서 말이죠. 선문답은 수련생들이 곱씹어야 하는 말이에요. '한 손으로 박수를 치면 어떤 소리가 나는가?'라는 유명한 선문답을 나는 알고 있었어요. 그래서 나는 자안 선사에게 물었죠. "선사님의 첫 선문답을 기억하십니까?" 그녀는 깊은 생각에 잠겨 기억을 떠올리려고 하는 것처럼 보였어요. 아마도 그녀는 지난 몇 년간 수많은 선문답을 했을 거예요. 선의 전통 속에는 1,300개가 넘는 선문답이 있거든요.

다른 수련생들과 숭산 선사가 함께한 자리에서, '왜 하늘은 파란가?' 라는 물음이 내가 받은 첫 선문답이었습니다. 선문답을 통해 언제든지 더 깊이 들어갈 수 있습니다. 선문답은 해답을 찾기 위한 것이 아니라, 우리의 삶에서 그것이 어떤 영향을 미치는지 탐구하는 과정입니다. 어떤 사람들은 서양식 학습 방법이 몸에 배어 있기 때문에 이것이 해답을 찾기 위한 것이 아니라는 사실을 받아들이는 데 무척 애를 먹습니다. 사람들은 무언가를 성취하길 원하며, 인증서를 받거나 인정을 받고 싶어 합니다. 그들은 항상 '깨달음을 얻으려면 얼마나 수련해야 합니까?' '선사가 되려면 얼마나 걸릴까요?'라는 질문을 던지죠. 지적인 탐구에서 직관적인 탐구로 전환하기가 그들에게는 매우 어렵습니다. 선문답을 받기 전에 선사가 "바닥을 쳐야 한다."라고 말씀하셨던 것이 기억납니다. 왜 그가 그렇게 하라고 했는지 몰랐지만 나는 바닥을 쳤습니다. 그러니까, 사람들은 '왜' 그것을 하는지 알아야 합니다. 사람들은 성취하고 해답을 찾길 원합니다. 보통 우리가 삶에서 해답을 얻는 방법은 수집가들과 비슷합니다. 선은 해답의 소화(digestion) 과정에 더 가깝습니다.

자안 선사는 내게 선문답을 해보고 싶은지 물었어요. 나는 공책을 내려놓았어요. 갑자기 사람들의 시선이 무척 신경 쓰였지요. 나는 더 이상 기록자나 관찰자가 아니라 수련생이었어요. 자안 선사는 작은 나무 막대를 들고 내 눈을 바라보았어요. "선은 자기 자신을 이해하는 것을 의미합니다. 당신의 이름은 무엇입니까?" 갑자기 두려움이 생기며, 마음이 불안해졌고, 호흡이 얕아졌어요. 올바른 답을 얻기 위해 문답 장소로 돌아갔어요. 보통 이런 경우의 질문은 지적인 것이므로, 마찬가지로 지적인 대답을 할 수밖에 없었어요.

"당신의 이름은 무엇입니까?"라는 간단한 질문이 나를 무방비 상태로 만들었어요. 나는 어떻게 응답해야 할지 몰라 잠시 침묵을 지켰어요. "그러니까, 내 이름은 스티븐입니다." 마침내 내가 대답했어요. "나는 당신에게 주어진 이름을 물은 게 아닙니다." 자안 선사가 단호한 목소리로 말했어요. "당신의 이름은 무엇입니까?" 그녀가 다시 물었어요. 이제 나의 불안감은 점점 커져갔어요. 이번에는 부드러운 목소리로 자안 선사가 같은 질문을 반복했어요. "당신의 이름은 무엇입니까?" 시간이 멈춰버린 것만 같았어요. 내 이름조차 말할 수 없다고 생각하니 완전히 바보가 된 기분이었어요. 내가 말했어요. "그러니까, 그것은 아무것도 아니라고 할 수도 있고, 중요한 것이라고도 할 수 있습니다." 그러자 그녀가 말했다. "그것이 아무것도 아니라고 한다면, 이 정신봉으로 상징적인 의미로 당신을 30대 때리겠습니다. 그것이 중요한 것이라고 대답한다 하더라도, 이 정신봉으로 당신을 30대 때리겠습니다."

2012년의 런던이 아니었다면 그녀가 말로만 상징적으로 때리는 대신에 실제로 정신봉을 사용했을 것이라는 인상을 받았습니다. 내가 애쓰는 모습을 보자, 그녀는 내게 글귀를 하나 주며 읽어보라고 했어요. 그 글귀는 구름이 어떻게 오가는지 설명하면서 구름은 실체가 없는 존재라고 말하고 있었어요. 다시 그녀가 물었어요. "당신의 이름은 무엇입니까?" "솔직히 어떻게 대답해야 할지 모르겠습니다."라고 내가 대답했어요.

갑자기 그녀가 손바닥으로 바닥을 치며 귀청이 따가운 소리를 냈어요. 아무 말도 없었어요. "당신의 이름은 무엇입니까?"라는 질문은 내가 해답을 찾도록 도우려는 시도가 아니라, '모르는 것'의 순간을 경험하도록 도우려는 의도였어요. 나는 그녀가 손으로 바닥을 때리는 소리를 들었어요. 나는 내 생각에서 벗어났어요. 대신 무언의 공간이 생겼어요. 내가 어떤 말을 사용한다 하더라도 그것을 설명할 수 없을 거예요. '공(emptiness)'이라는 말조차 거짓말일 겁니다. 무언가가 무언의 공간으로 들어왔어요. 이 순간, 불현듯 내가 차 한 모금 마시지 않았다는 것을 깨달았어요. 문득 우리는 시계를 보았는데, 어느새 자안 선사가 운전 수업을 받아야 할 시간이었어요. 나는 자안 선사에게 감사의 말을 남기고, 그녀가 서둘러 운전 수업을 받는 학생으로 변모하는 모습을 보며 밖으로 나왔어요.

한국에서 10년간 비구니 선승으로 선을 가르쳐온 마틴 배첼러(Martine Batchelor)는 우리에게 질문과 하나가 되라고 권한다. 대답하기보다 질문하는 습관을 개발한다는 것은 단어의 의미가 아니라 물음표에 초점을 맞춘다는 의미다. 이를 통해 현재의 순간에 마음을 활짝

3장 미지의 세계를 탐험하는 즐거움

열 수 있으며, 지식과 안전에 대한 우리의 욕구를 내려놓을 수 있다.[85]

이미 답을 알고 있는 질문을 던지면 단지 우리가 아는 것을 강화할 뿐이다. 이것은 일시적인 만족감을 준다. 만약 아직 답을 모른다면, 우리는 제일 먼저 떠오르는 답을 받아들이는 경향을 가지고 있다. 첫 번째 답에 안주하지 않고 계속 질문을 하면 균형을 깨뜨리게 되고, 불편해지며, 일반적으로 직장에서 보상을 받지 못하게 된다. 혼란과 불확실성이 클수록 해답은 더욱 매력적으로 느껴진다. 질문을 계속함으로써 우리의 포용력을 키우고, 알려지지 않은 것을 다루는 우리의 능력을 향상시킬 수 있다. 이것은 또한 어떤 일이 벌어지고 있는지, 그리고 우리가 어떤 방안을 선택해야 할지에 대해 보다 많은 정보를 우리에게 제공한다.

유로스타는 프랑스와 영국 사이의 영국 해협(English Channel) 아래를 달리는 고속열차 운영업체다. (유로스타의 주요 경쟁자들인) 항공사 요금과의 상대적 가격, 인건비와 운영비, 알려지지 않은 미래의 경쟁자들, 영상회의 시스템과 같이 여행을 대체할 수 있는 수단의 출현 등을 포함해 알려지지 않은 수많은 것들을 다뤄야 하는 복잡한 사업이다. 스티븐은 유로스타의 최고경영자인 니콜라스 페트로빅(Nicolas Petrovic) 그리고 그의 경영진과 함께 일한 적이 있는데, 니콜라스는 해답만큼이나 질문을 가치 있게 여기는 문화를 조성하는 데 있어 어려운 점을 다음과 같이 설명했다.

"위에서부터 조직의 라인을 따라 내려가보면, 대부분의 상급 관리자와 중간 관리자는 전문가로 구성돼 있습니다. 그들은 자신의 직원에 대해 알아야 한다고 믿지요. 나는 그들이 세부적인 내용과 유행어, 스프레드시트 같은 것들을 지나치게 중요시하는 모습을 종종 발견합니다. 그들로 하여금 세세한 것들로부터 한걸음 물러나고, 그 대신 자기 자신과 자신의 결정을 점검하는 것이 중요하다는 사실을 이해하도록 독려하는 것은 '모르는 것'의 문화를 만들어가는 데 필수적인 부분입니다. 예를 들면 '나라면 돈을 내고 이것을 하겠는가?' '내가 고객이라면 이것을 마음에 들어 할까?' 같은 질문들을 해보는 거지요."

우리는 직장에서 호기심과 다른 관점, 견해를 가지고 접근하며 자신에게 질문을 던져봄으로써, 그리고 다른 점과 다양한 가능성에 마음을 열고, 딜레마와 의심을 공유하기 위한 무대를 창출함으로써 질문을 활성화하는 방향으로 나아갈 수 있다. 우리는 해답에 대한 의존성을 강화하는 대신에 호기심과 질문에 대해 보상하는 편을 선택할 수 있을 것이다.

여덟,

어둠 속에서 도약하라

삶은 확실하지 않은 무언가의
한 형태이며, 다음에 무슨 일이
일어날지 어떻게 될지
모르는 것이다. 어떻게 될지
아는 순간, 우리는 조금씩
죽어가기 시작한다.
예술가가 어떻게 전적으로
알 수 있겠는가.
우리는 추측한다.
우리가 틀릴 수도 있지만,
우리는 어둠 속에서
겨듭 도약한다.

아그네스 드 밀(Agnes de Mille), 미국의 무용수이자 안무가

1

즉흥성을 발휘하라

변화를 주도하고 다른 사람들을 이끄는 일은 재즈처럼 즉흥적인 과정
이다. 예측불가성과 상황이 변화하는 특성을 다루기 위해 우리는 현
재에 충실해야 한다. 이것은 모든 순간에 내재된 가능성에 마음을 열
고, 필요하다면 현재의 계획을 놓을 수 있는 마음의 준비가 되어 있다
는 의미다.

'즉흥적으로 하다'라는 뜻을 가진 'improvise'라는 영어 단어는 '앞
날을 내다볼 수 없다'는 의미의 라틴어 'improvisus'에서 유래되었다.
즉흥성을 발휘하는 사람들은 놀이를 한다는 느낌으로 삶에 접근하며
자신이 좋아하는 것에 참여한다. 그것으로부터 즐거움을 얻을 수 있
기 때문이다. 그들은 제안에 대해 열린 마음과 수용적인 태도를 가지

고 있다. 멜버른 플레이백 극단(Playback Theatre Company)의 배우 알렉스 생스터(Alex Sangster)는 다음과 같이 설명한다. "누군가 당신에게 공을 던지고 당신이 그 공을 잡는 순간, 바로 게임이 시작되는 겁니다. 게임이 진행되면 마법과 같은 일이 일어날 수 있습니다. (중략) 현재에 충실하지 않는다면 당신은 그 제안에 완전히 마음을 연 것이 아닙니다. 그곳에선 가능성이란 없으며, 원하는 바도 실현될 수 없습니다. '모르는 것'에 참여하면 믿을 수 없을 만큼 자유로워지고 흥분됩니다."

알렉스는 즉흥 연기란 즉석에서 상황을 만들어내는 것을 의미한다는 일반적 오해를 가진 사람들과 종종 마주친다. 사실 즉흥성 발휘의 시발점은 그 구조를 아는 것이다. 훌륭한 재즈 음악가와 마찬가지로, 우리는 먼저 그 과정의 패턴과 의식적인 절차를 알아야 그것에서 벗어나 즉흥성을 발휘할 수 있다.

구조를 알면 경계를 정하는 데 도움이 되고, 실험을 위한 공간과 창의적인 과정이 일어나는 데 필요한 공간을 창출할 수 있다. 일단 규칙을 알고 나면 계획이 필요 없어지며, 악보 없이 연주할 수 있다. 재즈 피아니스트 키스 자렛(Keith Jarrett)은 "강물이 흐르는 대로 흘러가라."고 말한다.

영화 제작자 애나 베크만(Anna Beckmann)에게 즉흥성의 발휘란 다양한 기법과 신비로움을 결합해 훌륭한 영화를 만드는 것이다. 그녀는 "영화 제작 과정에서 '모르는 것'이란 측면은 전 과정 중에 가장 흥분되며 생산적인 잠재성이 있는 요소들 중 하나입니다."라고 이야기한다.

그녀는 왕성하게 작품 활동을 하고 있는 스웨덴의 영화 제작자 잉마르 베리만(Ingmar Bergman)을 예로 들었다. 주로 불확실하고 무의식적인 과정을 통해 영화 대본을 쓰며 영화를 감독했던 그는 자신의 의식적인 노력 대부분이 당혹스럽게도 실패로 끝나고 말았다는 사실을 인정한 것으로 알려져 있다. 영화 제작자들은 불확실하고 신비로운 요소가 지성과 감성을 이어주는 방법이라고 생각하며, 애나는 이것이 거의 모든 예술 과정에 필수적인 프로세스라고 믿는다. "지성과 감성 그리고 신비로움과 친숙함 사이의 긴장감이 가장 좋은 영화를 만드는 원동력이라고 생각합니다. 우리는 알려지지 않은 상황과 등장인물, 장소와 같은 것에 흥미를 느끼지만, 정교하게 제작된 영화 속으로 여행을 떠날 때면 문화적으로나 보편적으로 관련성이 있는 무언가가 계속 우리에게 말을 걸어옵니다."

애나는 잉마르 베리만이 영화를 만들 때 거치는 과정을 '확실성의 체계 그리고 혼돈과 불확실성의 창의적인 요소 사이의 경계에서 매우 섬세하게 이루어지는 작업'이라고 설명한다. "대본 집필 과정에서 그는 우선 자기 내면의 어떤 불확실한 측면이나 알려지지 않은 측면을 다루는 것부터 시작합니다. 그러고 나서 특징을 묘사하거나 이야기를 통해 문제를 해결하거나 탐구하려고 노력하지요."

베리만은 대본을 만드는 과정을 직관과 지성의 협업이라고 표현했다. "나는 어둠 속으로 창을 던져본다. 이것이 직관이다. 그러고 나서 그 창을 찾기 위해 어둠 속으로 군대를 파견한다. 이것이 지성이다."

그는 '빈틈없는' 최종 대본과 제작의 기술적 요소를 즉흥성 발휘의 토대로 활용했고, 통제할 수 있는 것들을 통제하는 동시에 배우들과 함께 불확실한 영역에 마음을 열고 들어갈 준비를 했다. 이 덕분에 예측할 수 없는 즉흥적인 요소가 생겨났으며, 애나의 말을 빌리면 그것은 '그의 작품을 통해 고동쳐 흐르는 형언할 수 없는 마법'이 탄생하는 데 도움이 된다.

즉흥성 발휘 과정에 대해 좀 더 깊이 있게 들어가보자. 당대의 영화감독이자 각본가인 마이크 리(Mike Leigh)는 불확실성을 그의 영화 제작 과정에 전적으로 포용한다. 리의 영화를 보다 보면, 그와 배우들이 어떤 장면을 연출해야겠다는 분명한 생각 없이 제작 과정에 들어갔다는 것을 뚜렷이 알 수 있는 경우가 종종 눈에 띈다. 이것은 그의 영화에 대단히 현실적인 느낌을 주는 데 기여하며, 실제로 우리 일상생활의 불확실한 특성을 반영한다. "그는 어떤 발상의 핵심을 가지고 시작합니다. 그리고 나서 즉흥적인 과정을 이용하며, 배우들과 함께 몇 달이고 작업에 들어갑니다. 그러는 동안 이야기와 등장인물들의 세부적인 요소에 살을 붙임으로써 마침내 창작자와 배우, 관객들의 진심 어린 탐구 활동의 산물인 영화를 완성합니다." 애나의 말이다.

다방면의 예술가이며, 조력자이자 연극 제작자인 라이사 브레슬라바(Raisa Breslava)는 '윔프(WIMP)'라는 연극의 제작 감독이라는 여정에 착수했을 때, 직관적으로 '모르는 것' 속으로 뛰어들었다. 이것은 2013년 9월 런던에서 빈센트 매나(Vincent Manna)라는 배우가 공연했던 일인극이었다. 이전에 무대 연극을 감독했거나 배우와 함께 일해본 적이 한 번도 없었지만, 라이사에게 즉흥성 발휘는 익숙한 경험이었다.

다시 한 번 말하지만 그녀는 무대 감독이 되기 위한 어떤 훈련도 받은 적이 없고, 배우들과 일을 해본 경험도 전무했다. 추가적인 훈련 없이 그녀는 직접 몸으로 부딪히며 이 분야에 대해 배우기로 결심했다.

나는 허공으로 뛰어들었어요. 한 배우가 나와 함께 일하는 데 관심을 보였고, 그래서 시작하게 됐죠. 배우와 어떻게 일해야 하는지에 대해 보편적인 매뉴얼이나 어떻게 예술을 창작해야 하는지에 대한 매뉴얼 같은 건 없었어요. 그냥 일단 시작한 다음, 하나하나 해가면서 찾는 거죠. 그래서 나도 그렇게 했어요. 두렵기도 했지만 흥분도 됐어요. 내가 뭘 해야 할까? 어떻게 해야 할까? 나는 감독이 아니라 한 남자와 함께 공연장에 있는 한낱 여자일 뿐이었어요. 무대라는 매체를 통해 예술을 창작하고 싶은 열의에 가득 차 있는 여자 말이에요.

라이사는 한 가지는 분명히 알았다. 그녀가 배우 자체를 기반으로 작품을 창작하고 있다는 사실 말이다. 이 공연의 예술가가 바로 작품의 내용이었다. 이러한 취약성을 통해 취약함을 받아들이고 관객들과 하나가 될 수 있는 배우의 능력이 정신적 지주가 되었으며, 이로 인해 라이사는 알려지지 않은 것에 기대를 걸 수 있었다. 그녀는 리허설을 통해 공연 당일 일어날지도 모르는 갖가지 예상 밖의 상황으로 공황 상태에 빠지지 않도록 대비했다. "배우가 너무 굳어 있고 불안해하며 어쩔 줄 몰라 한다면, 그런 상태를 자연스럽게 포함할 수 있는 방법을 찾았어요. 그것을 억지로 밀어내거나, 해소할 방법을 찾아내고 극복하라고 배우를 몰아세우는 대신에 말이죠. 어쩔 줄 몰라 하는 상태 그 자체를 예술의 재료로 활용했던 거예요."

때때로 그녀는 리허설 시간에 아무런 준비나 계획 없이 오곤 했다. "내가 공연장 안으로 들어가고, 배우가 도착합니다. 리허설이 시작되기 전의 이 첫 순간들은 알려지지 않은 것들로 가득 차 있습니다. 이러한 허공을 두려워하는 나의 어떤 부분은 이곳에 있는 것을 싫어합니다. 나는 달아나고 싶어 하며, 믿지 않으려고 합니다. 그리고 알려지지 않은 것들이 지배하는 이 짧은 시간 속에 자기를 혐오하고 자기를 제한하는 생각들이 분명하게 모습을 드러냅니다."

라이사를 이끌어준 것은 그 과정에 대한 자신의 깊은 믿음과 신뢰였다. 그녀는 유기적이라고 느껴지는 것을 끈기 있게 고수했고, 그 과정이 자연스럽게 진화하도록 했으며, 최종 산물에 대해 제한적이고 통제된 비전을 처방하지 않았다.

또한 라이사는 감독으로서 자신의 역할을 해나가는 데 필요한 방식이 이끄는 대로 자연스럽게 따라갔다. 그녀는 이 역할을 해내는 데 필요한 방식에 대한 선입관이나 전제, 기대 같은 것을 가지고 있지 않은 대신 자신에 대해 알아가는 과정을 통해, 그리고 배우와의 공동 창작 과정을 통해 감독이란 역할에 대해 파악하고 싶었다. "나는 그러한 과정을 통해 무엇이 효과가 있고 없는지를 알고 싶었습니다. 그래서 이 역할을 하는 동안 내가 해야 할 주요한 일은 이러한 과정을 이끌고, 유지하며, 이러한 과정을 담을 수 있는 그릇이 되어 주는 것이라고 생각했지요. 그리고 배우가 한층 깊이 있고, 보다 실감 나며, 강렬한 깊이를 느낄 수 있는 연기를 하도록 이끌어주는 것이 내 역할이라고 믿었습니다." 라이사의 경우처럼 친숙하게 느껴지는 데서 오는 무관심없이 매 순간에 새롭게 접근한다면 현재에 새로운 관계가, 다시 말해 직접적인 경험을 하고 친밀감을 느낄 수 있는 관계가 시작된다.

우리는 자신의 역할을 해나가며 다른 사람들과 함께 일하는 새로운 방법을 찾을 수 있다. 우리의 창의성과 즉흥성을 발휘할 수 있는 방법 말이다. 우리는 탐험의 선발대로서 어둠 속으로 창을 던져보며 '모르는 것'의 잠재성을 활용할 수 있다. 그러고 나서 이를 가다듬고, 강화하며, 이에 활기를 불어넣는 데 필요한 전문 기술 및 지식을 효율적으로 사용해 그 과정을 따라감으로써 직관적으로 도약을 할 수 있다.

2

다양한 가설을 세우라

"왓슨(Watson), 자네는 모든 것을 보고 있다네.

그러나 자네가 보이는 것에 대해 논리적으로 추론을 하지 못하고 있는 거지.

자네는 추리를 할 때 너무 소심한 경향이 있다니까."

– 셜록 홈스(Sherlock Holmes),

《푸른 석류석(The Adenture of the Blue Carbuncle)》 중에서

아서 코난 도일(Arthur Conan Doyle)의 소설 속 탐정 셜록 홈스는 체계적인 접근법에 근거하여 미스터리한 범죄를 해결하는 것으로 유명하다. 가설은 홈스가 사건을 해결하는 데 중심적인 역할을 하고, 수사의 지침이 된다. 《바스커빌가의 사냥개(Hound of the Baskervilles)》에서 홈스는 찰스 바스커빌 경의 사망 원인을 조사하게 된다. 일단 주의 깊게 시신을 살펴본 다음 홈스는 두 가지 가설을 세우는데, 하나는 그가 개의 공격을 받아 사망한 것이고 다른 하나는 심장마비로 사망했을 가능성이다. 홈스는 주위 환경을 샅샅이 살펴보고 정보를 수집한다. 그는 동굴 속에서 이해할 수 없는 행동을 하며 혼자 시간을 보낸 뒤 인근의 마을을 찾아가 새로운 증거를 확보하여 추가적인 가설을 세운다. 스테이플턴(Stapleton)이 찰스 경의 재산을 차지하기 위해 그를 살

해했을 가능성에 대한 가설을 세운 것이다. 이 가설을 시험해보기 위해 그는 위험한 실험을 준비한다. 스테이플턴이 자신의 사냥개를 풀어 젊은 헨리 바스커빌을 공격하도록 그를 도발하는 실험이었다. 그다음의 이야기가 궁금하다면 직접 책을 읽어보기 바란다.

홈스는 사실을 해석함으로써 가설을 세우지만, 결코 자신의 첫 번째 가설이 진리라고 받아들이지 않았다. 그는 새로 입수한 정보를 토대로 자신의 가설을 수정하고, 어떤 특정한 한 가지 가설에 지나치게 집착하지 않으며 다양한 관점을 가졌다. 문제에 접근할 때 홈스는 어떤 면에서 '초심자 마음'의 표본을 보여준다. 그는 자신의 기존 지식이나 이전의 사건에 얽매이지 않았고, 아주 사소하고 세부적인 모든 것들로부터 배웠으며, 언제나 열린 마음으로 사실을 받아들였다. 비록 도중에 그것이 바뀔지라도 말이다.

51세의 토머스 볼트(Thomas Bolte) 박사는 동안(童顔)을 지닌 현대 판 셜록 홈스다. 뉴욕에 기반을 두고 있는 볼트 박사는 의학적 미스터리의 해결을 전문으로 하는 의학 탐정이다. 자신을 자칭 '포괄주의자(comprehensivist)'라고 일컫는 그는 주류 의학의 경계를 넘는 알쏭달쏭한 건강 문제를 해결하는 진단학자다.[86] 사람들은 그를 '얼룩말 사냥꾼'이라고 표현한다. 발굽 소리를 들으면 다른 사람들은 하나같이 모두 말을 찾지만, 그는 얼룩말을 찾기 때문이다. 그는 진단해낼 수 없는 것을 진단해내는 것으로 유명한데, 다른 의사들이 해결하지 못했던 사례를 맡아 95%라는 놀라운 성공률로 그 원인을 찾아냈다.

볼트는 증거에 대해 남다르고 경쟁력 있는 설명을 하며, 이런 설명에 비중을 두는 홈스 같은 능력을 타고났다. 새로운 관점에서 모든 상황을 보고, 이전에는 아무도 물어본 적 없는 질문을 하며, 살펴본 적이 없는 뜻밖의 장소에서 다른 의사들이 놓쳤을 가능성이 있는 것을 찾아내는 것이 볼트의 놀라운 능력이다. 그는 이렇게 말한다. "나는 살아오면서 산전수전 다 겪었기 때문에 어지간한 일로는 나를 놀라게 할 수 없습니다."

비즈니스의 세계에서 우리는 종종 진단의 가치를 평가절하한다. 일반적으로는 서둘러 행동을 취해야 보상을 받기 때문이다. 하지만 알려지지 않은 것에 직면했을 때 기존의 해법을 지향하는 것은 우리에게 별로 도움이 되지 않는다. 대신 우리는 의도적으로 가능성의 공간을 창출하고, (홈스와 볼트를 유명하게 만든, 데이터를 관찰하고 수집하며 일련의 해석을 하는) 진단 과정을 통해 무슨 일이 일어나고 있으며, 어떤 조치가 가능한지 의식적으로 평가해야 한다.

세금 관리 소프트웨어 퀴큰(Quicken)의 제작사 인튜이트(Intuit Inc.)는 '가설에 의한 의사결정'과 '실험에 의한 리더십'을 옹호하는 희귀한 유형의 회사다.[87] 의사결정을 할 때 일반적으로 그러는 것처럼 상사의 의견을 지침으로 삼는 대신에, 인튜이트는 사람들에게 자신의 가설과 실험을 기반으로 결정을 내리게 하는 데 역점을 두고 있다고 창립자 스콧 쿡(Scott Cook)은 설명한다.[88]

인튜이트의 군더더기 없는 실험 체계는 인튜이트 인디아(Intuit

India)가 가난한 미국 원주민 농부들의 경제생활의 질을 향상하기 위한 새로운 사업에 착수할 때와 같은 발상에서 시작된다. 그들의 비전은 농부들의 소득을 10% 증진하는 것이었다. 일단 생각이 명료해지자, 전담 팀은 고객의 해결되지 않은 주요 문제를 찾는 데 착수했다. 그들은 문제를 깊이 있게 이해하기 위해 직접 농부들의 생활에 몰입했는데, 인튜이트는 이 과정을 '고객에 대한 깊은 공감'이라고 부른다.

그들이 발견한 문제점은 농부들이 어떤 시장으로 가야 농작물을 가장 비싸게 팔 수 있는지 모른다는 것이었다. 인튜이트에게는 좋은 기회처럼 보였다. 그들은 농부들에게 오늘의 최고 도매가격과 그 가격을 제시한 도매상에 대한 정보를 문자로 알려주는 시스템을 구축할 수 있겠다는 생각을 했다. 하지만 이 시점에 서둘러 '해결책'을 실행에 옮기는 대부분의 회사들과 달리 인튜이트는 그들의 프로세스에 몇 가지 단계를 추가했다.

다음은 '믿음의 도약' 단계인데, 이 프로젝트를 맡은 팀은 이 단계에서 일련의 가설을 세운다. 미국 원주민 농부들의 사례에서 이 팀이 검증해야 할 가설은 다음과 같은 것들이었다.

- 인튜이트와 가격을 공유할 도매상들이 충분히 있을 것이다.
- 도매상들은 그들이 제시한 가격을 지킬 것이다.
- 문자 메시지 서비스를 받는 농부들은 일반적으로 글을 읽지 못할 것이다.
- 농부들은 문자 메시지 서비스를 근거로 행동을 바꿀 것이다.
- 농부들은 더 나은 가격 정보를 얻었다는 것을 알아차릴 것이다.

- 인튜이트는 이 기회로 수익을 올릴 수 있을 것이다.
- 비용보다 수익이 클 것이다.[89]

이 기회를 발견하고 가설을 세운 지 7주가 지난 후에, 미국 원주민들은 인튜이트의 가설을 검증하며 일련의 실험을 실시하기 시작했다고 쿡은 설명한다. 그 내용은 다음과 같다.

- 15개 농장의 시범 운영
- 데이터 수집 테스트
- 농부 구매 테스트
- 푸시 메시지(push message, 정보를 전송하고 전달하는 일반적인 문자 메시지 – 옮긴이) 대(對) 풀 메시지(pull message, 블로그 등과 같은 다양한 채널에서 정보 검색을 통해 정보를 얻는 것 – 옮긴이) 테스트
- 대체 작물 테스트
- 가격 테스트
- 광고 테스트
- 위탁 판매 테스트

이 실험들은 의사결정의 추진력이 되었으며, 단순히 그들이 농부들에게 선택할 수 있는 지역 도매상들의 매입가격을 휴대폰으로 알려주기 시작한 것만으로도 효과적이라는 사실이 증명되었다. 13가지 실험을 추가적으로 실시한 결과, 농부들은 농장 수입이 20% 증가했다고 보고했다. 쿡은 다음과 같이 설명한다. "이제 가난한 농부들에게, 그러

니까 농부들 중 상당수에게 이것은 그들의 자녀들이 학교에 다닐 수 있느냐 없느냐의 차이를 결정짓는 문제였다. 하지만 이것은 나를 포함해 상사들의 입장에서는 사업거리가 안 될 거라고 말했을 법한 사업이다."[90]

셜록 홈스의 조사는 늘 사체에서부터 시작됐다. 사망의 원인을 모르기 때문에 그는 이에 관한 다양한 가설을 세웠다. 심지어 가능성이 없어 보이는 가설이라도 말이다. 새로운 정보가 나타나면 그는 사건에 그 가설을 적용하고 조정하며 계속 나아갔다. 다양한 가설을 세우고 조정해나감으로써 홈스는 너무 빨리 성급한 결론을 내리는 것을 피했다. 이미 이 책의 첫장에서 살펴본 바와 같이 우리는 성급한 결론을 내리는 경향이 있는데, 이는 우리가 아는 것의 경계에 도달했을 때 좋지 않은 결과를 초래한다.

인튜이트의 사례는 새로운 시장에 진입하고 새로운 제품을 시험할 때, 어떻게 회사가 '모르는 것' 접근법을 취할 수 있는지 보여준다. 가설의 명료한 표현을 요구하는 비즈니스 시스템을 구축함으로써 직원들은 자신감 있게 미지의 세계로 들어갈 수 있다. 왜냐하면 알려지지 않은 것(예컨대 '이것은 좋은 시장이 될 것이다'와 같은)을 내재적으로 수용했기 때문이다. 그러자 미래에 대한 견해를 형성하는 과정에 편파적 성향이 없는 문화가 확립되었다. 대부분의 조직에서 사람들은 자신의 의견을 제시한 다음 그것을 옹호하는 데 에너지를 쏟는데, 이것은 배움의 과정에 손상을 입힌다. 이것은 확정적인 해답이나 해법이라기보다는 잠정적인 견해고, 최상의 추측이며, 가설적인 설명이다. 어떤 입장을 옹호해야겠다는 생각이 들면 우리는 그에 편파적인 관심을 갖게 되며 그것이 옳다고 입증하려 한다. 가설이 매력적인 이유는 아무도 해답에 편파적인 관심을 가질 필요가 없기 때문이다. 하나의 가능성 있는 설명이나 모델, 집단 이익의 옹호자가 되기보다는 가능한 많은 정보를 수집해 그것을 입증하거나 반증하는 편이 좋다. 우리는 발견과 수정에 초점을 맞추고 타당성 있는 모든 가설을 고려해야 한다. 새로운 증거가 나타나 어떤 가설을 제외하게 될 때까지는 말이다.

하지만 대부분의 사람들은 이와 같은 환경에서 일하고 있지 않다. 결과를 내놓으라는, 그것도 빨리 내놓으라는 엄청난 압박감과 직면해 있기 때문에 문제에 대한 다양한 해석과 관점을 가지고 이를 다루는 데 필요한 시간을 내기란 쉽지 않다. 해법 대신 문제를 살펴보기 위한 대안적인 프레임을 제공하는 것은 우리에게 빠른 해답을 기대하는 사람들에게 실망감은 물론 분노까지 심어줄 수도 있다. 해석을 제공하는 데는 용기가 필요하다.

3

다양한 의견을 수렴하라

1925년, 알렉산더 그레이엄 벨(Alexander Graham Bell)이 설립한 벨 연구소(Bell Laboratories)는 세계에서 가장 유명한 기술 혁신 회사 중 하나다. 이 회사는 획기적인 전파 천문학, 트랜지스터, 레이저, 유닉스(UNIX) 운영 시스템 등 수많은 혁신적인 아이템으로 알려져 있다. 벨 연구소와 관련된 성과물에는 무려 일곱 번의 노벨상이 수여되었다. 전략 및 혁신 컨설턴트인 뎁 밀즈스코필드(Deb Mills-scofield)는 벨 연구소에서 자신의 경력을 시작했는데, 가설을 세우고 검증하는 것을 권장하는 환경에서 일한 경험을 다음과 같이 설명한다.

벨 연구소와 AT&T에서 일하는 모든 과정은 '모르는 것'과 발견으로 이어지는 끊임없는 여정이었어요. 그게 바로 우리가 하는 일이었죠.

벨 연구소에서 '모르는 것'은 '왜 이것이 이런 식으로 작동할까?' 또는 '왜 이것이 이런 식으로 작동하지 않을까?' 같은 질문을 던지고 그 이유를 알아내야 한다는 의미였어요. 우리는 가설을 전혀 세우지 않은 문제나 한두 개의 가설을 세우고 시험을 거칠 준비가 된 문제를 가지고 '모르는 것'을 다루기 시작했어요. 당연히 그 답이 무엇인지는 몰랐고 결과가 어떻게 될지도 정확히 알 수 없었어요. 결과를 전혀 예측할 수 없는 경우도 있었고요. 우리의 목표는 '알아내는 것'이었어요.

벨 연구소의 문화는 다양한 분야의 협력을 기반으로 번창했다. 뎁은 물리학자, 심리학자, 경제학자, 컴퓨터 과학자, 정비공, 전기 기사 등 많은 사람들과 이야기를 나눌 수 있었다.

내가 일했던 건물은 다양한 배경을 가진 사람들이 수시로 마주칠 수 있도록 특별히 설계돼 있었어요. 자기 사무실에 틀어박혀 있는 대신, 햇볕이 잘 드는 긴 통로와 중앙 홀에서 사람들과 어울려 이야기를 나누거나 일을 했죠. 나는 건물 주변의 산책로를 걷거나 햇살이 내리쬐는 큰 연못 옆에 앉아서, 또는 몇 분 정도 거리에 있는 해변을 자유롭게 거닐며 질문거리를 생각해내고, 가설을 세우고, 실험을 설계하곤 했어요. 내 사무실에서 음악을 들으며 일하거나 집에서 하루 종일 잠옷 바람으로 일할 수도 있었고요. 설계에 대한 아이디어가 자연스럽게 떠오르도록 박물관이나 미술관에 간 적도 여러 번 있었죠. 벽으로 사방이 꽉 막힌 사무실이나 건물에서 꼭 일해야 할 필요는 없었어요.

그러길 바라는 사람도 없었고요.

다른 분야를 넘나들며 일하는 것은 혁신과 창의성의 기반임과 동시에 복잡한 도전 과제를 진행하기 위한 핵심 요소이기도 하다. 이런 상황에서는 '무엇을 도전 과제로 삼아야 하는가'와 '앞으로 나아가려면 어떤 행동을 취해야 하는가'에 대해 다양한 견해가 제시된다. 다른 사람들과 대화를 나누는 것은 미지의 세계를 여행하는 데 있어 필수적인 단계다.

사람들이 기존의 생각을 서로 교환하고 때로는 자기 자신의 관점을 옹호하는 토론과는 대조적으로, 대화의 과정에는 일종의 '보류' 과정이 수반된다. 즉, 준비된 대답 없이 다른 사람이 말하고 있는 것을 받아들이는 시간을 갖는 것이다. 이런 깊이 있는 듣기를 통해 공간이 생기며, 평소의 습관적인 패턴이나 틀에 박힌 패턴과는 다른 반응을 얻을 수 있게 되고, 이 공간에서 한층 깊이 있는 차원의 대화를 나눌 수 있다. 합의에 도달하지 못할 수도 있지만 공감과 존중을 표현하는 분위기는 충분히 이끌어낼 수 있다. 진정한 대화를 나누게 되면 철천지원수 사이라 할지라도 함께 앉아 서로의 말에 귀를 기울일 수 있다.

젊은 이스라엘 남성인 대니 갈(Danny Gal)은 자신의 나라에서 사회적인 변혁을 위한 대대적인 사회 저항 운동이 한창일 때 다양한 인종 집단과 정치 집단, 사회 집단 사이에 대화의 힘을 이용하기로 결심했다. 그는 이렇게 말한다. "우리는 변화의 시기에 있으며, 더 이상 대중들의 목소리를 무시해서는 안 됩니다. 오늘날 의사결정자들은 사람들이 요구하는 것을 계속 못 본 척할 수 없으며, 어떤 리더도 자신이 사람들이 원하는 것을 안다고 생각할 수는 없습니다."

이런 생각은 또한 어느 조직에나 적용된다. 어떤 계층에 있든 또 어떤 역할을 맡고 있든, 우리는 한 명 한 명이 대화를 나눌 수 있는 분위기를 조성하는 데 기여할 수 있다. 대니는 정치 지도자는 아니었지만 필요한 것을 하기 위해 발 벗고 나섰다. 그는 자신의 임무를 완수하기 위한 촉매로 이스라엘인들과 팔레스타인인들을 한데 모으는 행사를 마련했다. 행사에 참석한 양측 대표들이 동그랗게 빙 둘러앉았고, 잠시 후 한 젊은 남성이 차분한 목소리로 입을 열었다.

"나는 팔레스타인 지역의 한 마을에서 왔습니다. 이전에는 구급차를 운전했었고, 지금은 위험하게 노숙생활을 하고 있는 젊은이들과 같이 일하고 있습니다. 내가 여기 있는 이유는 내 형이 자살 폭탄 테러범이었고, 그가 열일곱 명의 이스라엘 시민들과 함께 죽었기 때문입니다. 나는 이 같은 비극적인 사건이 다시 일어나지 않도록 막고 싶습니다."

나중에 참가자들끼리 짝을 지으라고 했을 때 대니는 이 젊은이에게 다가갔다. 그의 이야기를 좀 더 자세히 듣고 싶기 때문이었다. "형은 가장 친한 친구가 이스라엘인들이 쏜 총에 맞아 죽는 모습을 바로 눈앞에서 봤습니다. 이 일로 형은 분노로 가득 찼고 복수를 하겠다는 일념에 사로잡혀 잘못된 길을 택한 나머지 한 테러 집단에 가담했습니다." 그 순간 대니는 대화의 힘을 새삼 깨달았고, 다양한 목소리를 한데 모을 수 있었다.

사람들을 이어주겠다는 작은 생각이 커지면서 대니는 비영리 단체인 신흥미래센터(The Centre for Emerging Future)를 창립했다. 그의 목표는 그들이 속해 있는 공동체의 대표로서가 아니라 인간으로서 사람들 사이에 신뢰를 쌓는 것이었다. 그들이 인류애를 함께 나누며 양측을 도와 서로 고통과 고난을 이해하게끔 하는 것이 그의 소망이었다.

2011년 여름, 아랍의 봄(Arab Spring) 운동이 시작됐다. 카이로를 비롯해 리비아, 튀니지에 이르기까지 중동 지역은 시위의 물결로 뒤덮였다. 수천 명이 교육과 취업, 정부에 대한 보다 자유로운 발언권 같은 기본권을 찾기 위해 시위를 벌였다. 그해 여름 이스라엘에서도 똑같은 일이 벌어졌다. 사람들은 높은 생활비, 점점 커져가는 불평등, 정부 지도층의 리더십 결여 등에 대해 불만을 표출했다. 다프니 리프(Daphni Leef)라는 한 젊은 여성이 대중의 주의를 환기시키기 위해 시민 불복종 행위로 텔아비브(Tel Aviv) 거리에서 천막 농성을 벌이기 시작하자 이런 불만은 길거리 시위의 형태로 표출되었다. 곧 소셜 미디어와 온라인 캠페인을 통해 수백 명의 사람들이 시위운동에 합류했다. 일주일 만에 수백 개의 텐트가 들어섰고, 그해 여름 50만 명에 달하는 이스라엘인들이 제32대 총리인 네타냐후(Netanyahu)의 정부 개혁을 요구하고 '사회 정의'를 외치며 거리를 행진했다. 대니는 이 사건을 시위의 차원을 넘어서는 운동으로 발전시켜 화해의 기회로 삼을 수 있을 것이라 생각했다.

2011년 9월 10일 토요일, 대니는 이스라엘에서 가장 큰 규모의 시민 대화의 장을 마련했다. 이스라엘 전역의 30개 이상의 도시에서 온

아랍인과 유대인, 정통 유대인, 러시아 및 에티오피아에서 막 넘어온 새로운 이주민과 정착민, 좌익과 우익 등 1만 명이 넘는 사람들이 한자리에 앉아 대화에 참여했다.

팔레스타인인들과 이스라엘인들의 대화를 위해 이전에 그가 마련했던 자리와 마찬가지로 이곳에서는 존중을 기본 원칙으로 삼았고, 모든 사람은 자신이 누구인지 그리고 왜 이 행사에 참여하기로 결심했는지에 대해 이야기를 나누었다. 대니는 참가자들의 평등을 상징하기 위해 1,000개의 원형 탁자를 준비했고, 수백 명의 자원봉사 도우미들은 '당신이 바뀌길 바라고 이에 대해 기꺼이 책임을 질 수 있는 한 가지를 꼽으라면 무엇이 있겠는가?'와 같은 호의적인 질문에 대화의 초점이 맞춰지도록 사람들을 유도했다. 대중매체들은 대화의 주요 부분을 보도했으며, 이것에 대한 피드백을 정부에 제공해 그들의 목소리가 정책 수립에 반영되게 하였다. 하지만 무엇보다도 그날 밤의 주요한 성과는 (낯선 사람들과 함께 앉아 있는) 행동 그 자체였다. 대니는 그날 밤 자신이 느꼈던 점을 다음과 같이 회고한다.

'모르고 있는 것'은 벼랑 위에 서서 거기서 뛰어내리는 것이 완전히 미친 짓이라는 것을 아는 것과 같은 상태입니다. 지금 일어나고 있는 일들이 사람들의 삶을 비참하게 만들었다는 것을 우리는 압니다. 새로움을 추구하는 것은 모든 위험을 감수하고 미지의 세계에 발을 들여놓는 것과 같습니다. 미지의 세계에 있을 때, 두려움의 목소리는 우리를 멈추게 합니다. 이런 위기 상황에서는 언제나 자신의 몸에 귀를 기울여야 한다는 것을 나는 알았습니다. 나는 내 심장이 뛰는 소리에 귀를 기울입니다. 심장이 강하게 고동치면 행동을 취해야 한다는 것을 압니다. 우리가 과거와 같은 방식으로 계속 살 수 없다는 것은 누구나 압니다. 하지만 미래가 어떤 모습이 될 것이고, 무슨 일이 일어날 것이며, 왜 그렇게 될지에 대한 이유를 꼭 알아야 할 필요는 없습니다. 그저 한걸음 한걸음 나아가면 되니까요.

4

의미 있는 위험을 감수하라

"마침내 꽃봉오리 안에 꽁꽁 싸여 있는 위험이 꽃을 피우기 위해 감수해야 하는 위험보다 더 고통스러운 날이 왔다."

— 아나이스 닌(Anais Nin), 작가

저술가이자 여행 작가인 닉 소프(Nick Thorpe)는 마감일을 맞추고 자신이 원하는 삶을 누리기 위해 자신을 심하게 몰아붙이는 데 익숙해져 있었다. 하지만 중년기에 접어들자 중압감을 느끼기 시작했다. 새로운 방향의 글을 쓰는 데 익숙한 닉은 어느 날 아침 자기 내면의 일벌레가 쇠약해져 미지의 정신적 영역에 자기 홀로 덩그러니 남겨진 것을 알고 당황하며 두려움에 휩싸였다.

"평소처럼 책상에 앉아 로드킬(road kill)이라도 할 것 같은 활기찬 기세로 마감일을 맞추기 위해 맹렬하게 글을 쓰고 있었어요. 그런데 어느 순간 한 글자도 못 쓰고 있는 내 모습을 발견했어요. 내 손이 영 마음 같지 않았어요. 순전히 노력을 통해 언제나 모든 것을 해내야 하는 사람에게 이것은 섬뜩한 경험이었죠. 투박한 의지력이 영원히 지속되지는 않을 것이라는 사실을 마침내 깨닫는 순간이었어요. 이런 의지력은 어떤 면에서 연료와 비슷한 것 같아요. 이제 내 연료가 막 떨어진 거죠."

하지만 미지의 영역에서 실패를 맛본 그 순간에조차도 닉의 두려움은 일종의 안도감과 뒤섞여 있었다.

"나는 결국 포기했고 마감일을 날려버려 사람들을 실망시켰어요. 완전히 망가지는 것을 피하려면 나 자신을 괴롭히는 것을 중단하고 위험을 감수하더라도 다른 방법을 찾아야 했어요."

닉은 이제 영적인 탐구라고 인식하는 모험에 착수했다. 어떻게 해야 자신의 삶에서 지독하게 확실성에 매달리는 것을 중단할 수 있는지 가르쳐줄 수 있는 사람을 만나기 위한 탐색이자, 그런 방법을 가르쳐줄 수 있는 상황을 직접 접해보기 위한 탐구였다. 그는 작은 것들을 놓아야 했다.

"처음에는 영적인 탐구라는 말을 있는 그대로 받아들여서 절벽 뛰어내리기나 비행기 자유 낙하를 체험하러 다녔어요. 그러고선 곧 나를 놓을 수 있는 감정적인 방법과 사회적인 방법을 실험하기 시작했죠. 광대학(clowning)과 나체주의 등을 포함해 과거의 편안한 내 모습에서 벗어나 내 자신을 훨씬 더 취약하게 만들 수 있는 다양한 주제의 워크숍에 참여했어요."

닉은 자신이 위험을 감수한 결과가 어떻게 될지 몰랐다. 그러나 돌아보면 그때가 자기 삶에서 가장 풍요롭고 가장 혁신적인 해였다고 그는 말한다. 그는 삶에 보다 자신감을 갖고 현재를 충실히 사는 법을 배웠다. 또한 입양아의 아빠가 되는 중대한 결단을 내리기도 했다.

닉은 자신에게 이러한 모험을 감행할 수 있는 안전한 기반이 있었기에 위험을 감수할 수 있었다고 생각한다. 믿을 수 있는 장비를 갖추고 있다는 것을 알았기에 복엽기 날개 위에서 걸어 다닐 수 있었고 아무도 손가락질하거나 비웃을 만한 제약이 없다는 것을 알았기에 나체주의 체험을 할 수 있었던 것과 마찬가지로, 아들이 부모 슬하에서 안전하게 양육되고 있다는 것을 진정으로 깨달을 때 비로소 성장할 수 있음을 그는 알았다. 위험을 감수하는 데 큰 노력이 필요했던 날들이 있었다는 것을 닉은 인정한다. "나는 여덟 살 된 아들에게서 그런 모습을 봤어요. 우리 대부분이 그런 것처럼 아이가 마음속으로 갈등하는 것을 알 수 있었어요. 어떤 날 우리는 안전을 추구하고, 또 어떤 날은 위험을 감수합니다. 건강하게 자라는 아이들처럼 자신을 믿고 한계를 넓히고 어떤 일이 일어나는지 보지요. 하지만 우리가 소위 실패라고 말하는 우리의 실수와 우리 시대의 '모르는 것'이 단지 성장의 일부라면 어떨까요? 그런 믿음을 가질 수 있을 때 두려움을 떨쳐낼 수 있고, 거의 모든 것에 마음을 열 수 있다는 것을 나는 알게 됐어요."

경계에서 두려움과 불안감을 경험하게 되는 것에는 충분한 근거가 있다. 미지의 세계는 우리의 정체성과 편안함, 안녕이 위협받을 수 있는 무서운 곳일지도 모르기 때문이다. 전진에 대한 결정을 가볍게 내릴 수는 없다. 우리는 각자 자신이 활동해야 하는 상황을 평가하고 그 상황에 필요한 것이 무엇이며 자신이 허용할 수 있는 수준이 어디까지인지 파악해야 한다. 더불어 우리가 받을 수 있는 지원을 적극 활용해야 하고, 감수할 위험의 수준을 알아내 이에 대한 준비도 해야 한다.

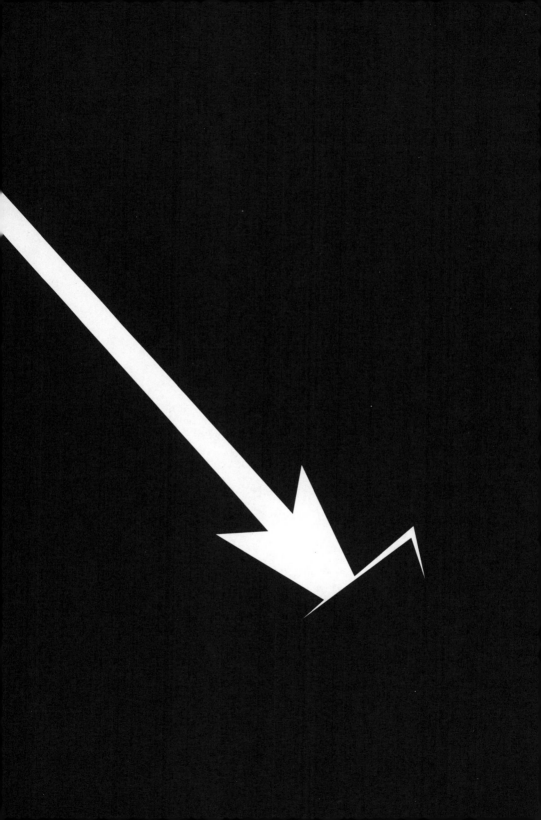

5

탐구하라

"오랫동안 해안과 결별하는 데 합의하지 않으면
우리는 신대륙을 발견할 수 없다."

– 앙드레 지드(Andre Gide), 프랑스의 작가

2012년 5월, '폴리에스터(Polyester)'와 '헤어스프레이(Hairspray)'라는
상징적인 영화의 각본가 겸 감독이며, '쓰레기의 교주(Pope of Trash)'
라고도 알려져 있는 존 워터스(John Waters)는 고향인 볼티모어에서
샌프란시스코까지 미국을 가로지르는 80일간의 히치하이킹 여정을
시작했다. 자신의 상징과 같은 연필처럼 가느다란 콧수염을 과시하며
'나는 사이코가 아닙니다'라고 쓰인 두꺼운 종이를 들고 혼자 용감하
게 도로로 나간 그는 최종 목적지까지 낯선 사람들의 손에 자신의 생
명을 맡기는 모험을 감행했다. 이 이야기는 '차멀미(Carsick)'라는 제
목의 책으로 출판되었는데, 그의 영화에 시나리오로 활용하면 어떨까
싶을 정도로 다양한 경험이 실려 있다.

타인의 차를 열다섯 번 얻어 타면서 그는 81세의 농부, 일리노이 주

출신의 부부 등 다양한 사람들을 만났다. 한번은 퍼붓는 빗속에서 한 젊은 시의원 겸 공화당원이 자신의 콜벳(Corvette)에 워터스를 태워준 적이 있었다. 워터스를 노숙자라고 생각하고 딱하게 여긴 그는 메릴랜드에서 오하이오까지 4시간에 걸쳐 그를 태워주었다. 이야기를 나누는 동안 워터스의 매력에 끌린 그는 콜로라도주의 덴버에서 그를 다시 만나 네바다주의 리노까지 장장 1,600km의 거리를 22시간 동안 태워주었다. 그러고 나서 샌프란시스코에서 또다시 워터스를 만나 자신의 아파트에 묵도록 배려했다.[91] 브루클린에서 순회공연 중이던 인디록 밴드 '히어 위 고 매직(Here We Go Magic)'은 70번 주간 고속도로의 한 나들목 부근에서 워터스가 '인간쓰레기'라고 적혀 있는 모자를 당당히 쓰고 있는 모습을 봤을 때 자신의 눈을 믿을 수가 없었다.[92] 마침내 그들은 차를 세우고 워터스를 태웠다.

〈뉴욕 타임스〉와 한 인터뷰에서 워터스는 "바람이 이끄는 대로 자신을 맡기고 싶은" 욕구에 이끌려서 그렇게 했다고 말했다. "내 삶은 과도한 일정으로 채워져 있었습니다. 만일 내가 통제하는 것을 그만둔다면 어떤 일이 일어날지 궁금했어요." 그가 말했다.[93] 그는 '삶이 우리를 어디로 데려갈지 모른다는 사실이 때로는 짜릿한 경험이 될 수 있다'는 놀라운 교훈을 얻었다.

2012년 〈오스트레일리안 지오그래픽(Australian Geographic)〉이 선정한 '올해의 젊은 모험가'이자 해양 및 빙원 모험가인 호주 출신의 크리스 브레이(Chris Bray)는 당시 28세였는데, 새로운 경험에 대해 워터스와 같은 갈망을 가지고 있다.

어떤 사람도 결코 해본 적이 없는 일에 도전하거나, 가본 적이 없는 곳을 탐험하는 일에는 정말 특별한 무언가가 있습니다. (중략) 그리고 이것은 내게 있어 개인적으로 새로운 경험이기 때문에 모든 사람들을 한층 기민하고 활기차게 만듭니다. 뿐만 아니라 이것은 다음에 어떤 일이든 일어날 수 있다는 것을 깨닫는 데서 오는 압도적인 경외감을 '처음으로' 전달하고 추가하는 일이기도 합니다. 불확실성 속에서 미지의 세계에 발을 들여놓은 후 모든 경험을 완전히 새로운 차원의 초점으로 끌어올리고, 나의 모든 감각을 깨워 온전히 현재에 충실하게 살아야 합니다. 이러한 경험을 한다는 것은 잊을 수 없는 특권입니다.[94]

'모르는 것'은 삶을 살아갈 가치가 있게 만들며 다채로운 빛을 발하는 시너지 효과를 창출한다. 우리가 매일 아침 정확히 똑같은 시간에 일어나 똑같은 상황에서 똑같은 사람들을 만나고, 똑같은 도전 과제와 기회를 마주하게 된다고 상상해보라. 이러한 발상은 '사랑의 블랙홀(Groundhog Day)'이라는 코미디 영화에서 이미 탐구되었다. 이 영화에서 코미디언 빌 머레이(Bill Murray)는 필 코너스(Phil Connors)라는 기상학자의 역할을 맡고 있는데, 갑자기 그에게 날마다 똑같은 하루가 반복되기 시작한다. 처음에 그는 사람들이 무엇을 할지 안다는 점을 이용해 재미 삼아 여성들을 유혹하고 범법 행위를 저지르기도 하지만, 결국 초조함과 무료함을 느끼다 짜증까지 내게 된다. 심지어 자살을 시도하기도 하지만, 여전히 다음 날이면 같은 시간에 같은 라디오 소리를 들으며 깨어나는 타임 루프에서 헤어나지 못한다.

예측이 가능한 세계에서조차 필이 통제할 수 없는 한 여성과의 관계는 그에게 장애물이 된다. 그녀에 대해 알고 그녀를 다루는 데도 만족스러운 결과를 얻을 수 없었으며, 그녀가 자신의 유혹에 넘어오지 않는다는 사실을 마침내 그는 깨닫는다. 비록 그날의 상황을 꿰뚫고 있었지만 그는 자신만의 하루를 새롭게 만들기로 마음을 고쳐먹고, 얼음 조각과 피아노 같은 새로운 기술을 배우며 미지의 세계에 발을 들여놓는다.

6

실험하라

1932년 5월 22일 오글소프 대학(Oglethorpe university)의 졸업생들을 위한 졸업식 축사로 프랭클린 D. 루스벨트(Franklin D. Roosevelt)가 한 상징적인 연설은 아직도 미국 정계에 반향을 불러일으키고 있다. "내가 국가의 추세를 잘못 판단하지 않았다면, 국가는 대담하고 부단한 실험을 요구하며 필요로 합니다. 어떤 방법을 택해 실험을 시도하는 것이 상식이지만, 실패한다면 그것을 솔직히 인정하고 다른 방법으로 시도해야 합니다. 무엇보다 중요한 것은 무언가를 시도한다는 것입니다."

그리고 80년이 지난 2012년, 민주당 전당 대회에서 버락 오바마(Barack Obama) 대통령은 루스벨트의 말을 인용하며 다음과 같이 주장했다. "우리가 수십 년 동안 누적된 도전 과제들을 해결하려면 2~3년

만으로는 모자랄 겁니다. 공동의 노력과 책임의 공유, 그리고 이보다 더 심각했던 유일무이한 위기에서 프랭클린 루스벨트가 추구했던 다소 대담하고 부단한 실험이 필요합니다."[96]

루스벨트와 오바마의 연설은 정치적 입장이 다른 양측 모두로부터 비난을 받았으며 부정적인 반응을 불러일으켰다. 당시 뉴욕 주지사였던 루스벨트는 그의 연설이 밋밋하고 특별할 게 없다는 〈뉴욕 타임스〉의 비난을 받았다. 루스벨트의 보좌관인 루이스 하우(Louis Howe)조차 그 연설은 끔찍한 우둔함의 소치라고 말할 정도였다.[97]

이제 역사는 루스벨트의 오글소프 대학 연설이 그의 경력의 전환점이며, 1930년대 대공황(Great Depression)을 다루기 위한 실험적 접근법의 시작과 그의 첫 임기 중에 통과한 뉴딜(New Deal) 정책의 시행을 알리는 신호였음을 보여준다. 이 실험적 접근법을 통해 루스벨트는 다양한 프로젝트를 수시로 제안했다고 알려져 있는데, 그중 일부는 서로 의도가 어긋나서 참모들과 보좌관들의 분노를 일으키기도 했다.

정계의 리더가 실험을 토대로 행동을 취하는 것은 말할 것도 없고, 실험에 대해 말하는 것 역시 흔한 일은 아니다. 세계에서 가장 복잡한 도전 과제 중 하나인 마약 문제를 조용히 떠맡은 리더가 있었으니 바로 우루과이의 호세 무히카(Jose Mujica) 대통령이다. 2013년 말, 그는 '일종의 실험'이라고 말하면서 마리화나를 처벌 대상에서 제외하는 법안을 통과시켰다.

이 이야기가 중요한 이유는 극히 드문 사례이기 때문이다. 사회과학자들이 마약을 범죄 대상에서 제외하는 실험을 한 경우는 있었지만, 정부가 실제로 이를 현실화하는 것은 보기 드문 일이었다. 어떤 국가에도 마리화나를 범죄 대상에서 제외한 정부는 없었으며, 라틴 아메리카에서는 우루과이가 첫 시험적인 사례였다. 목표는 '마약과의 전쟁'이 실패로 돌아갔음을 선언하고 다른 방안을 모색하는 것이었다. 마약 범죄 조직의 비즈니스 모델을 약화시키고, 이로 인해 초래되는 폭력과 파멸을 미연에 방지하기 위한 하나의 방안이었던 것이다.

무히카 대통령이 검소하고 수수한 생활방식, 그리고 자신의 급여 중 90%를 자선단체에 기부하는 것으로 유명한 것도 우연의 일치는 아니다. 그가 세계에서 가장 가난한 대통령이라는 생각은 블로그를 타고 빠르게 확산되었다. 그는 진정 혁신적인 철학자로 알려졌다. 강한 목적의식에 이끌려, 무히카는 수많은 사람들이 강력히 반대했음에도 과감히 미지의 영역을 향한 모험을 감행했다.

무히카는 이런 대담한 실험과 연관된 위험을 받아들였으며, 필요한 경우 진로를 바꿀 준비를 했다. "다른 실험들과 마찬가지로 당연히 여러 위험이 있었으며, 우리가 감당하기에 너무 버거운 것으로 드러날 경우엔 정책을 철회해야 한다는 것을 잘 알고 있었습니다. 광신자들처럼 우리가 행동할 필요는 없으니까요."

실험에 직면했을 때 저항은 보편적인 초기 반응이며, 특히 위험을 싫어하는 사람들에게서 나타난다. 피터 킹이 에너제티코스의 경영진에게 조직도를 던져버리자고 제안했을 때 사람들은 경악하는 표정을 지었다. 누가 그들에게 보고를 할지 모른다면 어떻게 보고를 체계화할 수 있을까? 피터가 역할과 책임을 없애자는 또 하나의 얼토당토않은 제안을 했을 때 저항은 더욱 거세졌다. 찬반을 놓고 3시간의 공방이 오간 후, 피터는 그들에게 '시험 삼아 3개월간만 시행해보자'고 제안했다. 이것은 에너제티코스 변혁 프로세스의 트레이드 마크가 되었다. 실험은 패러다임을 바꾸는 가장 좋은 방법이 되었으며, 사람들이 새로운 경영 관행에 믿음을 갖는 데 도움을 주었다.

"실험은 어떤 프로세스를 통제하고 싶어 하는 마음이나 특정한 결과를 기대하는 마음으로부터 자유로워질 수 있는 능력이다." 실험에 '유일한' 방법이란 없으며, 당면한 문제를 다루는 데는 시험해볼 수 있는 무궁무진한 방법들이 있다. 조직들은 일반적으로 위험을 싫어하며 실험을 할 만큼의 충분한 참을성도 없다. 그들은 어떤 고통이나 금전적 비용을 초래하지 않으며 신속한 결과를 전달할 수 있는 것에 주로 투자한다. 하지만 실험을 권장하는 조직은 이런 사고방식을 가지고 있지 않은 조직보다 더 혁신적이고 성공적이며, 자주 실험을 하는 팀이 그렇지 않은 팀보다 뛰어난 성과를 올린다는 것을 연구는 보여준다.[98]

앞서 언급한 유로스타는 시험적인 생각에 마음이 열려 있는 것으로 유명하다. 시험할 거리가 생기면 먼저 제한된 범위에서 실시되는데, 이는 모든 것이 잘 운영되게 하기 위해 아주 많은 직원과 승객, 절차들을 포함해서 시험해야 하는 과정을 밟다 보면 작은 변화를 이루는 것이 때로는 큰 도전 과제가 될 수 있기 때문이다. 그래서 큰 변화를 이루는 데 집중하기보다는 오히려 몇 달 정도의 기간 중에 반복해 시험할 수 있는 작은 것 하나를 생각하도록 직원들을 독려한다. 유로스타는 열차의 비즈니스석에 탑승한 고객들을 위해 택시 예약 서비스를 제공하기로 결정했는데, 사람들의 큰 호응을 얻은 이 아이디어는 곧 정규 서비스가 되었다. 최고경영자인 니콜라스 페트로빅은 다음과 같이 설명한다.

처음 아이디어를 얻었을 때, 이에 대한 비전은 있었지만 실현에 필요한 세부 계획은 없었습니다. "그건 전혀 효과가 없을 거야."라는 말을 많은 사람들로부터 듣지만 우리는 계획들을 시험해보고, 그것을 제대로 이해해가는 과정을 통해 배우며 많은 변화와 향상을 일궈냈습니다. 일반적으로 사람들은 시험과 실험을 함으로써 때로는 실패를 맛보며 배우는 데 익숙하지 않습니다. 그들은 가장 먼저 해법을 원합니다. 실험 문화를 조성하기 위해서는 먼저 직속 상사들을 한 배에 태우는 것이 필수적입니다. 우리에 대한 그들의 신뢰성이 위태로워지지 않으려면 그들에게 우리가 도중에 그만두고 포기하지 않을 거라는 확신을 주어야 합니다. 용두사미로 흐지부지 끝나는 것보다 나쁜 건 없습니다. 이런 식으로 우리는 끊임없이 배우고 변화할 수 있습니다.

실험을 지향하는 방향으로 발전해나가는 것에는 문제를 해결하는 방향으로 나가는 것보다 많은 장점이 있다. 실험적인 사고방식은 모든 것이 자신의 결정과 행동에 달려 있다는 부담감 없이 사람들에게 무언가를 시도해볼 수 있는 자유를 준다. 일련의 실험들을 동시에 실시할 수 있으며, 무엇이 효과가 있고 무엇이 그렇지 않은지에 대해 세심한 주의를 기울일 수 있는 상황을 우리에게 마련해준다. 그리고 나서 실험에서 파생된 결과를 배우고, 배운 것을 보급하는 데 모든 초점이 집중된다. 다이애나의 이야기를 들어보자.

제인 해리슨(Jane Harrison)이란 친구가 있는데, 그녀는 자신을 바우어새라고 표현하길 좋아해요. 바우어새가 밝은 색의 물체를 자기 둥지에 모으는 것처럼 그녀도 단편적인 지식과 경험, 관계를 쌓기 좋아하기 때문이죠. 제인은 예술가 겸 극작가이며, 토착 예술가이자 정부 정책관으로 활동하는 등 다양한 일을 하고 있어요. 그녀는 자신을 자칭해 '팔방미인 제인'이라고 해요. 그녀는 안티 전문가(anti-expert)예요. 다시 말해 프랑스의 인류학자이자 민족학자인 레비스트로스(Levi-Strauss)가 "브리콜뢰르(bricoleur, 주어진 상황에서 활용 가능한 도구와 지식, 노하우를 가지고 임기응변을 발휘해 위기 상황을 탈출하는 사람 - 옮긴이)"라고 이름 붙인 인재예요.

브리콜뢰르는 전문가와는 반대되는 개념으로, 가까이에서 얻을 수 있는 것을 무엇이든 활용할 수 있는 아마추어를 말한다. '맥가이버(MacGyver)'라는 드라마 속의 주인공처럼 말이다. 어떤 문제와 마주하든 맥가이버는 주변에 널려 있는, 겉보기에 관련성이 없는 잡동사니 물건들을 결합해 곤란한 상황에서 벗어난다.

브리콜뢰르는 탐구적 사고방식을 가지고 있으며, 아는 것과 '모르는 것'의 경계에서 일하면서 끊임없이 즉흥성을 발휘하고 자연스럽게 주변 환경을 다룬다. 브리콜뢰르에게는 과정이 최종 결과 못지않게 중요하다.

7

실수를 받아들이라

"실수는 우리를 탐사한 적 없는 미지의 세계의 경계로 데려간다."

― 존 캐들(John Caddell)의 《실수 은행(The Mistake Bank)》 중에서

제프 멘댈(Geoff Mendal)은 캘리포니아에 본사를 둔, 세계를 주도하는 인터넷 회사 중 한 곳에서 일하는 엔지니어다. 그는 전형적인 컴퓨터 엔지니어들처럼 내성적이고 꼼꼼하며 체계적이지만, 집착이라고 할 만큼 음식을 좋아하는 면도 있어서 혼자 요리하는 법을 배웠다. 처음에는 무엇을 해야 할지 몰라서 많은 실수를 저질렀다. 연습을 하면서 능숙해지긴 했지만 그러자 금세 싫증이 나버렸다. "같은 방법으로 같은 요리를 만드는데, 무엇 때문에 만들 때마다 똑같은 결과를 얻기가 어려울까요? 저는 그렇게 요리하는 것이 중요하지 않다고 말하고 있는 게 아니라 그와 정반대의 이야기를 하고 있는 겁니다! 어떤 식당의 주방장에게 물어봐도, 다시 찾는 고객들은 그들이 지난번에 주문했던 것과 완전히 똑같은 음식 맛을 기대한다고 말해요. 계절이나 구할 수

336

있는 재료의 질, 실제로 요리를 하는 주방의 요리사들 같은 요인에 상관없이 말입니다."

같은 방법으로 같은 요리를 할 때마다, 같은 맛을 내는 건 어려운 일이라고 제프는 말한다. 그렇게 하려면 굉장한 기술과 실력이 필요하다. "이번에 도전할 것은 감정적인 과제입니다. 이전에 같은 방법으로 수백 번이나 연습을 해봤기 때문에 나는 내가 모두의 기대를 만족시키는 요리를 만들 수 있다는 것을 압니다. 그런데 왜 귀찮은 걸까요? 매번 같은 방법으로 음식을 만든다면, 더 이상 내가 배우거나 향상할 것이 없다는 얘기이기 때문입니다."

정말 진지하게 요리를 배워보겠다고 결심했을 때, 제프는 1년 과정의 전문 요리학교 야간반에 등록했다. 어느 날 밤, 이 야간반의 수강생들은 몇 가지 다른 소스를 동시에 준비하고 있었다. 그는 실수로 조리대에서 준비하고 있던 두 가지 소스의 재료를 섞어버렸고, 진행 과정을 보기 위해 돌아다니던 강사가 그에게 다가왔을 때는 이미 너무 늦어버렸다. 그는 제프의 실수를 지적했지만, 실수로 만든 소스라도 어쨌든 계속 준비해보라고 말했다. 아마도 배울 교훈이 있기 때문이었을 것이다.

"나는 결과가 끔찍할 거라고 예상했습니다. 왜냐하면 소스 중 하나가 사실 그랬거든요. 하지만 (이제 내가 '황금 소스'라고 부르는) 둘이 섞인 소스는 환상적인 맛이 났어요. 나는 이것을 집에 가져가 아내에게 맛보여줬는데, 곧바로 그녀가 제일 좋아하는 소스가 됐어요. 아내는 내게 그 소스를 다시 만들어달라고 했지만 나는 그럴 수 없었어요. 실수로 그걸 만들었을 때의 순서가 정확하게 기억나지 않았기 때문이에요. 나는 처음 만들기로 했던 두 가지 소스의 레시피만 알고 있었어요. 두 가지 소스의 재료를 이것저것 바꿔 넣어보고 만드는 순서도 같은 실수를 반복해서 '황금 소스'를 다시 만들 수는 없었어요."

처음 했던 실수를 알아내기 위한 실험을 하는 데 3년이 넘게 걸렸지만 마침내 그는 성공을 거두었다. 이제 그는 그날 밤 요리학교에서 실수로 탄생시켰던 환상적인 소스를 언제든지 만들 수 있다.

제프는 처음에 공학적 사고방식을 사용해 요리하는 것뿐만 아니라 요리학교에 접근했다고 시인했다. 규칙을 이해하고 따르면 훌륭한 결과를 얻을 것이라고 말이다. 하지만 요리 강사들은 그런 접근법을 계속 고수한다면 절대 훌륭한 요리사가 될 수 없을 거라고 충고했다. 규칙에서 자유롭게 벗어나 '레시피는 미지의 세계로의 여행에 시발점에 불과하다'고 생각하며, 알려지지 않은 공간에 편안해지는 건 어려운 일이다. "훌륭한 요리를 만들려면 요리에 완전히 몰입해야 하고, 바로 지금 무슨 일이 일어나고 있는지 제대로 알아야 하며, 즉흥적인 적응력이 필요합니다. 엔지니어에게 계획을 놓기란 쉬운 일이 아닙니다. 이런 사고방식을 가진 엔지니어가 만든 다리를 건너야 한다는 건 생각만 해도 끔찍한 일입니다. 그러나 요리의 경우 이런 사고방식은 필수적이며 또 효과적입니다."

요리학교를 졸업한 후, 제프는 주로 대규모 출장 요리 서비스나 자선 행사를 통해 많은 전문 요리사들과 친구가 되었고 그들과 함께 일했다. 그들은 훌륭한 솜씨와 맛있는 요리, 근사한 식당으로 업계에서 높이 평가받으며 유명해졌다. 이 요리사들과 함께 일하면서 제프는 메뉴에 대한 계획이라고 해봐야 행사 당일이나 전날에 종이 한 장에 써놓은 내용이 전부라는 것을 알았다. 하지만 계획이라는 것이 적혀 있는 이 종이가 요리 담당팀에게 전달되지 않는 경우도 있었고, 계획된 메뉴가 말로만 전달되기도 했다. 대부분의 경우 요리사들은 '모르는 것'의 공간에서 일한다. 물론 재료의 양과 종류는 세심하게 계획된다. 이런 종류의 계획 없이는 호화로운 행사에 참석한 수백 인분의 요리를 할 수 없기 때문이다. 그러나 일단 재료의 주문이 끝나면 실제로 요리를 만드는 과정은 대체로 그 순간에 결정된다. 원래 구상했던 것과는 완전히 다른 요리로 대체되거나 전혀 다른 방식으로 음식을 준비하는 것은 특별한 일이 아니다. 요리사들은 준비하는 요리의 맛을 보며 계속 조정한다. "가장 맛있는 음식은 결국 그날 어떤 요리를 할지, 또는 어떤 맛에 초점을 맞출지를 모르는 상태에서 준비할 때 나옵니다." 제프의 말이다.

자신이 저지른 실수를 인정하고 가치 있게 여길 줄 아는 제프의 능력은 예전이라면 상상도 하지 못했던 가능성의 문을 열었다. 이것은 실수라면 흔히 실패나 저조한 성과를 연상하는 비즈니스 세계의 관점과는 대조적이다. 미국 간호사들에 대한 한 연구는 '배운다'는 정신으로 실수에 접근한다면 보이는 것과 정반대의 것이 사실일 수도 있음을 보여주었다. 이 연구는 문서기록 오류율이 높을수록 간호사들의 성과와 인간관계의 질이 높으며 수간호사의 리더십이 뛰어나다는 상관관계를 발견했다. 초기에 오류를 감지해낼 수 있었던 주요한 이유는 간호사들이 열린 마음으로 실수를 논의할 수 있는 능력을 갖추고 있었기 때문이었다.[99]

유로스타는 실수로부터 배우는 것을 지향하는 문화를 조성함으로써 주요한 기회를 발견해왔다. "아마 실수를 받아들일 때 사람들은 가장 큰 배움을 얻을 수 있을 겁니다. 나는 사람들이 어떤 기업의 경비 대보다 자기 자신을 심하게 규제하고, 자신과 다른 사람들에게 엄격히 대하는 모습을 보곤 합니다. 우리는 실수를 받아들이고, 이를 통해 배우고 성장하는 태도를 갖추고 있으며, 이를 기반으로 일하고 있습니다. 이것은 '모르는 것'의 효율성을 높이는 열쇠입니다." 최고경영자인 니콜라스 페트로빅의 말이다.

왕성하게 활동하는 혁신가들은 대체로 실수를 아주 편안하게 받아들인다. 소문에 의하면 토머스 에디슨(Thomas Edison)은 이렇게 말했다고 한다. "나는 내가 아는 그 누구보다 더 많은 실수를 한다. 그리고 결국 그 실수로 특허를 받았다." 효율성과 고품질의 시스템으로 유명하한 자동차 제조업체인 도요타(Toyota)는 전 세계 제조업체들의 연구 대상이다. 도요타의 시스템 중 하나는 정기적으로 회의를 개최함으로써 사람들이 자신의 실수를 공유하고 이를 통해 모든 사람이 배우게 하는 것이다. 이는 실수를 털어놓아도 안전한 문화가 이미 조성돼 있기 때문에 가능한 일이다. MIT의 미립자 및 원자 연구소(Centre for Bits and Atoms)의 연구소장 닐 거셴펠드(Neil Gershenfeld)는 이렇게 말한다. "버그(bug)에 주안점을 두어야 한다. 예상을 깨뜨리는 것은 그것을 개선할 수 있는 기회기도 하다."

8

더 빨리 실패하라

2003년 2월 1일, 지구 대기권으로 재진입하던 컬럼비아 우주왕복선이 산산조각 나고 일곱 명의 승무원 전원이 사망한 일이 있었다. 이 참사의 직접적인 원인은 발포 고무 한 조각이 떨어져 나가면서 외장 타일과 충돌했고 이로 인해 컬럼비아호가 대기권으로 재진입할 때 고온의 가스가 우주왕복선의 본체 안으로 새어 들어왔기 때문이었다. 이 참사는 조직적·집단적 실패의 대표적인 사례로도 잘 알려져 있다. 미 항공우주국(NASA)의 문화를 연구한 학자들은 경청과 배움, 탐구의 결여, 권위에 도전하기 위한 심리적 안정성의 제한 등과 같은 집단 역학적 실패를 발견했다. 미 항공우주국의 문화는 데이터 중심의 문제 해결과 정량적 분석에 의존했으며, 시험해보지 않은 새로운 생각과 불완전하고 결점이 있는 정보에 대한 탐구 의욕을 꺾었다.[100]

문제는 실패 그 자체가 아니라 실패에 대한 사람들의 태도였다. 그들은 당혹감과 자신감의 상실을 감추기 위해 잠재적인 실수를 외면해 버렸다. 그들은 자기 자신의 관점과 기존의 관점을 옹호하는 데 에너지를 쏟았으며, 기존 시스템이 무언가 잘못됐을 수도 있다는 가능성에 마음을 열어놓지 않았다. 발포 고무가 떨어져 나가며 우주왕복선과 충돌했다는 보고를 받았건만 미 항공우주국의 관리자들은 17일이나 시간을 허비했으며, 이것이 심각한 문제를 초래할 가능성을 경시함으로써 좀 더 심도 있는 문제 조사에 실패했다.[101]

우리는 성공과 성취라는 측면에서 자신의 가치를 측정하며, 야망을 명예의 훈장처럼 달고 다니고, 자기 자신과 다른 사람들에게 높은 기대감을 갖는 경향이 있다. 그렇기 때문에 목표 달성에 실패하면 실망감을 느끼고, 무언가에 성공하면 자신이 공을 차지하려 하며, 실패하면 남의 탓으로 돌리려 한다. 그래서 실패는 종종 우리를 놀라게 한다. 만약 '실패가 선택 사항에 없다면' 우리는 진로에서 벗어나게 될 것이다. 우리는 실수 때문에 침울해지며, 이것이 자존감에 상처가 되고 무능력을 드러내는 일이라고 여기게 된다.

실패에 대한 우리의 태도는 종종 문화와 관련이 있는 것처럼 보인다. 사람들은 실리콘 밸리와 창업의 세계에서 전형적인 미국 기업 문화의 역동성을 기대한다. 기업가들은 자신의 실패를 자랑스럽게 여기는 것으로 알려져 있다. '더 빨리 실패를 경험하라'라는 슬로건은 창업의 모토 안에 압축돼 있는 태도를 잘 보여주고 있다. 여러분이 사업을 해본 적이 없거나 적어도 한 번쯤 실패해본 경험이 없다면, 어떤 세계에서는 투자자들이 여러분을 신뢰하지 않을 것이다. 이러한 실패의 경험과 실패를 수용하는 태도가 이후에는 성공의 열쇠가 되기 때문이다.

미국 동부의 청교도적 직업윤리와 실패를 오점이라고 여기지 않는 서부의 골드러시(gold rush)를 대조해보자. 모든 사람들이 닥치는 대로 땅을 팠으며, 임의적으로 선택한 장소에서 사금을 가려냈다. 그들은 자신이 벼락부자가 될지 어떨지 알 수 없었고 금이 어디에 있는지도 몰랐지만, 실패를 성공하기 위한 노력의 정상적인 과정으로 보았다. 수만 명의 사람들이 이러한 과정을 거치면서, 실패라는 생각으로 인한 아픔에 점점 무뎌졌다. 우리는 이러한 반향을 현재 실리콘 밸리의 기업 세계에서 볼 수 있다. 이곳에서는 무언가 시도하고 실패하는 것을 부정적으로 보지 않는다.

미국의 디자인 회사 아이데오(IDEO)의 핵심 철학은 '발전하기 위해 배워라'다. 이곳에서는 해답을 얻기 전에 행동하고, 위험을 감수하며, 서투른 점을 발전시키는 태도를 전적으로 권장할 뿐만 아니라 이에 대한 보상을 한다. 생전 처음으로 스키 여행을 다녀온 한 직원의 이야기를 예로 들어보자. 그는 직원들인 모인 자리에서 3일 동안 스키를 타면서 단 한 번도 넘어지지 않았다고 자랑을 했는데, 동료들은 축하 대신 그가 안전지대에서만 머물렀다고 조롱을 했다.[102]

고통이나 실패를 회피하는 대신에, 우리는 실패를 중요한 피드백과 배움의 기회로 재구성할 수 있다. 일단 발사되고 나면 끊임없이 피드백을 추구하며 자동으로 궤도를 수정하는 자기 유도(self-guided) 크루즈 미사일처럼 우리는 사전에 적극적으로 피드백을 구하면서 도중에 시정 조치를 취할 수 있다. 걸어가는 바로 그 과정에서 우리는 균형을 잃고 앞으로 넘어지지 않기 위해 한걸음 한걸음마다 끊임없이 자신을 수정한다. 기업가들은 어떤 과정을 처음 시작하면서부터 실패할 가능성을 알아차리는 데 능숙하기 때문에 선택 가능한 모든 방안을 고려하면서 시작하고, 실패할 가능성이 높은 지점에 주의를 기울이며 도중에 조정할 수 있도록 준비를 한다.

실패를 망신과 후회의 소치라고 보는 대신에, 그것을 복잡하고 불확실한 환경에서 일할 때 받아들여야 하는 불가피한 부분이라고 생각하자. 딱 한 번 만에 제대로 해낼 수 있을 거라는 기대를 하지 않아야 홀홀 털고 일어나서 다시 도전할 수 있다.

하버드 대학 졸업식 연설에서 J. K. 롤링(J. K. Rowling)은 실패는 "불필요한 것을 벗겨내는 과정"이라고 말했다. 이런 마음가짐으로 그녀는 남들의 시선을 의식하는 가식적인 자신의 모습을 버릴 수 있었고 비로소 자신의 모든 에너지를 가장 중요한 것, 즉 글을 쓰는 것에 쏟아부을 수 있었다. "나는 자유로워졌어요. 내가 가장 두려워했던 일이 실제로 일어났기 때문에 가능한 일이었어요." 그녀가 설명했다. 다른 어떤 일에 성공을 했더라면 그녀는 결코 작가로서 성공하겠다는 결심을 하지 않았을지도 모른다. 때로는 중요한 것을 깨닫기 위해 우리는 실패를 맛볼 필요가 있다.

9

안 될 게 뭐 있어?

"나는 사람들이 '왜지?'라고 말하는 것을 듣는다.

무언가를 볼 때마다 늘 '왜지?'가 따라다닌다.

그리고 사람들은 '왜지?'라고 말한다.

그러나 나는 결코 존재한 적이 없는 것들을 꿈꾼다.

그리고 나는 '왜 안 돼?'라고 말한다."

— 조지 버나드 쇼(George Bernard Shaw), 극작가

2003년 고든 더실바(Gordon D'Silva)는 혁스턴 어프렌티스(Hox ton Apprentice)를 창립했다. 수백 명의 실업자 연습생들을 요리사나 식당 종업원, 술집 종업원으로 양성하는 레스토랑이었던 이곳은 영국의 유명 요리사인 제이미 올리버의 열다섯 번째 레스토랑의 모델이 되었다. 고든은 또한 '트레이닝 포 라이프(Training for Life)'라는 사회적 기업을 시작하여 사회적 투자와 모금 활동, 행사 등을 통해 수백 만 파운드의 자금을 마련했다. 이 기업의 프로젝트 덕분에 1만 7,000명 이상의 사람들이 다시 일자리를 찾거나 전일제 교육을 받을 수 있었다.

고든은 초기에, 바나도(Barnardo) 박사의 자선 단체에서 아이들을 위한 자선 사업에 종사했었다. 당시 그는 매우 연약한 한 청소년을 얼스코트(Earls Court)라는 숙박 시설로 보내야 했는데, 이것은 성매매를

하라는 것과 다름없는 조치였다. 그때를 회상하며 고든은 이렇게 이야기한다. "정말 화가 났던 기억이 납니다. 우리에게 필요했던 것은 보살핌을 받지 못하는 사람들을 위한 재활 센터였어요. 하지만 돈이 문제였습니다. 당시는 대처 총리가 영국을 이끌고 있었으며 예산이 대폭 삭감된 시기였습니다. 그런 공간에서는 어느 누구도 살아갈 수 없었지요. 나는 '빌어먹을, 내가 돈을 모으겠어' 하고 혼잣말을 했습니다." 사회단체들과 주택 조합의 힘을 모아 고든은 낡은 빅토리아 시대의 건물을 한 채 얻어 재단장했다. 이것이 영국 최초의 재활 센터가 된 것이다. 안전한 매개적 공간을 제공하는 이곳은 10명의 청소년이 교육 훈련을 받을 수 있는 공간을 제공했으며, 불과 몇 년 만에 수백 명의 청소년들이 재활을 위해 거쳐가는 공간이 되었다.

이때쯤 고든은 제3부문(third sector, 국민 경제 중 공공이나 민간 부문에 속하지 않는 중간 부문 – 옮긴이)을 신뢰하는 마음을 잃게 되었다. 제3부문이 비능률적이고, 기부에 의존적이며, 사회에 이처럼 중요한 역할을 하는 데 비해 종사자들에게 쥐꼬리만 한 급여를 지급한다는 것을 깨달은 그는 자산 증식에 착수하기로 결정했다. "나는 대처리즘(Thatcherism, 전 영국 총리였던 대처가 영국 경제의 재생을 꾀하며 추진한 사회 및 경제 정책의 총칭 – 옮긴이)의 화신이 되었고, 사우스 켄싱턴에 펜트하우스 아파트에서 생활하며 포르셰를 몰고 다녔습니다."

그러나 그는 주식 시장에 손을 댔다 쪽박을 찼다. 이 시기에 이자율은 무려 18%에 육박했기 때문에 고든은 빚더미 위에 앉아버렸고, 더 이상 이전의 생활 방식을 유지할 수 없게 된 1992년에는 결국 파산하고 말았다. 설상가상으로 그 시기에 어머니가 돌아가셨고, 이것은 그에게 큰 영향을 끼쳤다. "지난 6년 동안 나는 내 본연의 모습을 잃고 살았을 뿐만 아니라, 재산도 몽땅 날려버렸어요. 내게 남은 거라곤 사회적 지위뿐이었기 때문에 이것이 정말 중요했어요. 내가 나아갈 방향을 다시 정해야 했어요. 깊이 있는 자기 성찰의 시간을 갖기 위해 배낭을 메고 6개월간 여행을 다녔어요. 흑백 논리의 삶을 살아왔기 때문에 다시 다각적인 관점을 찾아야 했고, 당시의 내 모습을 만든 모순이 무엇인지 알아내야 했거든요."

집으로 돌아왔을 때, 그는 백지 상태에서 시작했다. 그 당시 마이클 잭슨(Michael Jackson)은 '힐 더 월드(Heal the World)' 재단을 설립했으며, 이를 운영할 최고경영자를 찾고 있었다. 고든은 그곳에 지원했지만 퇴짜를 맞았다. 그러나 그는 '안 된다'는 대답을 좀처럼 쉽게 받아들이는 성격이 아니었기 때문에 다시 전화해보기로 마음먹었다. 그는 광고를 이제 막 본 것처럼 행동했다. 그는 마감일 이후에도 지원이 가능하냐고 물었고 그들은 그렇다고 말했다. 그는 250명의 지원자들 중세 명의 최종 후보자 명단에 올랐다. 하지만 면접을 바로 코앞에 두고, 헤드헌터 업체에서 그가 이전에 지원했다 낙방했다는 사실을 알아차렸다. 결국 그는 면접을 볼 수 없다는 통보를 받았다. "정말 허탈한 기분이었어요. 런던 중심부에 있는 존 루이스 백화점 근처의 클리블랜드 광장 뒷길을 걷던 기억이 납니다. 걷는 속도를 높이다 불현듯 멈춰섰어요. 시간이 멈춰버린 것처럼 느껴졌고, 나는 혼잣말을 했어요. '제기랄, 내가 직접 자선 단체를 만들 거야.'"

고든은 사회적 영향력을 행사할 수 있으며, 수익성이 있고, 지속 가능한 비즈니스 모델 개발에 착수했다. 이것은 '사회적 기업'이라는 용어가 보편적으로 사용되기 한참 전의 일이었다. 1995년 그는 사회적 기업인 트레이닝 포 라이프'를 설립했고, 사용되지 않는 공간을 활용해 불우한 청소년들을 위한 교육과 훈련의 장소로 탈바꿈시켰다.

트레이닝 포 라이프의 문을 닫고 난 후 그는 또 한 번의 휴식 시간을 가졌는데, 이번에는 이탈리아에서 사용되지 않는 수녀원을 매입해 '레거시 카사 레지덴시아(Legacy Casa Residencia)'라고 하는 재활과 휴식, 개인의 복지를 위한 공간으로 변모시켰다. 바로 이곳에서 고든은 각종 단체의 임원들을 불러 모아 사회의 요구를 다룰 수 있는 문제들에 대해 논의했다.

"사업과 학계, 정치 부문 등 각계에서 직면하는 보다 광범위한 도전 과제들을 다루기 위해서는 우리가 서로 협력해야 하며, 사회적 영향을 미칠 수 있는 일들이 좋은 사업거리가 된다는 것을 인식해야 한다고 나는 진심으로 믿습니다. 때때로 나는 자신에게 묻습니다. '왜 내가 이걸 하고 있는 거지?' 내 대답은 늘 같습니다. '안 될 게 뭐 있어? 우리에게 필요한 일이고 지금 나 말고 하는 사람이 아무도 없잖아.'"

체념하고 패배를 인정하는 대신에, 고든은 거절과 실패 속에서 가능성을 보았다. 그의 "안 될 게 뭐 있어?"라는 태도는 앞에 뭐가 있는지 모름에도 행동할 수 있는 용기를 그에게 주었다.

모든 도전은 모호하다.

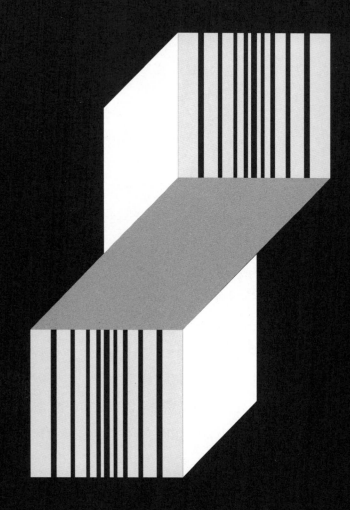

그래서 세상을 보는
새로운 방법이 필요하다.

10
책임을 지라

조직이 대대적인 구조조정을 단행하면서 수많은 사람들이 미지의 세계로 던져졌을 때, 한 국제적인 금융 기관의 기술 책임자였던 제니퍼 게일(Jennifer Gale)은 자기 스스로 문제를 해결하고자 노력했다. 당시는 2011년이었고, 대부분의 국제적인 기관들처럼 그녀의 기관도 재계 다방면의 전반적인 주머니 사정을 통해 2008년 경제위기의 영향과 여파를 여전히 느끼고 있었다. 회사들은 직원의 수를 줄였으며, 최소한의 필요 인원만 모집하고 있었다. 필요한 비용을 절감한다는 것은 자원의 상태를 계속 검토하고, 꼭 필요한 제품인지 재평가한다는 의미였다. 제니퍼에게는 조직 내에서 새로운 역할이 주어졌지만, 자신이 이전에 관리했던 팀은 비용 절감의 영향을 받게 될 것이라는 사실을 알았다.

제니퍼는 재능 있는 사람들로 구성된 이 팀에 자신의 열정을 기울이며 여러 해를 보내왔다. 그녀는 팀원들과 함께 일하면서 전문 기술을 익히고 경험을 넓힐 수 있도록 도왔고, 또한 그들이 반려자를 만나 가정을 꾸리고 낯선 나라에 뿌리를 내리는 모습을 보아왔다. 기술과 조직에 대한 팀원들의 공헌과 헌신 등을 고려하면, 그들의 일자리가 위험에 처한 상황을 지켜보는 것은 정말 고통스러운 경험이었다.

"그때 선택의 시간이 왔어요. 100만 달러 정도의 비용을 절감하라는 상의하달식의 지시를 받아들여야 할 것인가, 아니면 실직으로 이 사람들의 생계가 위협받는 상황을 막기 위해 조치할 수 있는 모든 방안을 탐색해야 할 것인가 중에서 말이죠."

사실 이것은 제니퍼의 문제가 아니었으므로 그냥 훌훌 털어버리면 아주 간단한 일이었다. 이제 그들은 더 이상 자신의 팀이 아니었으며, 지켜야 하는 것이 자신의 예산도 아니었으니 말이다. 하지만 아무것도 하지 않고 가만히 앉아 있을 수는 없다고 결정한 바로 그 순간을 그녀는 기억한다.

"가만히 앉아 내 컴퓨터를 바라보며, 우리 앞에 놓여 있는 난관에 대해 고뇌하던 어느 한순간에 마음을 굳혔습니다. 이 사람들에게 무슨 일이 닥쳐올지 뻔히 알면서도 그들이 일자리를 잃지 않도록 도움이 될 수 있는 무언가를 해보지도 않는다면 나 자신을 용납할 수 없을 거라는 생각이 들었습니다."

이 새롭게 발견한 초점과 에너지를 가지고, 그녀는 자신의 주소록을 펼쳤다. 하나하나씩 알파벳 순서에 따라 체계적으로 주소록을 훑으며 이메일과 문자 메시지를 발송하고 전화를 걸어 경험이 풍부한 고급 인력을 모집하는지 물어보았다. 놀랍게도, 그녀의 인맥이 큰 도움이 되었다. 제니퍼는 후보자들에게 새로운 기회에 대해 말해주는 한편, 인사 담당 책임자와 면접 일정을 잡기 시작했다. "직원의 일자리가 위험하다는 것을 알리지 않는 것이 원래의 규약이었어요. 그래서 어쩔 수 없이 나는 영향력을 행사하는 내 능력에 전적으로 의존해야 했고, 경력에 새로운 잠재적인 기회를 얻을 수 있는 면접에 마음을 열라고 팀원들에게 권했어요. 그리고 나서 제안한 이 새로운 일자리를 그들이 거절한다면, 이후에 결과가 어떻게 될지 모르기 때문에 발생하는 위험을 감수하는 것은 그들의 몫이었어요."

일주일 후 그녀가 추천한 25명의 인물들은 회사의 다양한 분야에 걸쳐 일한 경험이 있고, 채용팀의 자격 요건에 부합하는 강력한 후보자들이라는 것이 확인되어 새로운 일자리를 보장받을 수 있었다. 팀원들은 자신의 경력을 쌓는 데 도움이 되는 새로운 기회에 흥분을 감추지 못했다. 목표 예산 또한 충분했다.

"책임을 지겠다는 선택은 25명의 삶에 큰 차이를 만들었으며, 내가 옳은 일을 했다는 것을 알았기 때문에 내 삶에도 뜻깊은 차이를 만들었습니다!"

아홉,　미지의 세계를 즐기라

DELIGHT IN THE UNKNOWN

"과거는 미래의
길잡이로서는 빈약하다.
우리는 알았다.
예상치 못한 일을
끊임없이 다루게 되리라는 것을.
이런 시나리오를 감안하면,
조직은 미지의 세계에서
즐길 수 있는 사람이
필요할 것이다."

찰스 핸디, 비즈니스 사상가이자 작가

1

어리석음과 놀이

"어리석은 사람은 자기가 현명하다고 생각하지만,

현명한 사람은 자기가 어리석다는 것을 안다."

- 윌리엄 셰익스피어

해답을 모른 채 결정을 하는 것은 틀림없이 바보 같은 짓이다. 하지만 때때로 우리는 바보 같은 짓을 해야 한다. 타로 카드 그림을 보면 바보는 전통적으로 벼랑 끝을 향해 걸어가고 있으며, 금방이라도 뛰어내릴 것 같은 사람의 모습으로 묘사된다. 그는 여정에 필요한 갖가지 물품을 넣은 보따리를 어깨에 메고 있고 한 손에 미의 감상을 상징하는 꽃 한 송이를, 다른 한 손에는 여정에 의지할 수 있는 도구를 상징하는 지팡이를 들었다. 그는 (미지의 방향인) 북서쪽으로 향하고 있다.

바보는 모든 가능성을 상징하는 전형이며, 따라서 유동성과 융통성을 나타내는 이미지다. 바보는 잠시도 가만히 있질 못하지만 현명하며 자신의 명예에 안주하지 않는다. 그는 모험가이자 방랑자이며, 언제 움직여야 하고 언제 야영을 해야 적절한지 그 시기를 알지만 어디로 가야 하는지는 모른다. 그의 성격은 아이 같고, 개방적이며, 솔직한 데다 남의 눈을 의식하지 않는다. 게다가 사전에 계획된 길 대신 자연의 섭리에 따라 움직이기 때문에 우리는 그를 자유로운 영혼이라고 생각할 수 있다. 요즘 세상이라면 그를 '어리숙하다'고 말할 것이다. 작고한 영국의 화가 세실 콜린스(Cecil Collins)는 바보를 이렇게 표현했다. "삶 그 자체의 본질적인 시적 완전체로, 명료하고 적나라한 표현을 즐기며, 무궁무진한 즐거움이 넘쳐흐른다. 지적인 성취의 산물은 아니지만, 직관이란 문화의 창조물이다. 삶에 활력을 주는 천재성의 문화 말이다."[104]

바보가 전달하고자 하는 주요 메시지는 '조심성이 지나치면 좋을 게 없다'는 것이다. 그는 우리에게 믿음을 가지고 도약하고, 자신의 여정에 신뢰심을 가지라고 요구한다. 스티브 잡스가 2005년 스탠퍼드 대학 졸업생들을 격려했던 바와 같이 "늘 갈망하라. 늘 엉뚱하라."

엔턴십스(Enternships)의 최고경영자이자 2012년 세계경제포럼 영글로벌 리더(World Economic Forum Young Global Leader)의 최연소 회원이며 기업들에 의한, 기업가 정신을 위한 캠페인인 스타트업 브리튼(StartUp Britain)의 공동 창립자인 라지브 데이(Rajeeb Dey)의 경우에는 이런 여정을 엉뚱하게 시작하기가 더 쉬웠다. 이제 그는 경험이 풍부한 기업가이기 때문에 미지의 세계에 발을 들여놓으려면 더 큰 용기가 필요했다. "나의 경우, 나를 성가시게 하는 문제와 함께 모든 것이 시작됐습니다. 사실 그 당시에는 그런 줄도 몰랐습니다. 그러나 그것이 기업 활동의 첫 가려움증이었습니다. 무언가 잘못됐다는 사실 말입니다. 그리고 내가 그것을 바로잡을 수 있을지 알고 싶었습니다."

라지브는 옥스퍼드에 있는 자신의 방에 앉아, 일단 대학을 졸업하게 되면 자신 앞에 열릴 다양한 직업 계획을 대대적으로 살펴보고 있었다. 노트북 컴퓨터를 뚫어져라 쳐다보고 있는 그의 눈앞에 '회계 업무' '컨설팅 업무' '법률 관련 업무' '관리 업무' 등과 같은 단어들이 계속 튀어나왔다. "대기업의 그런 성공에 편승하는 삶을 아는 사람들을 위해, 화려하고 분명한 성공에 편승하는 모든 길이 그들을 위해 열려 있었어요. 하지만 나는 아주 큰 무언가의 일부가 되고 싶은 마음 대신 나 자신의 사업을 시작하고 싶다는 마음이 있었어요. 어디에 그 길이 있었을까요?"

정규 과목 외의 활동으로 자신이 다루었던 지역 창업이 자기 같은 사람들에게 훨씬 더 적합하다는 생각이 라지브에게 들었다. 소규모의 팀에서 기민하게 일하며 창업부터 변화를 일궈내고, 책임과 의무, 열정을 가지고 도전하는 것을 즐기는 사람들 말이다. "그리고 틀림없이 젊고 발랄한 신규 업체가 대기업들보다 젊고 발랄한 지성인을 훨씬 더 필요로 하지 않겠어요? 이런 점이 신경 쓰였고 나를 괴롭혔어요. 여기서 내가 할 수 있는 무언가가 분명히 있었어요."

이 시점에 그가 유일하게 아는 것은 이 도전을 받아들이고 싶다는 것뿐이었다. 이것은 라지브에게 중요한 일이라는 사실이 드러났다. "이 문제의 해결을 위해 얼마나 많은 것을 배워야 하는지 실질적으로 좀 더 알았더라면 아마 나는 내 앞에 펼쳐질 여정에 압도당했을 겁니다. 하지만 다행히 그렇지 않았기 때문에 대단히 명료한 마음으로 시작할 수 있었던 거죠." 자기 앞에 놓여 있는 미지의 세계에 대해 백지 상태라는 생각 덕분에 그는 최전방에서, 그리고 하고 싶은 모든 일의 한가운데에서 문제를 해결하기 위해 끊임없이 노력할 수 있었다는 말이다.

맑은 눈을 가진 순진한 학생인 라지브는 이내 자신이 필요한 모든 정보를 가지고 있지는 않다는 것을 깨달았고 일을 해나가면서 방법을 찾았는데, 이것이 그에게 이점이 되었다. "알려지지 않은 것이 많은 미지의 세계로 들어가게 되면, 끊임없이 알아가는 것이 여정의 핵심입니다. 모든 것의 중심에서 말입니다. 그러다 보면 어떻게 해야 할지 분명해집니다." 하지만 만일 처음에 그가 무언가 좀 알았더라면 엔턴십스를 창업하는 그의 여정이 훨씬 더 효율적이었을 것이고, 그렇게 빙 돌아가지 않아도 됐을 것이다. "내 요점은, 어떻게 시작해야 하는지 모르는 채 맹목적으로 프로젝트에 뛰어드는 것을 지지한다는 게 아닙니다. 그것과는 거리가 멉니다. 간단히 말하면 거대해 보이는 도전을 시작하는 사람으로서, 기업가로서, 두려움에서 벗어나 방법을 찾는 것이 중요하다는 게 내가 말하고자 하는 요점입니다."

이제 라지브는 자신이 학생이었을 때와 같은 찬란한 순진함을 가지고 프로젝트에 착수하는 사치를 더 이상 누릴 수는 없다. 애석하게도, 미지의 세계로 뛰어드는 자유가 늘 적절한 것은 아니라고 그는 말한다. 그러나 다양한 책임과 앞에 놓여 있는 과제들, 처리해야 할 일들의 아우성 속에서 반드시 그는 자신에게 질문을 해본다. '내가 이런 것들을 하나도 몰랐더라면 어떻게 했을까? 그럼 내게 남는 게 뭘까? 나는 무슨 문제를 해결하려 하고 있고, 왜 그걸 해결하려고 애쓰는 걸까?'

"이러한 질문들은 여전히 내가 무엇을 해야 하는지 이끌어줍니다. 그리고 앞으로도 계속 그러길 바랍니다. 처음 시작했을 때는 내 앞에 뭐가 있는지 몰랐기 때문에 용감하게 뛰어들기가 쉬웠습니다. 이제 아는 것이 생기기 시작하니 용기를 내기가 더 힘들어진 것 같습니다. 그러나 궁극적으로, 처음에 그와 같은 몇 가지 질문을 자신에게 던져보면 어려운 과제가 명료해집니다. 그리고 어떤 일이든 감당할 수 있습니다."

2

<u>유머</u>

경계에서 생활하다 보면 금세 아주 진지해질 수 있다. 이는 매우 자연스러운 일이다. 사실 직장에서의 중대한 딜레마 때문에 정리 해고되거나, 질병이나 불면증에 걸리는 것과 같이 알려지지 않은 것에 직면하게 되는 일은 전혀 웃을 문제가 아니다. 하지만 역설적으로 들릴지 몰라도, 유머와 밝은 생각이야말로 이런 상황에 꼭 필요한 요소다.

일하는 상황에서 웃음은 종종 사소하게 여겨지며, 기껏해야 가벼운 농담이나 사무실에서 주고받는 유머의 결과물로 시간이 좀 더 빨리 가도록 해주는 것 정도로 인식된다. 최악의 경우에는 고통스러운 감정이나 어떤 상황에 직면했을 때의 '중압감'으로부터 벗어나기 위한 유치하고 어울리지 않는 행동으로 보이며, 사업의 진지성에는 분명히 적합하지 않은 것으로 여겨진다.

더블린 출신의 긍정심리학자 조지프 기어리(Joseph Geary)는 자신의 유머 감각을 개발하기 가장 좋은 방법은 스탠드업 코미디언으로서 훈련하는 것이라고 판단했다. 그는 어렸을 때부터 '유머 감각을 타고났다'는 말을 들어왔다는 전형적인 코미디언들과 다르다. "나는 분명히 그런 말을 한 번도 들은 적이 없습니다. 하지만 그런 이유 때문에 스스로 웃음거리가 되는 것을 그만둘 생각은 추호도 없습니다. 바보처럼 행동하지만 적어도 정직한 바보니까요."

한동안 여행을 마친 후 런던에 자리 잡은 조지프는 캠던에 있는 코미디 학교에 등록했다. 첫 주에, 학생들은 그들의 삶에서 가장 창피했던 경험담을 들려달라는 요청을 받았다. "나는 이것이 사람들을 웃기기 위해 우리가 얼마나 기꺼이 자신의 자아를 저버리고 정직을 택할 수 있는지를 가늠하기 위한 훈련이란 것을 알았어요. 처음에 나는 온몸에 전율이 흐르는 것을 느꼈어요. (우리 아일랜드인들은 태어나면서부터 자아를 버리도록 훈련받아서) 나의 자아를 꽤 능숙하게 다룰 수 있다고 생각했기 때문이에요. 비유적으로 말하자면, 나는 아주 깊은 곳까지 파고들어가 모든 것을 적나라하게 보여줄 수 있다고 자신했어요."

하지만 첫 공연을 할 차례가 되자 조지프는 두려움이 일어나는 것을 느꼈다. 그는 강의실의 낯선 사람들이 그의 실패를 자기만큼 가볍게 여길지 의심스러웠다. "나는 어린 시절 무모한 장난을 치다 동정을 '반쯤 잃게 된' 이야기를 하기 시작했어요(문제의 그날 밤에 내가 얼마나 당혹스러웠는지에 대한 자세한 이야기는 여러분을 위해 아껴두고 상상에 맡기겠습니다). 하지만 강의실의 낯선 사람들에게 이야기를 들려주면서 내가 내 감정에 솔직하지 못했다는 것을 알아차렸어요. 나는 그들의 평가에서 멀어졌고, 알량한 내 자존심을 지켰어요." 관객들이 나를 너무 진지하다고 생각하면 어떻게 될까? 조지프는 궁금했다. 더군다나 삶을 너무 진지하게 받아들이는 사람들과 함께 살아가는 게 가능할까? 어떻게 사람들이 재밌는 면을 보도록 도울 수 있을까?

이 과정은 영적 각성('신경쇠약'이라는 다른 표현으로도 알려져 있다고 조지프는 말한다)을 촉발했는데, 그의 코미디 멘토들이 살아오면서 사랑하고 증오했던 모든 것에 대해 생각해보라고 그에게 요구했을 때 이것은 한층 심해졌다. 또다시 조지프는 그에게 진정한 자신의 모습과 삶의 열정을 드러내라는 요청을 인식했다. "그리고 그것이 열쇠였어요. 다른 사람들이 재미있는 면을 보도록 하려면 나는 '언어의 마술사'가 되어야 했고, 나의 열정으로 그들을 엉뚱한 방향으로 이끌어야 했어요. 하지만 나는 침착함을 유지하면서 세상을 얼마나 사랑하고 얼마나 증오하는지에 대한 내 감정을 제어하고 있었죠. 관객들을 불안하게 하고 싶지 않았기 때문이었어요. 그러나 그것이야말로 정확히 내게 필요한 것이었어요! '평범한 사람'으로는 그들에게 강한 감정을 불러일으키기에 부족할 테니까요."

'세상을 기분 좋게 만들겠다'는 자신의 목표에 충실하게 살려면 조지프는 자신의 취약함과 불안감을 다루는 것부터 시작해야 한다는 것을 깨달았다. 처음에 그는 관객들을 불안하게 만드는 것이 웃음을 자아낼 수 있는 토대가 된다는 것을 발견했다. 신경과학자인 V. S. 라마찬드란(V. S. Ramachandran)이 제안한 오경보 이론(false alarm theory)

이 이런 관점을 뒷받침하고 있다. 우리의 영장류 사촌들을 살펴보면 그들은 너무 쉽게 화를 내고 혼란스러워하기 때문에 주변 환경을 탐색하다가도 불안감을 경험하곤 한다. 한 침팬지가 뱀을 보고 두려움을 느끼면 주변에 있는 다른 침팬지들에게 경고하기 위해 본능적으로 날카롭게 소리를 지를 것이다. 그러면 그 소리를 들은 침팬지들이 경고음을 낸 침팬지를 돕기 위해 모여들게 된다. 하지만 그 '뱀'이 아무런 해가 없는 막대기임을 알게 된다면 침팬지들은 웃음을 터뜨릴 것이며, 따라서 그것은 '오경보' 신호를 보낸 셈이 된다. 또다시, 우리 모두 어리석은 실수를 저질렀다는 것을 전달하기 위해 근처의 다른 침팬지들도 따라 웃을 것이다. 우리는 다음과 같은 매우 중요한 메시지를 전달하기 위해 웃는다. "당황하지 마라!"

"그러므로 우리가 알려지지 않은 것에 두려움을 느끼는 것은 괜찮습니다. 웃음을 빵 터뜨려줄 대목이 다가오고 있으니까요." 조지프는 우리를 안심시킨다.

유머는 어려운 상황을 진정시키고, 경계에서 발생하는 부정적이며 불편한 느낌을 극복하는 데 도움이 된다. 그러므로 상황을 너무 진지하게 받아들이기보다 조지프를 본받아 취약성과 불안감을 다른 이야기로 바꿔놓을 수 있다면 우리는 스스로를 보고 웃을 수 있으며, 자신이 처한 상황에서 웃음을 잃지 않게 되고, 삶을 유쾌하게 받아들일 수 있을 것이다. 이런 태도는 광대라는 캐릭터를 통해 구현되기도 한다.

몇 년 전, 스위스에 기반을 두고 있는 리더십 컨설턴트인 아닉 징크(Annick Zinck)는 연극과 광대학, 리더십 사이의 교차점에 '불안정한 시기에 리더는 광대로부터 무엇을 배울 수 있는가?(What can Mr Leader learn from Mr Clown in unstable times?)'라는 제목의 행동 연구 프로젝트를 접목하는 데 성공했다. 그 결과물이 광대의 기술과 리더십을 함께 결합한 '리더십 연구(Leadership Lab)'라는 프로세스였다. 그녀는 광대 공연 예술가인 톰 그레더(Tom Greder)와 함께 이 프로세스를 개발했다.

"광대는 역설에 편안함을 느끼며 모호성을 다루어 알려지지 않은 것에 대한 대안을 만들어냅니다. 광대 수련은 직업의 세계를 지배하는 보다 인지적인 학습 수련과는 반대로 행동하고, 느끼고, 실험함으로써 배우는 기회입니다." 아닉이 말한다. 복잡한 문제에 대해 기술적이고 이미 마련돼 있는 해답을 찾는 성향이 있는 리더들은 자신들의 유년기 경험을 활용하고 내면에 숨겨져 있던 자신의 광대적 성격을 개발함으로써 이런 기술을 연마할 수 있다고 그녀는 주장한다.

3

호기심과 창의성

"나는 특별한 재능이 없다.
단지 호기심에 열정이 있을 뿐이다."

– 알베르트 아인슈타인

러시아의 창의적인 예술가이자 기업가이며, 스티븐이 코치했던 일류 유럽 경영대학원의 입학처 차장인 마리아 네크로소바(Maria Nekrassova)는 호기심을 갖기 위해 평소에 연습한다.

"새벽 5시, 나는 카자흐스탄의 한 공항에 줄을 서 있었어요. 출장을 마치고 돌아오는 길이라 피곤하고 따분했어요. 나는 졸지 않으려고 주위를 둘러보다 굽이 뾰족한 하이힐을 신고 있는 젊은 여성을 발견하고선 미소를 머금은 채 생각에 잠겼어요. '새벽 5시에 하이힐이라? 러시아인이 틀림없어.' 나는 사람들의 신발을 보고 그들이 어느 나라 사람인지 혼자 추측해보며 즐기기 시작했어요. 그녀 옆에 있는 남성은 한때 미국인들에게 많은 사랑을 받았던 유행이 지난 운동화를 신고 있었어요. 그를 조금 더 살펴보고 나서 옆줄로 눈길을 돌렸는데, 양

말을 신지 않은 채 스웨이드 모카신(suede moccasin)을 신은 사람이 있었어요. 실외 온도가 영하 10도나 되는 추운 날씨에 그런 스타일을 즐기는 사람이라면 어느 나라 사람인지 뻔했어요. 그때 그가 이탈리아어로 말하는 소리가 들렸고 나는 혼자 즐거운 미소를 지었어요. 줄을 서 있는 사람들이 이렇게 각양각색의 다양한 스타일을 추구한다는 생각이 무척 마음에 들었고, 그래서 몰래 그들의 사진을 찍었어요."

마리아는 주변에서 호기심이 생기는 상황이나 세세한 것들, 사물과 같은 것들을 찾아낸다. 이러한 것들을 더 잘 기억하기 위해 그녀는 사진을 찍고 컴퓨터의 '호기심을 끄는 것들' 폴더 속에 저장한다. 장식품이나 새로운 소식, 길거리에 독특하게 쌓여 있는 눈 등 어떤 것도 그 대상이 될 수 있다. 때때로 담장이나 건물의 그림자처럼 다른 것들에 의해 생겨난 것임을 알아차릴 때, 마치 그녀는 그 건축가들과 같은 비밀을 공유하고 있는 듯한 묘한 유대감을 느낀다.

때로는 삶 그 자체가 독특한 상황을 자아내고 그녀의 길에 변화를 일으킨다. "내가 무언가를 창조한다는 생각을 해본 적은 거의 없어요. 그냥 그런 것을 찾아낼 뿐이죠. 내가 하는 것은 관찰이지 창조가 아니에요. 그리고 누구나 할 수 있는 일이고요. 그래서 피카소(Picasso)는 이런 말을 했어요. '좋은 예술가는 모방을 하지만, 위대한 예술가는 훔친다.' 나는 아이디어를 더 분명하게 하기 위해 내 사진을 편집합니다. 사물을 재배열하고, 사진을 잘라내거나 필터링을 해요. 하지만 어떤 면에서 보면 그 아이디어는 결코 내 것이 아니에요. 나는 단지 그것을 알아차렸을 뿐인 거죠."

마리아의 소장품은 자연스럽게 채워진다. 호기심 많은 그녀의 태도는 세계가 잠재성으로 풍요롭다는 믿음에서 비롯된다. 다시 말해, 세계에는 풍부한 제공거리가 있고 늘 무언가 찾아낼 거리가 있다. "나의 호기심 폴더는 단지 아이디어의 원천만이 아닙니다. 이것은 내게 우리 주위의 세계가 얼마나 아름답고 재밌으며 풍요로운지 끊임없이 상기시켜주는 역할을 합니다. 우리가 열심히 움직이고 관찰할 준비가 되어 있다면 세상은 아주 많은 것을 제공할 거예요. 내 경우에는 대부분 감상하기 위한 것이며 마음속에 어떤 특별한 목적을 가지고 있진 않습니다."

호기심은 우리 주위에 있는 세계를 새롭게 열어준다. 호기심은 우리가 '신선한 시각'으로 다시 볼 수 있게 도와주며, 미지의 세계에서 일하고 성공하는 데 결정적인 새로운 관계를 형성할 수 있게 한다. 초심자의 마음은 창의적인 활동의 열쇠다. 설계자인 벤자민 에르벤 (Benjamin Erben)은 다음과 같이 우리를 상기시킨다. "통신 담당자이자 설계자로서 나는 내 프로젝트는 거의 완전히 백지 상태에서 시작합니다. 내 고객의 업종에 대해 전혀 모르는 경우도 허다하고요. 보험, 음악 배급, 설탕 산업, 자동차 안전 시스템 등등 정말 다양합니다. 그게 바로 우리의 강점이 됩니다. 우리는 신선한 시각이라는 매우 귀중한 가치를 제공합니다. 그리고 우리의 자신감에는 전염성이 있습니다."

취약성

대담성과

4

대담성과 취약성

"자유는 대담성 속에 있다."

— 로버트 프로스트(Robert Frost), 시인

미지의 세계에 마음을 열려면 대담성이 필요하다. "비록 미래가 분명하지 않을지라도 리더는 의사결정에 대담해야 한다."라고 〈파이낸셜 타임즈〉의 부사장 벤 휴즈는 주장한다. FT.com이라는 앱을 개발했을 때, 그들은 이 앱을 애플 스토어를 통해 배급하지 않기로 결정했다. 애플이 수입의 30%를 떼어가는 것을 피하기 위해서라기보다는 〈파이낸셜 타임즈〉가 확실하게 자체적으로 데이터를 보유하고 관리하기 위해서 내린 이 결정은 애플이 앱 분야를 지배하고 있던 시기에 취한 대담한 조치였다.

결과적으로 〈파이낸셜 타임즈〉는 자신의 앱을 애플 플랫폼 밖에 구축했고, 안드로이드 플랫폼(Android platform)을 기반으로 사용할 수 있게 만들었다. 이것은 매우 성공적이었음이 입증되었다. 벤은 〈파이낸셜 타임스〉가 그와 같은 태도를 취한 것에 마침내 애플이 경의를 표했다고 믿는다. 그러한 조치를 취한 것은 그 당시 분명 대담한 행동이었다.

"나는 리더십을 발휘해야 하는 사람들이 대담성의 모델이 되어, 직원들이 미지의 세계에 들어가 성장할 수 있도록 도와야 한다고 생각합니다. 나는 전략적 결정이나 중요한 결정에 대해 광범위한 자문을 받고 틀림없이 조언을 구하지만, 일단 결정을 내리고 나면 자신감을 가져야 하고 몸짓에도 이런 자신감이 반영되어야 한다고 생각합니다. 이것은 특히 변화의 시기에 중요합니다."

벤은 〈파이낸셜 타임스〉가 '자신감 있는' 브랜드이지 '오만한' 브랜드는 아니라고 말한다. "내 기억이 맞다면 내가 〈파이낸셜 타임스〉에 처음 입사한 지 25년이 넘었습니다. 그 당시 우리는 고집스러운 브랜드였습니다. 나는 이 브랜드가 하나의 스타일과 품격으로 진화하는 것을 보았습니다. 오만함이 아니라 말입니다. 이렇게 되기 위해서는 의사결정을 할 때 대담성이 필요하다고 생각합니다."

〈파이낸셜 타임스〉가 업계에서 최근의 불확실성을 포용한 방법 중 하나는 사업의 새로운 흐름을 실험한 것이었다. 〈파이낸셜 타임스〉 리더십 팀은 사업에 변화를 주고 발행 부수를 줄이는 대담한 결정을 해야 했다. 비록 이러한 결정이 어떤 결과를 낳을지는 몰랐지만 말이다. 이런 결정의 한 예로 회의 사업을 들 수 있다. 이 사업은 확대되었고, 그 결과 큰 성공을 거두었다. 또한 머니 미디어(Money Media)와 이그제큐티브 어포인트먼트(Executive Appointments) 같은 새로운 디지털 서비스 및 구독 서비스 영역의 회사들을 인수했다. 이 고품격 사업은 번창했으며, '모나코 레이스(Race to Monaco)'와 같은 독점적인 행사를 기획함으로써 독자들과 새로운 방법으로 관계를 맺었다. 비록 인쇄 발행 부수는 감소했지만, 그럼에도 튼실한 광고료를 유지할 수 있었던 이유다.

미지의 세계를 탐험하는 것에 대해 벤이 가장 인상 깊게 들었던 말 중 하나가 산악인 조 심슨(Joe Simpson)이 했던 것인데, 그는 자신의 실제 경험담을 다룬 '터칭 더 보이드(Touching the Void)'라는 영화에 특별 출연했다. "그는 위로 올라가느냐 아니면 크레비스(crevice), 즉 까마득한 굴 속으로 내려가느냐라는 결정에 직면하게 됩니다. 미지의 세계로 내려가기로 한 이 대담한 결정 덕에 그는 자신의 목숨을 구할 수 있었습니다. 리더로서 우리 또한 선택의 기로에 서게 되지만, 아무것도 안 하거나 평소의 사업으로 돌아가는 것은 선택 사항이 아니라고 나는 생각합니다."

앞서 1장에 언급된 애나 시미오니는 팀원으로부터 피드백을 받았을 때, 자신이 어떻게 인식되고 있는지 알고 충격에 빠졌다. 고집불통에 의문을 품을 줄 모르고 두려운 게 없는 데다, 지나치게 독선적이며 자신만만하다는 피드백이었다. 자신이 무의식적으로 만든 이러한 이미지가 자기 팀원들에게서 영향력을 빼앗았으며, 그들이 자신의 도전 과제에 책임감을 가지고 성장하는 데 걸림돌이 되었다는 것을 그녀는 깨달았다.

그녀는 워크숍을 열어 이 피드백 자료를 놓고 팀원들과 논의하기로 결정했다. 자기 자신을 회의의 주제로 삼고 팀원들에게 피드백 자료에 대해 토의할 기회를 제공함으로써 팀원들이 그녀를 새로운 시각으로 볼 수 있게 하였다. 이 워크숍은 길고도 험한 여정의 시작이었으며, 애나는 권한과 통제라는 '방어물'을 철거하고 팀원들이 역할을 바꿀 수 있도록 노력하기 시작했다. 자신의 취약성과 인간적인 면모를 보여주는 방법을 통해 팀원들이 역량을 기를 수 있는 가능성을 높였다.

"이런 변화를 이루기가 결코 쉬웠다고 말할 수는 없습니다. 내게 가장 어려웠던 점은 취약성이라는 개념이었어요. 왜냐하면 그 당시에 나는 나 자신이 강하고 좋은 자리에 있다고 생각했지 취약하다고 여기지는 않았으니까요. 처음에 나는 취약한 '척하는 연기'를 해야겠다고 생각했어요. 실제로는 그렇게 느끼고 있지 않았지만요. 그런데 설문조사 이후 시간이 흐르면서, 삶이 나를 취약하게 만들었어요. 이제 나는 나 자신을 살펴보기 시작했고 언제 내가 나를 옹호하는지 알아차렸어요. 그리고 나 자신을 감싸고돌지 않는 것을 목표로 삼았어요."

애나는 키츠(Keats)의 부정적 수용 능력의 연장선상에 있는 유연한 성격을 보여준다. (강력하고 모든 면에서 유능한) 자신이 맡았던 중요한 역할의 상실을 포용하는 능력과 '모르는 것'에 보다 마음을 여는 사람으로서 자신을 재창조하는 역량을 그녀는 보여주고 있다.

우리는 취약성을 하나의 약점이라기보다는 오히려 미지의 세계에 들어갈 수 있는 힘과 용기의 원천으로 여겨야 한다. 〈하버드 비즈니스 리뷰(Harvard Business Review)〉의 한 연구는, 다른 사람들이 자신의 취약성을 포용하는 용기를 보면 우리 역시 용기를 얻게 되며 긍정적인 '눈덩이' 효과를 가질 수 있다는 것을 보여준다.[105] 이 연구는 독일의

한 대기업 상무 이사를 밀착 연구했는데, 그는 자신의 지시적 리더십 스타일을 바꾸려고 애쓰고 있었다. 불사신이라는 환상을 만들어내는 대신 그는 현재의 자기 단점을 인정하는 쪽을 선택했다. 그는 연례 회의에 참석한 상위 60명의 고위 관리자들 앞에 서서 자신이 모든 해답을 가지고 있지는 않다고 인정했으며, 필요한 변화를 이룰 수 있게 도와달라고 요청했다.

팀원들은 그가 취약성을 공개적으로 포용하는 것을 '대담한 리더십을 보여주는 존경할 만한 행동'으로 인식했다. 혁신성과 팀의 진취성이 눈에 띄게 증가했고, 그 결과 이 회사는 전반적으로 번창했다.[116]

하지만 이런 변화가 하룻밤 사이에 일어난 것은 아니다. 다른 사람들이 우리에 대해 가지고 있는 이미지를 털어내기는 어려운 일일 수 있고, 어떤 시스템 안에서는 다르게 인식될 수도 있을 것이다. 특히 그런 인식이 확고히 자리 잡고 있다면 말이다. 사람들이 우리에 대해 고정 관념을 가지고 있을 경우에는 역할을 바꾸기가 더욱 어렵다. 사람들은 우리에 대해 예측할 수 있기를 바라며, 우리가 항상 행동하던 대로 행동하기를 기대한다. 애나 시미오니는 자신이 해왔던 역할의 과거의 잔재 때문에 사람들이 여전히 그녀의 기존 이미지를 떨쳐내지 못하고 있다는 것을 알았다. 때문에 애나가 다른 사람들과 권한을 함께 공유하고 협력해서 일하는 사람으로서 자신의 역할을 재정립하기까지는 어느 정도의 시간과 인내심이 필요했다.

5

연민과 공감

앞서 살펴본 바와 같이 알려진 것과 알려지지 않은 것 사이의 경계에서 우리는 불편함과 불쾌함, 때로는 고통 등과 같은 감정과 수없이 부딪히게 된다. 의심과 불안감, 분노, 수치심과 같은 감정이 동시에 일어나며, 이러한 감정은 예고 없이 찾아온다. 알려지지 않은 것들은 유능하고 통제력을 갖추고 있다는 우리 자신의 이미지에 의문을 제기하고 도전해온다. 자신의 무능함에 직면했을 때, 대개의 이들은 자신을 심각한 결함이 있는 사람의 이미지로 바라보기보다는 이러한 불편한 감정을 회피해버리곤 한다.

경계에서 우리에게 무슨 일이 일어나는지 좀 더 알게 되면 우리 자신의 불안정한 부분이나, 통제하려는 부분, 노력하려는 부분, 무능한 부분 등을 받아들이기가 한결 쉬워질 수 있다. 다시 말해, 우리가 인정하고 싶어 하지 않거나 그렇지 않은 척하는 부분들을 수용하기가 보다 쉬워진다는 뜻이다. 이런 인식에는 우리 자신의 약점과 실패, 부족한 점 등을 깊이 있게 그리고 무조건적으로 수용하는 것이 포함된다. 이렇게 되면 그저 우리가 좋아하고 편안함을 느끼는 부분뿐만이 아니라 평소의 자신과 자기 본연의 모습, 하나의 통합체로서의 자기 자신에게 평온함을 느끼게 된다. 어색하게 느껴질 뿐만 아니라 완전히 알려지지 않은 자신의 이러한 부분들을 경험하려면, 자신에 대한 열린 마음과 관대함이 필요하다. 그리고 이렇게 되려면 자기 연민이 필요하다.

연민은 공감 다르다. 연민은 다른 사람의 입장이 되어 우리와 다른 사람들의 감정과 경험에 적극적으로 마음을 여는 능력 그 이상의 것이다. 불교 전법사인 페마 초드론에 따르면, "연민은 치유자와 상처받은 자 사이의 관계가 아니다. 이것은 동등한 자들 사이의 관계다. 우리는 우리 자신의 어둠을 제대로 알아야 비로소 다른 사람들의 어둠과 함께할 수 있다. 연민은 우리가 공유하고 있는 인간성을 인식할 때에야 비로소 진정한 것이 된다."[106]

링크드인의 최고경영자인 제프 와이너(Jeff Weiner)는 연민을 자기 경영 방식의 중심 항목으로 이야기한 것으로 알려져 있다. 어째서 연민은 속도를 줄이고 시간을 들여 다른 사람들의 이야기에 진정으로 귀를 기울이는 것을 필요로 하는지 그는 설명한다. 그에게 있어 연민을 느낀다는 것은 그들이 어디에서 어떤 이유로 왔는지 이해하고, 그들이 직면하고 있는 힘든 일과 그들이 짊어지고 있는 짐에 관심을 갖는다는 의미다. 여기에서 스티븐의 이야기를 들어보자.

몇 년 전 나는 한 코칭 프로그램에 참여하고 있었는데, 참가자들에게 인생의 목표가 뭐냐는 질문이 주어졌어요. '네 인생의 목표를 제시하라' 같은 방대한 요구를 받고 어쩔 줄 몰라 나는 내 코치를 쳐다보았어요. 그는 내게 훨씬 더 작고 가까운 목표부터 시작하라고 조언해 줬어요. 세상에 사랑을 나누기 같은 거창한 목표 대신 나는 '내가 힘들 때, 나 자신에게 조금 더 친절해지고 조금 더 연민을 느끼기'를 목표로 정했어요. 우리는 다른 사람들보다 우리 자신을 훨씬 더 심하게 대할 때가 종종 있어요. 하지만 그보다는 사람이기 때문에 우리는 완벽하지 못하며, 항상 모든 것을 다 잘 해낼 수는 없다는 것을 인정하는 편이 낫습니다. 자기 연민에 대한 우리의 도전 과제는 우리 자신에게 더 좋은 친구가 되어주는 법을 배우는 겁니다.

또한 우리가 우리 자신에게 보여주는 연민은 고통 속에 있는 다른 사람들에게도 연민을 느끼게 해준다. 모두가 자신만의 도전 과제와 힘든 일을 가지고 있지만, 우리는 이것에 대해 아무것도 모르고 지나가는 경우가 허다하다. 최근에는 이러한 발상이 세계적으로 유명한 병원인 클리블랜드 클리닉(The Cleveland Clinic)이 제작한 한 영화에 활용되었다. 이 영화는 우리가 상대방에게 일어나고 있는 좋은 일과 나쁜 일을 모두 알아야만 서로를 어떻게 대할지 알 수 있다는 내용을 담고 있다.[107] 이런 공감의 특성은 우리에게 유대감을 형성해주는 자원일 뿐만 아니라 우리가 다른 사람들의 요구를 보다 분명하게 이해할 수 있기 때문에 창의성과 혁신으로 이어질 수 있다.

지식
그리고
능력

배움
그리고
창의성

침묵
그리고
인내심,
의심,
겸손

6

결속

"우리 개개인이 다른 사람들의 삶을 지원하는 혁명의 리더가 되게 하자."

― 브라이언트 맥길(Bryant McGill), 작가이자 행동주의자

때때로 우리는 미지의 세계에 결국 혼자 남겨지게 되므로 타인과 두려움을 함께할 수 없으며, 무슨 일이 일어나고 있는지에 관한 이야기도 나눌 수 없다. 우리는 경계에서 목소리를 빼앗길 수 있으며, 우리가 어디에 있고 우리에게 무슨 일이 일어나고 있는지 알기 위해 발버둥 치게 된다. 타냐 다운스(Tanya Downs)는 그녀의 삶이 어디로 향하고 있는지 늘 안다고 생각해왔다. 그러던 2009년 말의 어느 날, 불시에 그녀는 다발성 경화증(MS, Multiple Sclerosis)라는 끔찍한 진단을 받게 됐다.

"이 일이 있기 전에, 나는 내가 '캡틴 카오스(Captain Chaos)'라는 애칭을 붙여준 멋진 남성을 위해 전력을 다해 일하고 있었어요. 믿을 수 없을 정도로 스트레스를 받는 환경이었어요. 특히 세 사람이 정리해

고를 당하면서 기본적으로 나 혼자 세 사람 몫의 일을 하고 있었어요. 일을 잘했냐고요? 캡틴 카오스와 함께 내 역할을 훌륭하게 소화해냈죠. 물론 그 상황은 정말 싫었지만요. 나는 열심히 자전거를 탔고 체육관에서 맹렬히 운동도 했어요. 직장생활을 할 때든 일상생활을 할 때든 정말 적극적인 자세로 살았어요."

타냐의 증상은 몇 년 전부터 시작됐는데, 심한 어지럼증과 함께 구토가 났으며 손발이 저렸다. 그녀가 담당 의사에게 손발이 저리는 증상이 온몸으로 퍼지고 있다는 말을 하고 나서야 신경과 의사에게 보내졌는데, 이 의사는 과도하다 싶을 정도로 다량의 스테로이드를 투여한 뒤 그녀를 집으로 돌려보냈다. 그녀의 눈동자가 '불안정하게 흔들리는 지경'이 되고 나서야 타냐는 런던 투팅에 있는 세인트 조지스 병원(St. Georges Hospital)의 신경과 병동에 입원하게 되었다.

"나는 '새로운 환자를 위한 다발성 경화증에 대한 정보(Information on Multiple Sclerosis for the Newly Diagnosed)'라는 제목이 붙은 서류철을 가지고 내 침대로 돌아왔어요. 그러고 나서 잠시 후, 대리 의사가 다가와 내가 다발성 경화증에 걸렸다는 확진을 내렸어요. 내가 목표하고 노력해왔던 모든 일들이 갑자기 더 이상 선택하거나 고려할 수 없는 상황이 돼버렸어요. 의사가 던진 몇 마디 말로 내 삶이 순식간에 바뀐 거예요."

그녀는 눈에 띄는 신경과 의사마다 붙잡고 자신의 증세가 어떻게 될지 물어봤지만 대답해주기는커녕 귀띔해주는 사람도 없었다. 타냐는 마침내 지난 몇 년간 겪었던 이상한 증상에 대한 답을 찾았다는 안도감을 비롯해 퇴행성 질환에 걸렸다는 체념에 이르기까지 복잡한 감정을 느꼈다. 그녀는 자신의 혼란스러운 상사를 떠나 스트레스 받는 상황에서 벗어났으며, 긍정적인 사람들을 그녀 주위에 두었다.

"내가 다발성 경화증 진단을 받았을 때 나를 보살펴주던 간호사가 내게 말했어요. '타냐, 당신은 당신을 지원해줄 네트워크를 구축해야 해요.' 그리고 그것이야말로 정확히 내가 해야 할 일이라는 것을 곧바로 깨달았어요."

처음에 타냐는 다발성 경화증 협회(MS Society)의 홈페이지에 들어가 포럼 채팅에 참여했고, 페이스북에서 다양한 페이지를 찾아냈다. 하지만 얼마 후, 그녀는 이 그룹들이 극도로 우울하고 부정적이라는 것을 알았다. 여성들이 자신의 증세와 삶의 경험을 한데 모아 서로 의견을 수렴하고 도움이 될 수 있는 다른 방법이 마련되어야 한다고 느낀 그녀는 자신의 네트워크를 구축하기로 결심하고 '병변이 있는 여성들(LWL, Ladies with Lesions)'이라는 웹 사이트를 만들어 운영하기 시작했다. 이 웹사이트와 (개인적인) 페이스북 그룹은 이제 영국에서만도 1,200명 이상의 회원을 거느리고 있다. 이러한 성공에 힘입어 그녀는 계속해 다른 지원단체들을 운영하기 시작했는데, 여기에는 남성을 위한 지원단체인 '병변이 있는 남성과 여성이 함께하는 공간(MiSters and Ladies with Lesions Together)'과 다발성 경화증 환자들의 가족과 친구, 보호자를 위한 단체인 '병변과 함께 살아가기(Living with Lesions)'가 포함돼 있다.

'병변이 있는 여성들'의 가장 인기 있고 성공적인 측면은 지역적인 모임을 갖는다는 것이었다.

"보통 우리 모임의 주제는 케이크와 음료수, 끊이지 않는 웃음이에요. 나는 영국 곳곳을 다녀왔어요. 글래스고를 비롯해 카디프, 사우샘프턴, 물론 내 고향인 런던은 말할 것도 없고요. 참석한 사람들을 보고 가슴이 뭉클한 경우가 상당히 자주 있었어요. 그들은 대개 집 안에 틀어박혀 있기 때문에 무척 외롭습니다. 그런 사람들이 자신의 껍질을 깨고 나와 함께 사교 모임을 즐기고 있어요. '병변이 있는 여성들'이 많은 회원들에게 생명선을 제공했다는 말을 종종 듣습니다. 그리고 우정을 쌓는 모습을 보는 것은 정말 가슴 뿌듯합니다. 회원 중 한 명은 우리 로고를 팔에 문신으로 새겼어요. 이제 그만큼 헌신적이라는 거죠!"

타냐는 다른 다발성 경화증 환자들에게 도움이 되는 무언가를 성취했기 때문에 자랑스러움과 행복감을 느끼고 있다. 또한 그녀가 도움이 필요할 때 기댈 수 있는 곳이 생겼다는 것은 추가적인 혜택이다.

"다발성 경화증이 여전히 나를 괴롭히고 있지만 내겐 훌륭한 의료진이 있고, 증세를 호전시키기 위해 꾸준히 약물 치료도 받고 있어요. 지난 몇 년 동안 내가 깨달은 것이 한 가지 있다면 미래가 얼마나 불확실한 것인지 모르고 살았다는 거예요. 이제는 확실히 알게 됐지만요. 앞으로 내가 얼마나 더 잘 해나갈지 모르겠어요. 하지만 희망이 남아 있는 한 있는 힘을 다할 거예요. 그게 내가 할 수 있는 전부니까요."

황야나 미지의 세계의 혼란 속을 헤매고 다니는 데는 내재적인 외로움이 있다. 그러나 우리 혼자 그래야 할 필요는 없다. 비슷한 도전 과제에 직면하고 있는 다른 사람들과 관계를 맺든 동료들과 힘을 모아 복잡한 문제를 처리하든 우리가 다른 사람들과 함께 나아갈 길을 찾는다면, 알려지지 않은 것과 마주쳤을 때 보다 나은 준비를 할 수 있을 것이다.

7

유동성

"물고기나 숙달된 장인처럼 힘들이지 않고 자연에 슬며시 몸을 맡기면,

흐름을 타고 헤엄칠 수 있으며 나뭇결을 따라 미끄러지듯 조각칼을 쓸 수 있다.

자연을 길잡이 삼고 친구 삼으면, 삶이 한결 수월해지고 평온해지며

심지어 즐거워진다."

– 존 블로펠드(John Blofeld), 작가

다음은 다이애나의 이야기다.

오늘은 2014년 1월 14일이고, 멜버른의 바깥 온도는 섭씨 44도나 되
는 날씬데, 섭씨 40도가 넘는 나흘간의 찜통더위의 마지막 날이에요.
지금으로부터 거의 5년이 지났지만 대부분의 호주 사람들의 마음속
에 각인돼 있는 어느 날을 나는 선명하게 기억하고 있어요. 이날은
검은 토요일(Black Saturday)이라고도 알려져 있어요. 2009년 2월 7일
은 호주 역사상 가장 참담한 화재가 발생한 날로 기록됐어요. 173명
이 사망했고, 414명이 다쳤으며, 2,100가구가 불타버리면서 7,562명
이 살 곳을 잃었죠.[108]

검은 토요일의 온도는 시속 100km가 넘는 강풍의 영향으로 섭씨 46도 까지 올라갔어요. 그날 약 400건의 산불이 동시다발적으로 시작됐는데, 그중 상당수가 시속 120km가 넘는 바람 때문에 빠른 속도로 불길이 번졌고, 빅토리아주에서는 무려 110만 에이커(약 13억 4,660만 평)에 달하는 지역이 화재에 휩싸였어요. 가장 심하게 영향을 받은 지역은 멜버른 북동쪽의 킬모어 이스트(머린디디 지역)라고 알려져 있는 울창한 수목의 언덕 지대였어요. 몇몇 지역의 산불은 초속 600m라는 엄청난 속도로 번졌으며, 뿜어 나오는 열기는 400m나 떨어져 있는 곳에 있는 사람들의 목숨을 앗아갈 수 있다고 보도되었어요. 불길이 너무나 맹렬해서 200m 전방의 나무들이 불타버렸고, 화재의 진원지로부터 불똥 '폭탄'이 2km나 튀어나가면서 다른 화재들을 촉발시켰어요. 과학자들은 이 화재에서 방출되는 에너지가 히로시마에 투하된 원자 폭탄의 1,500배와 맞먹는 것으로 추정했지요.[109]

스텔라 아브라모폴러스(Stella Avramopolous)는 1881년까지 거슬러 올라가는 호주에서 가장 유서 깊은 지역사회 조직인 킬도넌 유나이팅케어(Kildonan UnitingCare)의 최고경영자직을 맡은지 불과 5개월도 채 안 돼서 2009년 2월 7일 멜버른 북동부 지역의 파멸적인 화재를 겪게 되었다. 경찰인 그녀의 남편은 경찰 무전을 통해 이 소식을 듣고 그녀에게 당장 먼 곳으로 피신하라고 전화를 했다. 그녀는 모든 것을 놓고 휘틀시 킬도넌에 있는 사무실로 향했는데, 이곳은 멜버른 변두리 지역의 언덕 기슭에 위치해 있었다. 그곳에서 그녀는 팀원들을 모아 이 재난의 진원지인 킹레이크를 향해 출발했다.

"이처럼 중대하고 분명한 위기가 닥쳤을 때는 지체 없이 대응해야 해요. 우선 내 눈으로 상황을 직접 봐야 했어요. 이전에 이와 같은 재난을 본 사람이 아무도 없었기 때문이에요. 이것은 정상적인 업무와는 차원이 달랐어요. 나는 서둘러 차에 올랐고 현장에 가서 상황을 판단하기로 했어요."

화재 진압 며칠 후, 이 지역에 도움의 손길이 미치기 시작했으며 지역사회 본부가 마련되어 피해자들의 긴급 구제에 나섰다. 스텔라가 킹레이크에 도착했을 때 이곳은 전쟁터를 방불케 했다. 사람들은 공황 상태에 빠진 채 이리저리 뛰어다니고 있었다. 모두가 지역사회 본부로 모여들고 있었는데, 그곳이 대피 장소로 마련된 유일한 지역사회 시설이었기 때문이다.

"그야말로 아수라장이었어요. 세상이 미쳐 돌아가는 것 같았어요. 광대 복장을 한 사람들, 성경책을 나눠 주는 사람들, 돈을 나눠 주는 불교 신자들, 보도를 위해 승합차를 설치하는 라디오 방송국 기자들, 텐트를 치고 있는 은행원들, 지역사회 본부를 누가 지휘해야 하는지에 대해 언쟁을 벌이는 지방 의회 의원들과 주 정부 관계자들, 그야말로 정신이 하나도 없었어요. 본부에 들어온 몇몇 지역사회 주민들은 모든 사람들 앞에서 그들의 가족이 사망했다는 통보를 받았어요."

스텔라는 킬도넌 유나이팅케어의 슬픔과 상실감 상담 전문가인 버나뎃(Bernadette)과 함께 그곳에 있었다. 그녀는 차 안에서 테이블 한 개와 의자 두 개, 담황색 서류철 하나를 찾아냈다. "나는 서류철에 '상담 지원(Counselling Support)'이라고 써서 테이블에다 붙였어요. 순식간에 50여 명이 줄을 섰어요. 우리는 그들의 이름과 전화번호, 그 밖에 우리에게 알려줄 수 있는 세세한 내용들을 받아 적었어요. 이것을 데이터베이스로 삼아 이야기를 나누기 위해서였죠."

바로 그 자리에서 그들은 사람들이 숨을 쉴 수 있고 현재의 처지를 판단할 수 있는 시스템을 만들어 상황을 진정시켰다. "혼란스러운 일이 발생하면 사람들은 음식, 쉴 곳, 물, 가족들의 행방 등 기본적인 것으로 돌아갑니다. 또 먹을 것과 입을 것을 원하고, 샤워를 하고 싶어 하며, 실종된 가족들에 대한 소식을 듣고 싶어 하지요. 우리가 해야 할 일은 그들이 필요로 하는 것이 무엇인지 귀 기울여 들어주는 것이었습니다. 이것은 매우 구체적이고 즉각적으로 필요한 일이었습니다."

밤이 되자 스텔라는 산에서 내려와 사무실로 돌아왔다. 그녀는 책상 앞에 앉아 종이 위에 목표 및 일정 등과 함께 전략적 대응 방안을 작성하기 시작했다. 사례 관리, 재무 상담, 슬픔과 상실감에 대한 상담 등, 킬도넌이 제공할 수 있는 핵심 능력이 세 가지가 있다는 것을 깨달은 그녀는 그 외의 것들은 그냥 보류 상태로 남겨두었다. "그 당시 알려지지 않은 요소들이 너무나 많았기 때문에 많은 것들을 물음표로 남겨두었습니다. 우리는 무엇이 필요하고 어떤 조치를 취해야 할지 몰랐고, 그날그날 시시각각 바뀌는 형세에 따라 생활하고 있었기 때문에 상황의 변화에 맞춰 적응해야 했습니다."

정부는 '산불 사례 관리 대응방안(Bushfire Case Management Response)'을 내놓았지만 이는 오히려 복잡성을 가중시켰다. 다른 구호 단체들과 마찬가지로 킬도년은 이 비극적인 사건의 발생 몇 주 만에 이 방안에 맞춰 움직여야 했다. 이 방안이 무슨 의미인지 또는 어떤 형태가 될지는 아무도 몰랐다. 정부가 이에 대한 매뉴얼을 개발하는 데 3개월이나 걸렸기 때문에, 킬도년은 자체적인 대응책을 마련해야 했다.

스텔라는 조직 전체가 산불 복구 대책에만 매달릴 수 없다는 것을 알았다. 대부분의 서비스는 정부 부처와의 엄격한 계약에 따라 제공되었기에 그녀는 창의적이고 유연한 자금 사용법을 파악하기 위해 자금 제공자들에게 연락을 취했고, 이튿째에는 자신이 조정할 수 있는 것과 없는 것을 파악했다.

20명의 사례 관리자를 신규 모집한 스텔라는 탄력적인 태도로 모든 관리자를 채용했으며, 이전에 아무도 접해보지 못한 상황을 열린 마음으로 다루었다. 또한 새로운 상황을 처리하기 위해 그녀는 수평적 조직 구조를 형성했다. 전통적인 계층 구조가 더 이상 적합하지 않은 상황이었기 때문에, 최고경영자로부터 말단 직원에 이르기까지 모두가 보통 사람들이라는 마음가짐으로 맡은 일에 임했다. 수평적 구조와 피드백 순환은 조직이 즉각 대응할 수 있다는 의미였다. "만약 우리 직원 중 한 사람이 오전 11시에 업무상 과실을 저질렀다고 하면, 점심시간쯤이면 실수를 바로잡을 수 있을 겁니다. 다른 조직에서 어떤 직원이 일처리를 잘못한 경우가 있었는데, 그것을 바로잡는 데는 3주가 걸렸죠. 위기 상황에서 이런 대응 시간은 너무 깁니다."

새로 개발한 의사결정 규칙은, 알려지지 않은 상황에 직면했을 때 킹레이크 지역사회 본부의 책상 앞에 앉아 있는 사람들로부터 본사에 있는 사람들에 이르는 모두에게 의사결정을 할 수 있는 권한을 주었다. 이를 통해 형식적인 절차는 생략하고, 현장에서 일하는 직원들에게 필요한 자원을 자유롭게 사용할 수 있는 권한을 부여했다.

모든 행동과 모든 결정이 이 조직이 공유하는 다음과 같은 접근 방식을 다시 한 번 살펴보자.

- 특별한 시기에는 특별한 대책이 필요하다.
- 이 상황은 누구에게나 새롭다. 따라서 우리는 이러한 상황을 반영해 대응해야 한다.
- 내부적·외부적으로 긴밀한 동반자적 태도를 유지하라.
- 지역사회에 대해 유연하고 존중하는 태도를 유지하고, 전문성을 유지하라.

무언가 새로운 일이 날마다 벌어졌고 때로는 상황이 하룻밤 사이에 바뀌기도 했으므로 모두가 최신 정보를 유지하기 위해 의사소통을 하는 것이 중요했다. 처음 3주간 킬도넌은 하루에 두 번씩 브리핑 시간을 가졌다. 한 번은 그날의 일을 시작할 때였고, 또 한 번은 오후였다. 스텔라는 임원진에게 매일 상황을 보고했다. 그들은 새로운 상황에 자연스레 신경이 예민해져 있었기 때문에 그녀는 어느 날 그들이 상황을 직접 볼 수 있도록 다섯 명의 임원을 차에 태우고 킹레이크로 데려갔다. 그래야만 재난이 어느 정도인지, 또 킬도넌이 왜 이런 접근 방법을 취하고 있는지 그들이 고스란히 이해할 수 있었기 때문이다. 그때까지 킬도넌의 65%가 이 재난과 관련된 일을 하고 있었는데, 두 달

사이에 직원의 수는 43% 증가했다.

처음 세 달 동안 스텔라는 상당히 실무적인 일을 처리했으며, 하루에도 몇 번씩 킹레이크를 왔다갔다 하면서 팀원들과 현장에서 책상을 나란히 놓고 함께 일했다. 이 시기를 돌아보며 그녀는 회상에 잠겼다.

"나는 지역사회를 돌보는 동시에 내 직원들을 돌봐야 했어요. 가까이에서 감독하는 입장에서 말이죠. 우리의 업무 프로세스가 자리 잡게 되면서 나는 차츰 물러났어요. 낙하산 없이 비행기에서 뛰어내리는 기분이었어요. 정말 겁이 났어요……. 킹레이크에 도착했을 때는 가슴이 벌렁거렸죠……. 압도적인 광경이었어요. 그러나 비행을 하면서 우리는 혼잡과 혼돈 속으로 자유 낙하하는 법을 배우며 적응하게 되죠. 실제로 그렇게 하면 매우 차분해지고 매우 체계적이 될 뿐만 아니라 매우 명료해져요. 나는 이 공간에서는 정신을 차리고 혼돈을 포용해야 하며, 무슨 일이 일어날지 알지 못하며 알 수도 없다는 사실을 받아들여야 한다는 것을 금방 깨달았어요. 그 덕분에 나는 자유롭게 매 순간 충실할 수 있었고 그때그때 일어나는 일에 대응할 수 있었어요. 궁극적으로 나는 우리 조직의 능력을 신뢰했어요."

혼돈과 혼란의 한가운데에서 스텔라는 반사적이고 적응적이며 총체적인 접근법을 통해 킬도넌을 이끌었다. 일어나고 있는 일에 맞서 싸우거나 예측할 수 없는 복잡한 상황을 통제하려고 애쓰는 대신, 이 조직은 변화하는 상황에 맞춰 계속 민첩하게 대응함으로써 화재의 영향을 받은 많은 가정에 중대한 지원과 서비스를 제공할 수 있었다.

8

극복 능력

"네가 잃은 것에 대해 침묵할 수 있고 다 잃은 뒤에도
변함없이 네 가슴과 어깨와 머리가 널 위해 일할 수 있다면,
그리고 설령 너에게 아무것도 남아 있지 않다 해도
강한 의지로 그것들을 움직일 수 있다면."

– 러디어드 키플링(Rudyard Kipling), 작가

아프가니스탄에서 존 화이트(Jon White)가 지뢰를 밟은 순간, 자신의
운명에 대한 선택권은 그에게 없었다. 지뢰는 존의 팔과 다리 중 셋을
앗아갔다. 무릎 위까지 양다리가 절단되었고 오른쪽 팔이 팔꿈치 부
근에서 떨어져나갔다. 그 순간 존이 선택할 수 있었던 한 가지는 '유
지하는 것', 바로 생명을 유지하는 것뿐이었다. 출혈로 인한 사망을 막
기 위해 말 그대로 3분이라는 시간 안에 넙다리 동맥을 지혈해야 했
다. 동료들이 자신을 찾아내고, 안전하게 다닐 수 있는 길을 확보해 목
숨을 구하기 위한 응급 처치를 하는 데는 2분이 걸렸다.

• 2010년 6월 16일 수요일 오전 5시 40분, 아프가니스탄 헬만드주
  "이보게, 나와 같이 있어주게. 그들에게 날 좀 재워달라고 해주게. 친

구, 제발."

"그렇게 하겠네. 걱정 말게 존, 자네는 괜찮을 거야."

그는 큼지막한 손을 내 어깨 위에 올려놓으며 말했어요. 나는 선임 하사가 그곳에 같이 있어주길 바랐어요. 치누크(Chinook) 헬리콥터 가 착륙하면서 나는 안도감과 동시에 절망감을 느꼈어요. 지혈대가 닿은 부분이 불에 댄 듯이 욱신거려왔는데 그 통증을 참을 수가 없었 죠. 헬기의 문이 열리면서 몇 명이 나를 향해 달려왔어요. 누가 들것 으로 나를 옮겼는지는 기억나지 않아요. 헬기 안으로 옮겨지고 나자 마자 나는 팔을 뻗어 조종사 헬멧을 쓰고 있는 사람을 붙잡고 소리를 질러댔어요. "나를 재워줘. 염병할, 지금 당장 나를 재워달란 말이야!" 헬기가 이륙하면서 머리가 오른쪽으로 기울며 창밖으로 땅이 멀어져 가는 모습을 보고 나서야 나는 진정할 수 있었어요."

• 2010년 6월 20일 일요일, 영국 버밍엄

빛이 보였어요. 밝은 빛이었어요. 몇 가지 색이 아른거리면서 사람들 의 목소리가 들려왔어요. 틀림없는 목소리였어요. 갑자기 모든 게 선 명해지면서 내 침대맡에 아버지와 누나가 서 있는 게 보였어요.

"이 일을 벡스에게 알려야 해요. 제가 그녀의 주소를 알아요. 아버지, 종이와 펜을 가져다주세요."

"내게 더 나은 생각이 있단다." 아버지가 방을 나갔고, 그다음 벡스가 들어왔던 게 기억나요. 나는 그녀가 정말 너무나 그리웠어요. 그녀는 나의 왼쪽으로 걸어왔고 몸을 기울이며 얼굴을 내 얼굴 가까이에 갖 다댔어요. 그녀가 내가 말했어요.

"괜찮아요. 나는 아무 데도 가지 않아요. 무슨 일이 있어도 당신 곁에 머물 거예요."

"글쎄, 정말 그럴 생각이라면 우린 결혼해야 해."

"네, 그럴 거예요." 그녀가 나를 안아줬던 것이 기억나요. 이 기억이 얼마나 정확한 것인지는 모르겠어요. 위에 말했던 것도 그렇고요. 이제 모든 기억이 어슴푸레해요. 트라우마와 모르핀 때문인 것 같아요. 여러분이 나라도 그랬을 거예요.

이것은 폭발 사고가 난 지 나흘째 되는 날의 일이었다. 존은 버밍엄에서 새롭게 문을 연 퀸 엘리자베스 병원 중환자실에 자신이 입원해 있다는 것과 자신이 살아 있는 게 행운이라는 사실을 알았다.

그다음 며칠은 모든 것이 흐릿했다. 존은 기름진 라자냐와 감자칩을 먹고 구토를 했던 것과 중환자실에서 D병동으로 병실을 옮겼던 것을 기억했다. 그는 말초 삽입형 중심 정맥관(PICC, peripherally inserted central catheter)을 삽입한 후 다시 구토 증세를 보였다. 처음에는 돌아누울 수도 없었지만, 차츰 통증에 익숙해지면서 점점 더 많은 것을 할 수 있게 되었다. 존은 의료진이 처음으로 그의 다리에 감겨 있던 붕대를 풀었던 날을 기억하고 있다. 그는 피부를 이리저리 꿰매 붙이고 딱지가 앉아 있는 모습을 보게 될 것이라고 예상지만, 실상 그가 보게 된 것은 생살덩어리가 붙어 있는 두 개의 관절이라는 말로밖에 표현할 수 없었다. 그는 충격으로 하마터면 울음을 터뜨릴 뻔했다. 벡스는 괜찮다고 그를 위로했으며, 원래 그런 것이고 그녀가 예상했던 대로라고 말해주었다. "그녀는 거짓말에 소질이 있었어요. 그리고 그녀의 말은 내게 위로가 됐죠." 그가 말했다.

존은 신속히 결정을 내렸다. 그는 자신의 선택지를 다음 두 가지로 좁혔다. '포기하고 죽는다.' 아니면 '훌훌 털고 일어나 삶을 찾는다.' ·

후자를 선택한 그는 물리 치료를 받기 시작했다. 벡스는 그에게 어린이용 글쓰기 연습책을 사주었다. 그가 주로 사용하는 오른쪽 팔을 잃었기 때문이었다. 일단 혼자서 휠체어를 탈 수 있게 되자 존은 매일 아침 자리에서 일어나 아침식사를 하고 난 후, 옷을 입고 잠자리를 정리한 다음 방문객들이 오기 전에 규칙적으로 글쓰기 연습을 했다.

D 병동에서 2주를 보냈을 때, 젊은 성형외과 의사인 안톤은 그의 다리가 잘 치유돼서 앞으로 2주 정도 지나면 퇴원할 수 있을 거라고 존에게 말해주었다. 존은 이 말을 굳게 믿었고, 그다음 주에 자문 의사에게 일주일만 더 있으면 퇴원할 수 있을 거라고 말했다. 자문 의사는 웃으며 그의 기백은 칭찬받을 만하다고 말했다. 운 좋게도 존은 이 병동의 수련의인 샌디(Sandy)와 아는 사이였는데, 그의 형이 마침 존이 복무했던 부대의 군의관이었다. 존은 일주일 내내 샌디와 이 병동의 간호사들에게 곧 퇴원할 거라는 말을 반복하며 보냈다. 다음 주 회진 시간까지 존은 그와 관련된 모든 서류를 확실히 정리해놓았다. 그는 자문 의사에게 이제 하룻밤 남았다고 말했고, 자문 의사는 그의 말에 동의했다.

나는 두 다리가 무릎 위에서 절단됐고 오른팔이 팔꿈치에서 잘린 채로 입원한 지 27일 만에 퇴원했습니다. 자기실현적 예언(self-fulfilling prophecy)의 진정한 예라고 할 수 있죠. 당신이 비전을 가지고 있고 그 확실성을 당신이 만나는 모든 사람에게 전달한다면, 그것은 실현될 겁니다. 이것은 모든 리더들의 가장 훌륭한 도구입니다. 그들은 사람들에게 희망의 빛이 있다고 말하며 그것을 보여줍니다. 설령 그것이 단지 그들의 상상 속에 있는 빛이라 할지라도 말입니다. 그리고 그 빛은 터널 끝까지 당신을 비춰줄 겁니다.

존은 시련을 극복하고 살아남았을 뿐만 아니라 그 결과 한층 성장했다. 그는 철학자 나심 니콜라스 탈레브가 '극복 능력(antifragility)'이라고 말한 것을 체현하고 있다. 탈레브는 극복 능력이 "회복력이나 강인성을 능가하는 능력이며, 회복력은 충격을 견뎌내고 똑같은 상태를 유지하는 능력인 데 비해 극복 능력은 보다 나아지는 능력"이라고 설명한다.[110]

존은 트라우마 속에서 더욱 강해졌다. 1년 사흘이 지난 후, 그는 휠체어를 끊었고 그 이후로 다시는 사용하지 않았다. 그는 걷는 법과 달리는 법은 기본이고 스노보드 타는 법과 카약 타는 법, 다른 사람의 도움 없이 개조되지 않은 일반적인 승용차를 운전하는 법 등을 배웠다. 그는 결혼해 아빠가 되었고, '그랜드 디자인스(Grand Designs, 특이하거나 정교한 주택 건설 프로젝트를 주제로 다루는 영국 텔레비전 시리즈물 – 옮긴이)'에 방영된 집 중 하나를 지었으며, 부동산 개발 사업을 시작했다.

항공 산업은 9·11 테러 사건 이후 가장 심각한 타격을 입은 부문 중 하나로, 승객수가 곤두박질치고 급격히 감소하면서 막대한 재정적

손실을 초래했다. 이 사건이 일어난 후 불과 며칠에서 몇 주 사이에 모든 미 항공사들이 일제히 감원을 단행했고 그 결과 총 14만 명 이상이 일자리를 잃었다. 한 항공사가 이런 추세에 저항하면서 다른 항공사들 틈에서 유달리 눈에 띄었다. 2001년 10월 8일, 그 당시 사우스웨스트 항공사(Southwest Airlines)의 최고경영자였던 짐 파커(Jim Parker)는 놀라운 성명을 발표했다. "우리는 어느 정도의 피해는 기꺼이 감내하겠습니다. 우리 직원들의 일자리를 보호하기 위해서라면 우리 주가에 타격을 입는 한이 있어도 말입니다."[111] 이 항공사는 명백한 미해고(no-lay-off) 전략에 착수했는데, 이것은 업계 전문가들을 경악하게 만들었다. 9·11 테러 발생 이후 3년간 미국에서 가장 큰 10개 항공사를 대상으로 실시한 한 연구는 사우스웨스트 항공사가 이 연구기간 동안 매 분기마다 수익을 낸 유일한 기업이었음을 보여준다. US 에어웨이스(US Airways) 항공사는 이와 반대되는 추세를 따라 모든 항공사 중 가장 큰 규모(25%)의 정리 해고를 단행했는데, 매 분기마다 손실을 본 것으로 나타났다.[112]

이 연구는 사우스웨스트 항공사가 업계의 위기에서 회복할 수 있었던 이유를 설명하는 주요 요인들 중 하나가 '직원들에 대한 명백한 헌신적 노력'이었음을 보여준다. 업계의 위기와 다른 항공사들이 정한 추세를 따르라는 요구가 있었음에도 사우스웨스트 항공사는 사람 중심의 경영 철학을 충실하게 이행했으며, 이 기업의 가장 중요한 자산인 '조직의 혼'을 고수했다.

위기의 충격 아래서 흔들리는 대신에, 사우스웨스트 항공사는 강력한 관계적 보호 구역을 형성해 번창할 수 있었다. 이것은 극복 능력의 완벽한 사례다. 한 항공사의 분석가가 말한 바와 같이 "그들은 자신들이 가장 잘하는 것을 했으며, 이 결정은 곤경을 당한 시기에 빛을 발했다."

나가는 말

이제 우리의 여정을 끝마칠 때다. 이 책을 시작하며 짝사랑하는 사람에게 아름답게 포장된 선물을 받았던 것을 기억하는가? 여러분은 어떻게 하기로 결정했는가? 상자를 열어보기로 했는가, 아니면 포장된 채로 그냥 두기로 했는가?

고대 그리스의 프시케와 에로스 신화에서 프시케는 아프로디테로부터 몇 가지 불가능한 과제를 받는다. 만일 그녀가 이 과제들을 완수한다면 그녀의 연인인 에로스를 다시 만날 수 있다. 프시케의 마지막 시험은 지하세계로 내려가 그 세계의 여왕인 페르세포네로부터 향수 상자를 달라고 요청하는 것이었다. 이 상자에는 그녀의 아름다움의 비결이 담겨 있다. 이 일은 그리 쉽지 않았는데, 지하세계에서 살아 돌아온 사람이 거의 없었기 때문이다. 프시케는 향수 상자를 달라고 페르세포네를 설득하는 데 성공한다. 하지만 한 가지 조건이 있었으니, 그 상자를 열어서는 안 된다는 것이었다. 프시케는 상자를 열지 말라는 말을 들었지만 미스터리를 안고 살 수 없었다. 그녀는 호기심에 저항할 수 없었고, 상자 안에 담겨 있는 비밀을 알아야만 했다. 지하세계에서 돌아오는 길에 그녀는 결국 상자를 열어버렸고, 그 순간 의식을 잃고 말았다.

상자를 연 결과와는 상관없이, 프시케의 이야기는 알고자 하는 우리의 욕구가 얼마나 강력한지를 보여준다. 이것은 심지어 우리의 이성을 압도하며, 우리에게 큰 슬픔을 안겨주기도 한다. 이것은 우리가 '모르는 것'에 관여할 때 다뤄야 하는 강력한 힘을 상기시켜준다. 우리의 문제는 '모르는 것'에 어떻게 대응할 것인가 하는 것이다. 우리는 이 모두를 받아들이고, 다뤄서, 최대한 활용해야 할까? 때로는 (포장된 선물을 그대로 둘 때처럼) '모르는 것'을 그대로 두는 것이 더 가치가 있는 경우도 있다.

'모르는 것'은 참기 힘든 것처럼 보이고, 답답하게 느껴질 수 있으며, 우리에게 불안감과 불확실성을 안겨준다. 하지만 이것은 또한 전지한 신들이 부러워하는 선물일 수도 있다. 인간이기 때문에 우리는 미스터리한 것들 그리고 알려지지 않은 것들과 함께 살아간다. 우리는 호기심과 궁금증, 흥분감, 가능성이라는 선물의 축복을 받았다. 마침내 우리는 이 모든 것이 '모르는 것'의 진정한 선물이라는 사실을 발견하게 될지도 모른다.

우리가 더 이상 무엇을 해야 할지 모를 때

우리는 우리가 진정으로 해야 할 일을 알아차리게 될 것이며,

우리가 더 이상 어떤 길로 가야 할지 모를 때

우리는 우리의 진정한 여정을 알아차리게 될 것이다.

이해가 안 되는 게 없다는 식의 사고방식은 쓸모가 없다.

예찬하는 풍조는 방해가 될 뿐이다.

- 웬델 배리(Wendell Barry), '진정으로 해야 할 일(The Real Work)'

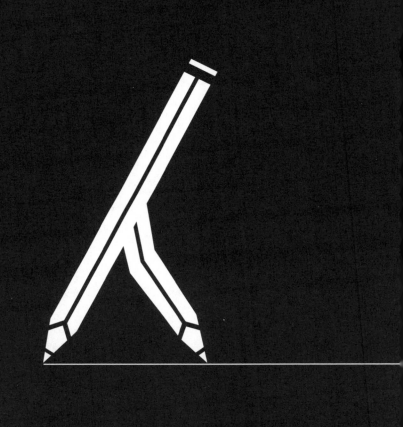

걸어야 길이 된다

"간청합니다.
마음속 해결되지 않은
모든 것들에 인내를 가지고,
질문 그 자체를 사랑하려
노력하세요.
마치 그 질문들이
잠긴 방이고
외국어로 쓰인 책인 양.
답을 찾지 마세요.
당신에게 답이 주어지지 않을지도
모릅니다. 왜냐하면 당신이 그
답들과 함께 살 수 없을지도 모르기
때문입니다."

라이너 마리아 릴케(Rainer Maria Rilke), 《젊은 시인에게 보내는 편지》 중에서

1

질문과 함께 살라

릴케의 정신으로, 우리는 원칙으로 삼을 만한 질문과 시도해볼 만한 실험을 고려해보길 여러분에게 권하며 이 책을 마무리하려 한다. 우리는 답을 찾지 말라고 말하고 싶다. 어쨌든 아직은 말이다. 대신 고요함과 질문, 숙고를 위한 공간을 만들 것을 권장한다. 이를 통해 자신의 삶과 일에서 직면하게 되는 불확실성과 의심을 보다 충실하게 다룰 수 있는 능력을 한층 향상시킬 수 있고, 우리 능력의 경계에서 생기는 불편한 감정에 저항력을 기를 수 있으며, '모르는 것'을 긍정적으로 다루는 자신만의 방법을 새롭게 창출할 수 있다. 릴케가 말한 바와 같이 말이다. "요점은 모든 것을 즐기는 것입니다. 지금 질문을 즐기세요. 그러면 아마도 먼 미래의 어느 날, 당신은 서서히, 알지도 못하는 사이에 답이 있는 그 길을 즐기게 될 테니까요."

질문은 새로운 가능성을 찾아내는 강력한 방법이다. 질문은 우리 자신의 지혜를 활용하는 것뿐 아니라 호기심과 궁금증을 가지고 우리의 삶에 접근하는 데도 도움이 된다. 또한 질문은 알려지지 않은 것에 대해 우리가 긍정적인 성향을 계발하도록 돕는다.

우리가 뒤에 실어놓은 질문들을 여러분 스스로의 여정의 출발점이자 앞으로 나아갈 길을 찾기 위한 관문으로 삼기 바란다. 자신의 마음이 가장 끌리는 질문과 함께 살아가도록 하자. 만약 너무 깊게 생각하고 싶은 유혹이 생기고 머릿속에서 답을 알아내려는 자신의 모습을 발견한다면, 그러는 대신에 각각의 질문을 평소보다 조금 더 오래 붙잡고 있어보라. 그렇게 하면 자신이 이미 알고 있는 것에 약간의 참신함과 새로움을 가미해 표현하거나 새로운 통찰력의 공간을 만들어낼 수 있을 것이다.

깊이 생각하지 않고 질문에 답할 수도 있는데, 자신의 첫 번째 응답을 받아들인 다음 떠오르는 생각을 따라갈 수 있다. 그렇게 나아가라. 그것이 여러분이 응답하려고 '의도했던' 것이나 말'하려고 한' 것, '이치'에 맞는 것처럼 보이지 않을지라도 계속 나아가야 한다. 또한 자신의 몸을 확인하라. 눈에 띄는 어떤 느낌이나 신체적 변화가 있는가? 그렇다면 내놓은 답이 무엇이든지 그것이 최종적인 답은 아니라고 생각하라. 퀴즈 쇼처럼 말이다. 여러분은 계속 질문과 함께 살아갈 수 있으며, 일상생활 속에서 질문에 대해 생각해볼 수 있다.

질문을 보다 효과적으로 다루려면, 응답해야 하는 시간을 제한하는 것이 도움이 된다. 예를 들면 질문을 읽자마자 떠오르는 답을 쓸 수 있고, 누군가 질문을 읽어준다면 떠오르는 생각을 즉시 대답할 수 있다. 핵심은 '너무 오래 생각하는 것'이 아니라 최대 1분에서 2분 정도의 시간제한을 두는 것이다. 시작부터 세부적인 계획은 필요 없다. 여기서 요점은 질문을 분석하려 하지 않고 자연스럽게 떠오르는 대로 응답하는 것이다. 여러분은 '모르는 것'의 영역으로부터 새로운 생각이 탄생해 나타나게 할 수 있다.

　또한 질문을 연습하기 위해 하루나 일주일, 또는 그보다 긴 시간 동안 질문과 함께 생활하는 편을 선택할 수도 있다. "나의 목적은 무엇인가?"와 같은 어떤 질문들은 살아가는 동안 우리를 수시로 찾아오며, 그 답은 우리 자신이 변하는 만큼이나 자주 바뀔 수 있다.

　이러한 부화 기간을 허용하면 믿을 수 있는 추가적인 데이터를 확보해 우리의 주위와 우리의 내부에서 무슨 일이 일어나고 있는지 다룰 기회를 가질 수 있다. 예를 들면, 질문을 가지고 자연 속으로 들어갔다가 자신의 관심을 끄는 사물을 발견함으로써 그 질문에 대한 놀라운 통찰력을 얻을 수 있을 것이다. 비유와 그림, 음악, 질문을 다루는 다양한 비언어적 방법 등 모두 다 활용할 수 있음은 물론, 자신의 생각을 (친구와 가족, 독서회, 소셜 미디어 등) 가까운 다른 사람들과 공유함으로써 서로 도움을 주고 추가적인 지혜도 더할 수 있다. 자신에게 가장 효과적인 방법을 찾으라.

　여러분이 무엇을 하든, 연습의 가장 중요한 부분은 늘 활발하게 질문하고 온몸과 온 마음이 질문 그 자체가 되도록 하는 것이라고 선승인 마틴 배첼러는 제의한다. "선을 수행하는 사람들은 피부의 모공을 통해 뼛속까지 질문해야 한다고 말합니다."

지식에 대해

나는 지식과 어떤 관계인가? 내가 하는 일에 유능해 보이는 것이 얼마나 중요한가? 나의 전문성과 전문 지식은 내게 어떻게 도움이 되거나, 어떻게 방해가 되는가?

직장이나 가정에서 방향과 명확성, 확실성을 제시해야 하는 역할로 압박감을 경험해본 적이 있는가? 다른 사람들이 내게 거는 기대감을 어떻게 감당하는가?

권위 있는 위치에 있는 사람들과 나의 관계는 어떠한가? 권한을 가진 사람에게 편안하게 질문하거나 "그렇지 않습니다."라고 말할 수 있는가?

변동성과 불확실성, 복잡성, 모호성 등은 나의 역할이나 상황에 어떤 영향을 미치는가?

경계

자신의 학식과 전문 지식의 경계에 도달했을 때 내가 보이는 전형적인 반응들로는 어떤 것들이 있는가?

나의 삶의 어느 부분에서 고정형 사고방식을 사용하는가? 무능해 보이거나 무능한 것이 두렵지 않다면 무엇을 시작하겠는가?

내가 경계에 있을 때 나의 저항감은 어떤 식으로 나타나는가?

내가 갈망하는 것은 무엇인가? 어디에서 불만을 느끼는가? 또는 내게 새로운 무언가가 필요한가?

자신의 잔을 비우라

나의 개인적인 가치나 조직의 가치는 무엇이며, 미지의 세계로 모험을 감행하기 위한 토대로 그것을 어떻게 활용할 수 있는가?

'놓는다'는 것은 나에게 어떤 의미인가? 누가 나의 구명줄을 잡고 있으며, 어떻게 그들이 나를 도와줄 거라는 사실을 아는가?

"모르겠는데요."라고 마지막으로 말했던 때가 언제인가? 어디에서 '초심자의 마음'으로 시작할 수 있는가?

'온당한 의심'을 표현하는 연습을 할 수 있는 안전한 환경이란 무엇인가?

눈을 감고 보라

무엇을 '닫아야' '보는 것'을 가능케 하는 새로운 방법을 찾을 수 있는
가?

어떻게 나의 내면의 목소리를 듣기 위한 공간을 찾는가?

친숙한 무언가를 새로운 시각으로 보려면 어떻게 해야 하는가?

어떻게 내가 가지고 있는 가정을 보다 분명하게 만들고, 그것이 맞는
지 시험할 수 있는가?

어둠 속에서의 도약

즉흥성 발휘를 위한 공간을 만들기 위해 어떤 체계를 시행해야 하는가?

내가 직면하고 있는 복잡한 문제로는 어떤 것들이 있으며, 여러 가지 가설을 세움으로써 어떤 이득을 얻을 수 있는가?

내가 이미 가지고 있으며 마음대로 쓸 수 있는 것들을 '개선하거나' 실험하는 데 어떻게 이용할 것인가?

실수는 나의 삶에서 어떤 역할을 하는가? 실수와 실패를 받아들이고 배움과 성장의 기회로 삼을 수 있는 상황이 있는가?

미지의 세계의 즐거움

나의 삶에서 언제 '믿음의 도약'을 했는가?

가벼움과 명랑함을 증진하기 위한 방법에는 어떤 것들이 있는가?

내 삶에서 취약성이 강점이 되는 부분은 어디인가? 나의 직장에서 다른 사람들이 취약성을 안전하게 드러낼 수 있도록 만드는 요소는 무엇인가?

알려지지 않은 것에 직면했을 때 나는 어떻게 스스로와 다른 사람들에 대한 연민을 보여주는가?

2
실험

복잡한 문제나 상황에 직면했을 때, 처음부터 취해야 할 모든 단계를 알 필요는 없다. 대신 우리는 과학자의 실험 기술과 인류학자의 사고 방식을 계발할 수 있다.

과학자는 실험을 고안해 다수의 가설을 시험하고, 결과를 공유하며, 패턴을 찾을 뿐만 아니라 다른 설명에 마음을 열어놓는다.

인류학자는 자기 주변에서 일어나는 모든 것을 예리하게 알아차리며, 극도로 주의를 기울인다. 그들은 공정한 관찰자는 아니지만 자신의 편향과 다른 사람들의 편향을 인식한다.

이제 우리는 여러분이 시도해볼 수 있는 몇 가지 실험을 제안할 것이다. '자신의 잔을 비워라' '눈을 감고 보라' '어둠 속에서의 도약' '미지의 세계의 즐거움'이라는 '모르는 것'의 네 가지 주요 테마 아래 실험들을 분류해놓았다. 이 실험들 중 하나를 실행한다면, 여러분의 경험을 검토하기 위한 시간을 가져야 한다. 실험 일지에 기록하는 것이 도움이 될 것이다. 우리의 경험에 따르면, 처음에 아무런 영향이 없던 실험일지라도 반복하다 보면 지대한 영향을 미치고, 반복을 통해 깊이와 반향도 커질 수 있다. 때로는 반복적인 연습만으로도 새로운 통찰력을 얻거나 숙달된 기술을 얻을 수 있다.

무엇보다 우리는 여러분이 이러한 제안을 즐기길 바란다. 놀이와 가벼움은 종종 새로운 무언가를 배우는 가장 좋은 방법이 된다. 또한 여러분 스스로 직접 실험을 고안해서 환경에 맞도록 조정할 수도 있다.

1. 자신의 잔을 비우라

먼저 가르치라

'초심자의 마음'을 개발하기 위한 좋은 방법은 그것에 대해 아무것도 모르는 누군가에게 내가 잘하는 무언가를 알려주거나 가르쳐주는 것이다. 대상은 내가 속한 조직의 어떤 사람 또는 수습사원, 친구 등이 될 수 있다. 용기 있는 사람이라면 학교나 청소년 단체에서 가르치거나 강연을 하는 것도 좋은 선택이다. 어린이들은 거의 망설이지 않고 정직한 피드백을 제공한다. 이 실험을 통해 내가 전문 용어를 사용하는 경향이 있는지 알 수 있고, 쉬운 말로 이야기하려고 노력하게 할 것이다. 또한, 이를 통해 익숙한 것들을 다시 살펴보고 더 이상 쓸모없는 측면들을 발견할 수 있을 것이다.

공간 만들기

물리적으로 공간을 차지하는 잡동사니들을 정리함으로써, 정신적인 명료성을 위한 상징적인 공간과 장소를 만들 수 있다. 이것은 우리가 (믿음, 가정 등) 사용하지 않거나 쓸모없는 것을 얼마나 많이 가지고 있는지 깨닫고, 낡은 것을 버림으로써 새로운 것을 위한 공간을 만들 수 있다는 비유이기도 하다. (오랫동안 열어보지 않은 서랍이나 찬장 등과 같이) 작은 것부터 시작할 수 있다. 내가 오랫동안 들여다본 적이 없거나 1년 이상 사용한 적이 없는 중요하지 않은 것들부터 살펴보라. 그것들을 버리라! 공간이 깨끗해지면서 정신적으로 어떤 느낌이 드는지 의식해보라.

소크라테스 돼보기

소크라테스는 많은 질문을 하는 것과 자신은 아는 게 없다고 선언한 것으로 유명했다. 위험이 적은 상황을 선택해 내게 주어진 질문에 즉시 대답하지 않는 실험을 해보라. 질문에 대해 생각할 수 있는 몇 초의 시간을 갖자. 진정으로 '나는 모른다'는 기분으로 질문을 받아들이라. 그리고 적절한 상황이라면, 실제로 "나는 모른다."라고 말하며 실험에 임하자. 한 가지 유용한 조언을 하자면 질문을 한 조각의 음식이라고 상상하는 것이다. 즉시 삼켜버리기보다는 시간을 들여 곱씹어라. 내가 처음 생각한 것들, 답해야 될 것만 같은 것들, 몸속에서 생겨나는 어떤 감정이나 느낌 등이 내게 미치는 영향을 탐구하라. 몇 초가 평생처럼 느껴지겠지만, 단지 몇 초일 뿐이다. 이 연습은 나의 의식을 높이고 숙고와 관찰의 공간을 창출할 것이다. 이것은 또한 내가 성급하게 곧바로 행동하지 않도록 하는 데 도움이 된다.

꽁꽁 묶여 있는 것들

우리 대부분은 습관의 동물이라서, 거의 알아차리지 못한 채 날마다 틀에 박힌 많은 일들을 무의식적으로 한다. 양치질이나 차로 출근하는 것과 같이 일상적인 일을 할 때, 종종 우리의 관심은 다른 곳에 가 있다. 이 실험은 아주 친숙한 것을 완전히 다른 방식으로 해보는 것이다. 예를 들어 재킷을 입을 때 평상시와 정반대의 방법으로 입어볼 수 있다. 평소 오른팔을 먼저 넣었다면 이제는 왼팔부터 넣어보라. 신발 끈을 반대 방향으로 매거나 팔을 교차해 위쪽의 반대 손으로 끈을 푸는 등 다양한 방법을 선택할 수 있다. 좌절하고 포기하는 경향이 있다면 끈기를 가져라. 어떤 기분이 드는지 주의를 기울여보라. 이런 실험은 오래된 습관을 알아차리는 데 도움이 되며, 무언가를 할 때 새로운 방식을 선택할 수 있게 해준다.

2. 눈을 감고 보라

침묵의 소리

침묵은 단순히 소리가 없는 상태가 아니라 우리가 내면에서 지닐 수 있는 고요함이다. 심지어 북적대는 시장통에서도 말이다. 하루 동안, 소리로 채워진 공간을 의식적으로 침묵으로 대신해보자. 예를 들어 평소 아침식사를 준비하는 동안 라디오를 틀어놓았다면 침묵 속에서 이 일을 할 때는 어떤 기분인지 알아보고, 평상시 책을 읽거나 무언가 먹을 때 TV를 켜놓는 경향이 있었다면 이제는 꺼보라. 이 실험은 침묵과 함께할 수 있는 능력을 강화함으로써 주의를 산만하게 하는 것들에 관심을 갖지 않고 그 대신 내면의 생각과 재잘거림을 보다 의식하게 한다.

내 방의 세계

집 안의 방이나 내가 일상적으로 다니는 경로(예컨대 직장까지 걸어 다니는 길)처럼 친숙한 곳을 하나 고르라. 내가 범죄 현장을 조사하고 있는 셜록 홈스나 낯선 공동체의 거주지를 관찰하고 있는 인류학자라고 상상해보자. 천천히 그리고 의도적으로 주변에 있는 모든 것을 조사하고 관심을 가지라. 세세한 것들과 질감 등을 꼼꼼히 살피고, 초점을 확대하거나 축소하면서 진정한 관찰을 하라. 내 모든 감각을 활용하라. 친숙한 사물은 그냥 지나쳐버리고 싶은 유혹을 느끼겠지만, 모든 것이 새롭다는 태도를 취하라. 정확히 있는 그대로의, 말 없는 무언가에 진정으로 주의를 기울이는 데 있어 꼬리표가 어떻게 방해가 될 수 있는지 주목하라. 이 실험을 통해 감각을 예리하게 연마하고 관찰의 기술을 계발할 수 있다.

간격에 주의하라

하루 동안, 모든 대화를 할 때 나의 의견을 말하고 응답하기 전에 상대가 말하는 것을 끝마칠 때까지 충분히, 그리고 완전히 귀를 기울이는 연습을 하라. 끼어들거나 대화의 내용을 평가하고 판단하는 경향이 내게 있는지 주목하고, 상대의 주의를 완전히 끌 수 있도록 연습하라. 상대의 말과 말투, 자세, 표정 등에 대해 호기심을 가지라. 몸속에서 일어나는 느낌을 포함해 상대의 말이 나에게 미치는 영향에 주목하라. 깊이 있는 경청은 아이디어와 가능성이 술술 흘러나오는 유대감의 공간을 창출한다.

세 살짜리의 호기심을 가지라

우리는 종종 "왜?"라는 질문을 잊어버리고 조급하게 "어떻게?"라는 질문으로 넘어간다. 다음번에 복잡한 문제를 다루게 되면 성급하게 문제 속으로 뛰어들거나 이전에 항상 취해왔던 접근법 대신에, 세 살짜리의 호기심을 가지고 "왜?"라고 질문해보라. '왜'라는 접근법이 위험해 보인다면 "좀 더 얘기해줄 수 있나요?"라는 식으로 질문을 조정할 수 있다. 이 접근법을 통해 우리는 목적을 명확히 할 수 있으며, 최선의 행동 방침에 착수할 수 있다.

3. 어둠 속에서의 도약

방 안에 코끼리가 있다

내가 나아갈 길을 즉흥적으로 정한다는 것은 나에게 제시된 제안을 전적으로 받아들인다는 의미다. 이것은 그 제안에 동의한다는 뜻이 아니라 그 제안을 인정하고 탐구해 앞으로 나아간다는 뜻이다. 가령 즉흥적인 촌극에서 한 사람이 "방 안에 코끼리가 있어요."라고 말할 때 상대가 "아니, 없는데요."라고 응답한다면 연속성은 끝이 난다. 응답자가 그 제안을 받아들이고 "그러게요, 그런데 코끼리가 당신을 향해 돌진해오고 있어요!"라고 말한다면 그때부터는 촌극이 된다. 이를 염두에 두고, 사람들이 무슨 말을 하고 무엇을 '제안'하는지 생각해보라. 사람들이 말한 것을 '그렇다'라는 동의와 함께 받아들인 다음 그들의 발상을 '그리고'라는 말을 기반으로 발전시키라. 이 실험은 진정으로 창의적인 대화를 개발하는 데 도움이 되는데, 이는 쌍방이 서로의 말에 귀 기울이고 있다고 느끼게 됨으로써 함께 새로운 무언가를 창출할 수 있기 때문이다.

그런데 누구 이야기지?

나에게 친숙한 환경에서 발생한 문제나 상황을 선택한 다음 그것이 어떻게 진행될지에 대해 가능한 한 다양하고 많은 가설을 세워라. 예를 들어 어떤 레스토랑에서 한 쌍의 남녀를 봤다고 가정해보자. 어떻게 그들이 이곳에 왔을까? 그들은 남매 간일까? 사촌 사이일까? 생일을 축하하기 위해서 왔을까, 아니면 연인 간의 밀회를 즐기는 중일까? 이것을 직장에서의 상황에 응용해보라. 다른 사람들과 함께 이런 연습을 하다 보면 선택할 수 있는 방안이 더 늘어날 것이다. 집단 사고(group-think)를 피하기 위해 처음에는 혼자 여러 가설에 대해 생각해보고, 그다음에 다른 사람들과 함께 생각하라. 이 과정을 통해 우리는 다양한 관점에서 상황을 볼 수 있으며, 초기에 너무 성급하게 결론 내리는 것을 예방할 수 있다.

90일간의 시험

변화의 장애물 중 하나는 무언가가 '전혀 효과가 없을 것'이라고 생각하는 것이다. '90일간의 시험'은 어떤 아이디어가 성공할 잠재력을 지녔는지 확인하기도 전에 그 아이디어를 너무 빨리 죽이지 않도록 촉구하는 방법이다. 내가 직면한 문제 중 성공 여부가 불확실한 것을 하나 골라라. 그 아이디어의 축소판을 3개월 동안 시험해보고, 성공을 거두지 못한다면 더 이상 노력을 중단하라. 이 접근법은 새로운 무언가를 시도할 때 생기는 두려움을 없애주는데, 이는 평상시에 하던 일로 돌아갈 수 있는 선택권이 여전히 남아 있기 때문이다. 90일은 가속도를 얻기에 충분한 시간이며, 아이디어의 실행 가능성을 공정하게 평가할 수 있는 시간이기도 하다. 아이디어를 시험할 수 있는 비용이 적게 들고 빠른 방법을 원형으로 삼아 계획에 착수하라. 이 실험을 통해 빠른 피드백을 얻을 수 있으며, 막대한 헌신이나 투자 없이 대담한 아이디어를 시험해볼 수 있다.

십인십색

내가 직면하고 있는 문제나 도전 과제를 하나 생각해보고, 당신과 전혀 다른 배경과 관점을 가지고 있는 사람들을 소집해 그 문제에 대해 이야기를 나눠보자. 중요한 것은 그들이 동의하느냐 또는 합의에 이르느냐가 아니라, 차이점이 표면화되고 모두의 의견을 존중하며 들을 수 있는 시간이 주어진다는 것이다. 다양한 의견으로부터 이득을 얻을 수 있는 또 다른 방법은 논의되고 있는 문제에 대한 양측의 입장을 고려하고, 특히 나와 정반대되는 견해에 관심을 보이는 것이다(예를 들어 여러분이 진보적인 신문을 보는 것을 좋아한다면 보수적인 신문도 읽어보라). 이 실험은 나의 관점을 넓히고 나의 편향에 이의를 제기한다. 또한 이 실험을 통해 두 개의 상반되는 생각을 수용하고 각 논거의 가치를 알 수 있는 능력을 계발할 수 있다.

4. 미지의 세계의 즐거움

명랑해지라

걷고 있을 때 내 몸이 어떻게 움직이는지 주의를 기울여보라. 나의 움직임은 특정한 곳에 집중돼 있는가, 긴장돼 있는가, 뻣뻣한가, 자유로운가, 부드러운가? 입을 꽉 다물고 있는지 아니면 힘을 빼고 있는지 주목하라. 배에 힘을 빼보자. 집에 있다면 똑바로 앉는 대신, 시험 삼아 의자나 책상 위에 발을 올려놓거나 또는 소파에 앉아서 일을 하거나 전화를 받아보라. 몸이 편안해지면 마음 또한 한결 가벼워진다. 이 연습은 압박감 속에서도 명랑성을 증진하는 능력을 키워주고 우리의 회복력을 향상시킬 뿐 아니라 균형감까지도 준다.

안전한 기반

알려지지 않은 상황을 조사하다 보면 감정적으로 지쳐버릴 수 있다. 때때로 우리는 돌아갈 수 있는 안전한 기반이 필요하다. 이곳에서 우리는 격려를 받고, 안식을 찾으며, 계속 나아갈 수 있는 지원을 받을 수 있다. 누가 또는 무엇이 나에게 안전한 기반을 제공할 수 있는지 파악하라. 이것은 친구나 단체, 나에게 특별한 의미가 있는 장소 등이 될 수 있다. 이와 같은 안전한 기반(이것은 또한 나의 상상 속에 존재할 수도 있다)으로 가는 것을 생활화하고 이것이 내게 얼마나 도움이 되는지 인식하라. 나는 다른 사람들을 위해 이와 같은 도움을 어떻게 제공할 수 있을까?

5. 사포를 치워버리라

때로는 우리의 결심을 시험하는 도전 과제가 우리의 성장에 도움이 될 수 있다. 껄끄러운 모래 덕분에 인격을 연마할 수 있으며, 압박감 속에서 이를 단련할 수 있다. 하지만 미지의 세계 속에서 우리는 종종 너무나 많은 압박감('내가 어쩌다 여기까지 왔지?' '더 잘 알고 있어야 했어.' 등)과 같은 거친 생각에 직면할 가능성이 있다. 이 실험은 사포를 치우고 자기 자신에게 좀 더 친절하게 대하며 연민을 느끼는 것에 관한 것이다. 하루 동안 자신을 공격하는 생각을 얼마나 하는지 관찰해보라. 좀 더 연민을 가지고 자신에게 이야기하겠다고 다짐하라. 스스로 자신의 가장 친한 친구가 되라.

감사의 말

이 책을 쓰는 것은 '모르는 것'을 다루는 진정한 여정이었다. 우리는 전문 지식에 의존하려는 경향을 비롯해 우리 자신의 문제와 의심에 직면했을 때 치른 경계에서의 힘든 싸움, 배움과 경이로움의 새로운 공간에 대한 놀라운 발견 등 다양한 경험을 했다. 이를 통해 우리의 탐험과 집필에 길잡이가 돼준 풍부한 통찰력을 얻을 수 있었다. 우리는 자신의 리듬을 찾고 밤과 낮의 자연적인 균형을 따름으로써, 두 개의 다른 대륙과 시간대에 걸친 공동 작업의 제약을 극복했다. 우리 중한 사람이 하루 종일 글을 쓰다 녹초가 되어 침대 위에 쓰러지면, 활력을 충전한 다른 한 사람이 깨어나 그날의 집필 활동을 이어나갔다. 우리는 2012년 5월 하버드 대학 케네디스쿨에서 만나게 된 덕분에 이책을 공동 집필하게 되었으며, 그 과정에서 쌓은 우리의 우정을 영광스럽게 생각한다.

우리는 이 책을 쓰면서 수많은 작가와 선구적인 사상가, 학자에게서 영감을 받았다. 여기서 일일이 열거하기에는 너무 많지만, '부정적 수용 능력'이란 개념을 리더십에 적용한 학자인 로버트 프렌치와 피터 심슨의 작품을 비롯해, 적응적 리더십 모델(Adaptive Leadership Model)의 제작자인 마티 린스키와 로널드 하이페츠, 과정 지향 심리학(Process-Oriented Psychology)의 창시자인 아놀드 민델(Arnold Mindell), 오토 샤머와 프리젠싱 연구소, '작업(The Work)'의 창시자인 바이런 케이티(Byron Katie), 게슈탈트 심리치료의 창시자인 프리츠(Fritz)와 로라 펄스(Laura Perls)를 각별히 언급하고 싶다.

많은 사람들의 기여가 없었더라면 이 책의 출간은 불가능했을 것이다. 그들은 이 책에서 우리에게 자신의 이야기를 아낌없이 나눠 주었고, 수많은 대화를 통해 통찰력을 촉발하는 조언을 제공했으며, 다양한 실례와 사례 연구를 뒷받침해주었다. 이 책에 모든 아이디어와 이야기를 삽입할 수는 없었지만, 기여해준 모든 분들께 진심으로 감사와 고마움을 전하고 싶다. 만약 우리가 빠뜨린 사람이 있다면 용서를 구한다. 의도적으로 그런 것이 아니며, 또한 당신의 도움에도 감사한다.

감사드리고 싶은 분들

엘리아트 아람(Eliat Aram), 마샬 아리스만, 장 클로드 아우더곤(Jean Claude Audergon), 아를렌 아우더곤(Arlene Audergon), 스텔라 아브라모폴러스, 지나 바데노아, 작고한 알라스테어 베인(Alastair Bain), 앤서니 볼(Anthony Ball), 폴 바버(Paul Barber), 베린 바스(Berrin Bas), 애나 베크만, 사이먼 베리먼(Simon Berryman), 미쉘 브레일스포드(Michelle Brailsford), 라이사 브레슬라바, 크리스티앙 부쉬, 브루스 '하브' 부스타, 마이클 챠스칼슨(Michael Chaskalson), 미쉘 카스오(Michelle

Chaso), 마이클 체락, 셰리 쿠투, 미쉘 크로퍼드 세인즈베리(Michelle Crawford Sainsbury), 레카 체클레디 브라운, 니올(Niall)과 엘레인 다 코스타(Elaine da Costa), 키토 드보어(Kito de Boer), 엘리샤 데르멘드 치스크야, 테오토니오 드수자(Teotonio de Souza), 라지브 데이, 줄리 다이아몬드, 타냐 다운스, 사이먼 돌소냐(Simon D'Orsogna), 고든 더 실바, 벤자민 에르벤, 막심 페른(Maxime Fern), 대니 갈, 제니퍼 가르비 베르거(Jennifer Garvey Berger)와 그로스 엣지 네트워크(Growth Edge Network), 니콜라 가티, 조지프 기어리, 데이비드 해밀턴(David Hamilton), 찰스(Charles)와 리즈 핸디(Liz Handy), 제인 해리슨, 수잔 해치(Susan Hatch), 제니퍼 휴잇(Jennifer Hewit), 한스 호페, 벤 휴즈, 자안 선사, 베스 얀데르노아, 마이클 존스턴(Michael Johnston), 론 준가왈라(Ron Jungalwalla), 나시프 카잔(Nassif Kazan), 피터 킹, 니콜 레시오, 로비 맥퍼슨(Robbie Macpherson), 캐런 마후드(Karen Mahood), 줄리안 마르위츠(Julian Marwitz), 마르코 안토니오 마르티네즈, 나딘 매카시, 제프 멘델, 제인 메러디스(Jane Meredith), 메구미 미키(Megumi Miki), 뎁 밀즈 스코필드, 마리아 네크로소바, 수자나 니키포로바(Suzana Nikiforova), 브리지드 노살(Brigid Nossal), 사이먼 파크(Simon Parke), 에두르네 파사반, 데이비드 펄(David Pearl), 프란시스카 자노구에라(Francisca Zanoguera), 니콜라스 페트로빅, 조지프 피스트루이(Joseph Pistrui), 안나 플로트키나(Anna Plotkina), 다니엘 라마무르시, 사미르 라스(Samir Rath), 모빈 아스가르 라나(Mobin Asghar Rana), 비키 레너(Vicki Renner), 호세 키스 로메로, 알렉스 생스터, 이반 스해프만(Yvan Schaepman), 오토 샤머, 알렉스 슐로터벡, 아부디 섀비, 애나 시미오니, 리즈 스켈튼(Liz Skelton), 테리 소예르(Terri Soller), 그랜트 수살루(Grant Soosalu), 카르슈텐 주트호프, 제레미 수리(Jeremi Suri), 닉 소프, 피터 타일러, 가이 반데비지베르(Guy Vandevijvere), 타니아 반멕첼런(Tania van Megchelen), 레이철 빈센트(Rachael Vincent), 마크 월시, 존 화이트, 랜디 화이트, 닉 윌리엄스, 조 가드프리 우드(Jo Godfrey Wood), 크리스 워만(Chris Worman), 아닉 징크.

우리에게 취약성에 대한 통찰력을 공유해준 에린 스미스(Erin Smith)에게 특별히 감사드린다. 또한 이 책의 도입 부분에 '선물'이라는 비유적 표현에 대한 아이디어를 제공한 사라 로이드 휴즈(Sarah Lloyd-Hughes)에게도 감사를 전한다.

우리의 출판인인 마틴 류(Martin Liu)와 편집자인 데이비드 우즈(David Woods), LID 출판사의 모든 팀에 감사드리고 싶다. 도입부에 대한 아이디어를 제공한 샐리 애버릴(Sally Averill)에게 감사드린다.

아름다운 표지를 포함해 이 책의 영감을 주는 삽화와 디자인을 맡아준 벤자민 에르벤, 나딘 로젠크란츠(Nadine Rosenkranz), 마리아 헬레나 토스카노(Maria Helena Toscano), 그리고 아이콘 제작팀에 감사를 전하고 싶다.

어두운 시기에 우리가 스스로의 목소리를 찾고 의욕을 잃지 않도록 도와준 글쓰기 코치인, '지각 있고 창의적인 작가 국제 협회

(International Association of Conscious & Creative Writers)'의 임원인 줄리아 매커친(Julia McCutchen)에게 감사드린다.

지원과 격려를 아끼지 않은 마티 린스키에게도 특별히 감사드린다.

스티븐

내가 미지의 세계를 탐험할 때 끊임없이 지원해준 멋진 가족, 사일로, 크리스틴, 셀윈, 샤를린에게 감사하고 싶다. 내가 넘어질 때 그들은 나를 잡아주었고, 위험을 딛고 성장할 수 있도록 격려해주었다.

또한 항상 내 안의 가능성을 보고 특유의 재치와 지혜로 내 마음을 열어준 나의 멘토인 조지프 피스트루이를 비롯해 '모르는 것'에 수반되는 불안의 시기에 내게 힘이 되어 준 나의 게슈탈트 치료사 토미 라이즈넌(Tommi Raissnen)과 게슈탈트 강사들, 훈련 단체의 회원들, 그리고 애쉬리지 경영대학원에서 나를 지도해준 교수님들과 IE 경영 대학원의 동료들에게 감사하고 싶다.

막달레나 백마이어, 케빈 쿠티뉴(Kevin Coutinho), 매트 딘(Matt Dean), 산티아고 이니게스데온소노, 마커스 도허티(Marcus Docherty), 니콜라스 프랭크(Nicholas Frank), 앤 가블(Anne Gabl), 수 헨리(Sue Henley), 로라 호루무즈(Laura Hurmuz), 오마르 이스마일(Omar Ismail), 올리비아 재미슨(Olivia Jamison), 네이션 존(Nathan John), 개러스 존스, 도로타 저스치키비츠(Dorota Juszkiewicz), 굴라마바스 라크하(Gulamabbas Lakha), 저스틴 루터로트(Justine Lutterodt), 에마 페이스(Emma Pace), 라이언 페레이라(Ryan Pereira), 에디나 스자스지크(Edina Szaszik), 제드 타이(Jed Tai), 펠릭스 발디비에소(Felix Valdivieso), 제럴드 웨스트(Gerald West) 등 이 책이 나오는 데 도움을 준 모든 분들께 특별히 감사드린다.

다이애나

내가 적응적 리더십과 과정 지향 심리학 공동체의 일부가 된 것을 영광으로 생각하며, 이 모든 풍부한 경험과 배움에 대해 감사한다.

2013년 11월, 대화를 통해 영감과 동기의 새로운 문을 열어준 메그 휘틀리 그리고 원고에 도움을 주고 통찰력 있는 피드백을 제공해준 과정 지향 심리학자이자 강사인 제인 마틴(Jane Martin)에게 감사드린다.

무엇보다도 가족에게 깊이 감사한다. 남편 데일은 나와 함께 논의하고 브레인스토밍을 했으며, 그가 이의를 제기함으로써 생각을 발전시킬 수 있었다. 그리고 나의 자녀 애니카와 테오는 사랑과 웃음, 수많은 질문 등과 같이 삶에 소중한 모든 것들을 상기시켜주었다.

참고 문헌

1. 파인스타인(Feinstein), L, 사바테즈(Sabates), R, 앤더슨(Anderson), TM, 소르하인도 (Sorhaindo), A, 해먼드(Hammond), C, '건강에 대한 교육의 효과는 무엇인가?(What are the effects of education on health?)', '건강에 대한 교육과 시민 참여에 대한 효과 측정: 코펜하겐 심포지엄 회보(Measuring the effects of education on health and civic engagement: proceedings of the Copenhagen Symposium)', 경제 협력 개발 기구(OECD) 2006.

2. 탈레브(Taleb), NN, 2007, '블랙 스완: 거의 일어날 것 같지 않은 일의 발생(The Black Swan: the rise of the highly improbable)', 랜덤 하우스(Random House).

3. 록(Rock), D, 2009, '일하는 뇌: 주의 산만을 극복하고, 집중력을 되찾아 하루 종일 보다 똑똑하게 일하기 위한 전략(Your brain at work: Strategies for Overcoming Distraction, Regaining Focus, and Working Smarter All Day Long)', 하퍼비즈니스(HarperBusiness).

4. 월포드(Wolford), G, 밀러(Miller) MB, 가자니가(Gazzaniga), M, 2000, "가설 수립시 좌뇌의 역할(The Left Hemisphere's Role in Hypothesis Formation)", 신경과학 저널(The Journal of Neuroscience).

5. 오맬리(O'Malley), CD, 1964, '브뤼셀의 안드레아스 베살리우스(Andreas Vesalius of Brussels)' 1514-1564, 캘리포니아 대학 출판부(Univ of California Press), p. 74.

6. 빌레빌(Bylebyl), JJ "파두아 학파: 16세기의 인문 의학(The school of Padua: humanistic medicine in the 16th century)" 웹스터(Webster), C, ed., '16세기의 건강과 의학, 죽음 (Health, Medicine and Mortality in the Sixteenth Century)', 1979, 제10장.

7. "안드레아스 베살리우스 (1514-1564) 인체의 구조(The fabric of the Human Body)", 2013년 3월 10일 스탠퍼드 대학(Stanford University) 웹사이트에서 열람 http://www.stanford.edu/class/history13/readings/vesalius.htm.

8. 오맬리, CD, 1964, '브뤼셀의 안드레아스 베살리우스(Andreas Vesalius of Brussels)' 1514-1564, 캘리포니아 대학 출판부(Univ of California Press), p. 98.

9. "왜 사람들은 그렇게 자주 지나친 자신감을 갖는가? 그 모든 것이 사회적 지위 때문이다(Why are people overconfident so often? It's all about social status)", 하스 나우 뉴스 (Haas Now news), 캘리포니아 대학 버클리 캠퍼스(UC Berkeley), 2012년, 8월 13일,

2013년 11월 3일, http://newsroom.haas.berkeley.edu/research-news/why-are-people-overconfident-so-often-it%E2%80%99s-all-about-social-status에서 열람.

10. 앤더슨(Anderson) C, 브라이언(Brion) S, 무어(Moore) DA, 케네디(Kennedy) JA, 2012년 3월 "과도한 자신감의 명세서(Statement Account of Overconfidence)", 성격과 사회 심리학 저널(Journal of Personality and Social Psychology).

11. 차모로프레무지크(Chamorro-Premuzic), T, 2013, '자신감: 낮은 자존감과 불안감, 자기 회의 극복하기(Confidence: Overcoming Low Self-Esteem, Insecurity and Self-Doubt),' 런던 허드슨 스트리트 프레스(Hudson Street Press).

12. "왜 사람들은 그렇게 자주 지나친 자신감을 갖는가? 그 모든 것이 사회적 지위 때문이다(Why are people overconfident so often? It's all about social status)", 하스 나우 뉴스(Haas Now news), 캘리포니아 대학 버클리 캠퍼스(UC Berkeley), 2012년, 8월 13일, 2013년 11월 3일, http://newsroom.haas.berkeley.edu/research-news/why-are-people-overconfident-so-often-it%E2%80%99s-all-about-social-status에서 열람.

13. 더닝(Dunning) D, 헬스(Health) C, 슐스(Suls) J, "건강과 교육, 직장에 대한 결함이 있는 자기 평가와 그 영향(Flawed Self-assessment, Implications for Health, Education, and the Workplace)", 공공의 이익을 위한 심리 과학(Psychological Science in the Public Interest), 2004년 12월 제5권 no. 369-106에서 인용한 예.

14. 라드제빅(Radzevick), JR & 무어(Moore), DA, 2011, "확신하기 위해 경쟁하지만 (틀리는 경우) 판단에 대한 사회적 압박감과 과도한 정확성(Competing to be certain (but wrong): Social pressure and over-precision in judgement)", 경영 과학(Management Science), 57(1), 93-106.

15. 그로브(Grove), A, 맥클린(McLean) B, "전립선암과의 대결(Taking on prostate cancer)", 포춘지(Fortune Magazine), 1996년 5월 13일, 2013년 8월 14일, http://money.cnn.com/magazines/fortune/fortune_archive/1996/0513/212394/에서 열람.

16. 테틀록(Tetlock) PE, 2006, '전문가의 정치적 판단: 그것이 얼마나 좋은가? 어떻게 알 수 있는가?(Expert Political Judgment: How Good Is it? How Can We Know?)', 프린스턴 대학 출판부(Princeton University Press).

17. 히스(Heath) C, 히스(Heath) D, '지식의 저주(The curse of knowledge)', 하버드 비즈니스 리뷰(Harvard Business Review), 2006년 10월.

18. 같은 글.

19.   트버스키(Tversky), A & 카너먼(Kahneman), D, 1974, '불확실한 상황에서의 판단: 휴리스틱과 편향들(Judgment under uncertainty: Heuristics and biases)', 사이언스(Science), 185, pp. 1124-1130.

20.   징가(Zynga) A, 2013, "너무 많은 것을 아는 혁신가(The Innovator Who Knew Too Much)", HBR 블로그 네트워크(Blog Network), 4월 29일, 2013년 8월 22일, http://blogs.hbr.org/2013/04/the-innovator-who-knew-too-muc/에서 열람.

21.   테틀록(Tetlock) PE, 2006, '전문가의 정치적 판단: 그것이 얼마나 좋은가? 어떻게 알 수 있는가?(Expert Political Judgment: How Good Is it? How Can We Know?)', 프린스턴 대학 출판부(Princeton University Press).

22.   같은 글.

23.   슈나이더(Schneider) A & 맥컴버(McCumber) D, 2004, '죽음을 부르는 공기-몬태나 리비의 석면 중독, 국가적 스캔들을 밝힌다(An Air That Kills-How the Asbestos Poisoning of Libby, Montana, Uncovered a National Scandal)', 버클리 북스(Berkley Books), 뉴욕(New York).

24.   굿맨(Goodman) A, 2009, "가일라 베너필드와의 인터뷰(Interview with Gayla Benefield)", 데모크라시 나우(Democracy Now), 4월 22일, 2013년 5월 22일, http://archive.is/XGNW에서 열람.

25.   같은 글. p. 8.

26.   리(Lee), S, 2004, '여전히 조놀라이트 산을 채굴하는 대가를 치르는 "그라운드 제로" 주민들("GROUND ZERO" Residents still counting costs of mining Zonolite Mountain)', 3월 8일, 2013년 3월 27일, http://www.greatfallstribune.com/news/stories/20040308/localnews/45266.html에서 열람.

27.   허츠(Hertz) N, 2013, '누가 내 생각을 움직이는가: 일상을 지배하는 교묘한 선택의 함정들(Eyes Wide Open: How to make Smart Decisions in a Confusing World)', 윌리엄 콜린스(William Collins).

28.   영국 학사원이 영국 여왕 폐하에게 바치는 편지(British Academy Letter to Her Majesty the Queen of England), 2009년 7월 22일, 2013년 2월 3일, http://www.euroresidentes.com/empresa_empresas/carta-reina.pdf에서 열람.

29.   어윈(Irwin) N & 페일리(Paley) AR, 2008, "그린스펀, 규제에 대한 자신의 과오를 인정하다(Greenspan Says He Was Wrong On Regulation)", 워싱턴 포스트(Washington Post), 2008년 10월 24일.

30. 세계 체스 연맹 순위 목록[World Chess Federation(FIDE, Federation internationale des echecs) Ratings list], 2014년 3월 17일, http://ratings.fide.com/download.phtml에 서 열람.

31. 기거렌처(Gigerenzer), G, 2003, 경계에서의 대화(Conversations at the Edge), 2013년 9 월 1일, http://www.edge.org/conversation/smart-heuristics-gerd-gigerenzer에 서 열람.

32. 가드너(Gardner) D, 2011, '미래의 재잘거림: 왜 전문가는 고슴도치인가 그리고 왜 여 우가 가장 잘 아는가(Future Babble: Why Pundits are Hedgehogs and Foxes Know Best)', 플룸(Plume).

33. 버튼(Burton) R, 2009, '뇌, 생각의 한계: 당신이 무엇을 아는지 당신은 어떻게 아는가 (On Being Certain)', 세인트 마틴스 그리핀(St. Martin's Griffin).

34. 페스팅거(Festinger) L, 1957, '인지 부조화 이론(A Theory of Cognitive Dissonance)', 스 탠퍼드: 스탠퍼드 대학.

35. 대선 토론 위원회(Commission on Presidential Debates), 2004년 9월 30일, 토 론 사본(Debate Transcript), 2013년 3월 17일, http://www.debates.org/index. php?page=september-30-2004-debate-transcript에서 열람.

36. 밴 에머런(van Eemeren), FH & 벤자민스(Benjamins), J, '맥락에 따른 논증의 검토: 전략적 행동에 대한 15가지 고찰(Examining Argumentation in Context: Fifteen Studies on Strategic Maneuvering)', 에디터스(editors), 존 퍼블리싱 컴퍼니(John Publishing Company) 2009, p. 29.

37. 그의 실제 이름이 아니다.

38. BBC 뉴스 유럽(News Europe) 2011, "카친스키 비행기 사고: 러시아, 폴란드 조종사의 잘못을 탓하다(Kaczynski air crash: Russia blames Polish pilot error)", 1월 12일, 2013년 10월 10일, http://www.bbc.co.uk/news/world-europe-12170021에서 열람.

39. 애컬로프(Ackerlof) GA, 2013, "나무 위의 고양이와 추가적인 관찰: 거시 경제 정책 다 시 생각해보기(The cat in the Tree and Further Observations: Rethinking Macroeconomic Policy)", 아이엠에프다이렉트(iMFdirect), 5월 1일, 2013년 6월 3일, http://blog-imfdirect.imf.org/2013/05/01/the-cat-in-the-tree-and-further-observations-rethinking-macroeconomic-policy/에서 열람.

40. 같은 글.

41. 같은 글.

42. 애덤스(Adams) T, 2012, "내가 아는 것은 이만큼이다: 대니얼 카너먼(This much I know: Daniel Kahneman)", 가디언(The Guardian), 7월 8일, 2013년 7월 13일, http://www.theguardian.com/science/2012/jul/08/this-much-i-know-daniel-kahneman에서 열람.

43. BBC 뉴스 매거진(News Magazine) 2013, "한스 로슬링: 당신은 세상에 대해 얼마나 아는가?(Hans Rosling: How Much Do You Know About the World?)", 11월 7일, 2013년 11월 18일, http://www.bbc.com/news/magazine-24836917에서 열람.

44. 커즈와일(Kurzweil), R, 2002, "지적 우주(The Intelligent Universe)", 에지(Edge) 컨버세이션즈(Conversations), 5월 11일, http://www.edge.org/conversation/the-intelligent-universe.

45. 스노든(Snowden), D, 2012, "커너빈: 수정된 리더십 테이블(Cynefin: Revised Leadership Table)", 12월 1일, 인지적 에지 네트워킹 블로그(Cognitive Edge Networking Blog), 2013년 1월 10일, http://cognitive-edge.com/blog/entry/5802/cynefin-revised-leadership-table에서 열람.

46. 스노든 D & 분(Boone), M, 2007, "의사결정을 위한 리더의 프레임워크(A Leader's Framework for Decision Making)", 하버드 비즈니스 리뷰(Harvard Business Review), 11월, p. 5.

47. 필레이(Pillay) SS, 2011, '당신의 두뇌와 비즈니스: 훌륭한 리더들의 신경과학(Your Brain and Business: The Neuroscience of Great Leaders)', FT Press.

48. 랭거(Langer), E 1975, "통제의 환상(The Illusion of Control)", 성격과 사회 심리학 저널 (Journal of Personality and Social Psychology), 제32권, No. 2, pp. 311-328.

49. 경계를 알아차리는 방법에 대한 메모를 공유해준 과정 지향 심리학자인 수잔 해치에게 감사드린다.

50. 브라운(Brown), B, 2012, '대담하게 맞서기: 완벽을 강요하는 틀에, 왜 그녀의 강의에 1,000만 명이 열광했는가?(Daring Greatly: How The Courage to be Vulnerable Transforms the Way We Live, Love, Parent and Lead)', 고담(Gotham).

51. 드웩(Dweck), C, 2007, '사고방식: 어떻게 우리는 우리의 잠재력을 실현하는 법을 배울 수 있는가(Mindset: How We Can Learn to Fulfill Our Potential)', 밸런타인 북스(Ballantine Books).

52. 많은 사람들과 고객들이 경계에서 어떤 기분을 느끼는지에 대한 우리의 인터뷰 요약.

53. 록(Rock), D, 2009, "마음속의 두뇌 다루기(Managing with the Brain in Mind)", 스트래터

지+비즈니스(strategy+Business), 8월 24일, 2014년 2월 14일, http://www.strategy-business.com/article/09306?pg=all에서 열람.

54. 초드론(Chodron), P, 2003, '불확실성에 편안해지기: 용감함과 연민을 기르기 위한 108 가지 가르침(Comfortable with Uncertainty: 108 Teachings on Cultivating Fearlessness and Compassion)', 샴발라 퍼블리케이션즈(Shambhala Publications).

55. 그녀의 실제 이름이 아니다.

56. 플레쳐(Fletcher), A, 2001, '다른 각도에서 보기(The Art of Looking Sideways)', 파이돈 프레스(Phaidon Press).

57. "버크와 윌스의 치명적인 실수(Burke and Wills' Fatal Error)", 라디오 내셔널 부시 텔레그래프(Radio National Bush Telegraph), 2013년 8월 7일, 2014년 2월 2일, http://www.abc.net.au/radionational/programs/bushtelegraph/burke-and-wills-fatal-error/4869904에서 열람.

58. 같은 글.

59. 같은 글.

60. 해리슨(Harrison), D, 2013, "애니 킹: 버크와 윌스 탐험대의 미스터리에 대한 해석 너머로(Annie King: more than a footnote in the mystery of the Burke and Wills expedition)", 시드니 모닝 헤럴드(The Sydney Morning Herald), 2014년 2월 3일, http://www.smh.com.au/national/annie-king-more-than-a-footnote-in-the-mystery-of-burke-and-wills-expedition-20130921-2u6fj.html에서 열람.

61. 바이온(Bion), W, 1980, 뉴욕과 상파울루의 바이온(Bion in New York and Sao Paulo). 스트래스 테이(Strath Tay), 퍼스샤이어: 클러니 프레스(Perthshire: Clunie Press), p. 11.

62. "존 키츠의 편지: 선택(The Letters of John Keats: A Selection)". 에지(Ed), R. 지팅스(Gittings). 옥스퍼드: 블랙웰(Oxford: Blackwell), 1970, p. 43.

63. 프렌치(French), R, 심슨(Simpson), P, 하비(Harvey) C, "부정적 수용 능력: 창의적 리더십의 이해에 대한 기여(Negative Capability: A contribution to the understanding of creative leadership).", 인: 지페르스(In: Sievers), B, 브루닝(Brunning), H, 드 구이저(De Gooijer), J 그리고 굴드(Gould) L, eds. (2009), '조직의 정신분석학적 연구: 조직의 정신분석학적 연구를 위한 국제 사회로부터의 기여(Psychoanalytic Studies of Organizations: Contributions from the International Society for the Psychoanalytic Study of Organizations)', 카낙 북스(Karnac Books).

64. 같은 글.

65. 같은 글.

66. 유누스(Yunnus), M, 2012, "2012 세계젊은지도자 회의(One Young World 2012 Summit)", 2014년 1월 25일, https://www.youtube.com/watch?v=USddwTvRdJc에서 열람.

67. 같은 글.

68. 흘루픽(Hlupic), V, 2001, "통제를 포기함으로써 이윤 늘리기(Increasing profits by giving up control)", 11월 21일, 2014년 3월 10일, http://www.youtube.com/watch?v=4a0YxGC7aul에서 열람.

69. 데이비스(Davis), J, 2013, "철저하게 새로운 교육 방법이 어떻게 천재의 육성을 촉발할 수 있는가(How a Radical New Teaching Method Could Unleash a Generation of Geniuses)" 5월 10일, 2014년 1월 20일, http://www.wired.com/business/2013/10/free-thinkers/에서 열람.

70. 크라이더(Kreider), T, 2013, "'모르겠어요'의 힘(The Power of I don't know)", 뉴욕 타임스(New York Times), 오피니어네이터(Opinionator), 4월 29일.

71. 심슨(Simpson), PF, 프렌치(French), R, 하비(Harvey) CE, 2002, "리더십과 부정적 수용 능력(Leadership and negative capability)", 휴먼 릴레이션스(Human Relations) 55, 1209, p. 1211.

72. 이코노미스트(The Economist), 2013, "부시의 유산(Bush's Legacy)", 10월 26일.

73. 드보통(de Botton), A, 2002, '여행의 기술(The Art of Travel)', 해미쉬 해밀턴(Hamish Hamilton).

74. 휘틀리(Wheatly), M, 2010, '인내(Perseverance)', 베렛 쾰러 출판사(Berrett-Koehler Publishers).

75. 마블(Marvel) MK, 엡스타인(Epstein) RM, 플라워즈(Flowers) K, 베크먼(Beckman) HB, 1999, "환자의 협의 사항 요청하기: 우리는 향상되었는가?(Soliciting the patient's agenda: have we improved?)", 미국 의학 협회 저널(JAMA, Journal of the American Medical Association) 281(3):283-287.

76. 샤머(Scharmer), OC, 2007, 'U 이론: 드러나는 미래로부터의 지휘(Theory U: Leading from the Future as It Emerges)', 케임브리지(Cambridge), 마: 조직적 학습 협회(MA: Society for Organizational Learning).

77. 샤머(Scharmer), OC, 2008, "리더십의 맹점 벗기기(Uncovering The Blind Spot of Leadership)", 리더 투 리더(Leader to Leader) Vol. 2008, 47호, pp. 52-59.

78. 운군메르바우만(Ungunmerr-Baumann), M, 유레카 스트리트 TV(Eureka Street TV), 2014 년 3월 13일, http://www.youtube.com/watch?v=k2YMnmrmBg8에서 열람.

79. 창조적 정신(Creative Spirits), "깊이 있는 경청(Deep Listening)", 2014년 3월 15일, http://www.creativespirits.info/aboriginalculture/education/deep-listening-dadirri에서 열람.

80. 조이스(Joyce), P, 실즈(Sills), C, 2010, '게슈탈트 상담과 심리 치료 기술(Skills in Gestalt Counselling & Psychotherapy)', 세이지 퍼블리싱(Sage Publishing).

81. 오맬리(O'Malley), CD, 1964, '브뤼셀의 안드레아스 베살리우스(Andreas Vesalius of Brussels)' 1514-1564, 캘리포니아 대학 출판부(Univ of California Press).

82. 같은 글. p. 82.

83. 같은 글. p. 87.

84. 같은 글.

85. 배첼러(Batchelor), M, 2008 "이것은 무엇인가?(What is This?)", 트라이시클 매거진 (Tricycle Magazine) 가을호.

86. 2013년 12월 12일, 볼테 메디컬(Bolte Medical) 웹사이트 www.boltemedical.com에 서 열람.

87. 인튜이트 네트워크(Intuit Network), 2011, "기민한 시대의 리더십(Leadership in an Agile Age)", 4월 20일, 2014년 1월 26일, http://network.intuit.com/2011/04/20/leadership-in-the-agile-age/에서 열람.

88. 같은 글.

89. 아이젠버그(Eisenberg), B, 2013, "기민함과 실험의 시대의 리더십(Leadership in the Age of Agility and Experimentation)", 3월 22일, 2014년 1월 26일, http://www.bryaneisenberg.com/leadership-in-the-age-of-agility-experimentation/에서 열람.

90. 인튜이트 네트워크(Intuit Network), 2011, "기민한 시대의 리더십(Leadership in an Agile Age)", 4월 20일, 2014년 1월 26일, http://network.intuit.com/2011/04/20/leadership-in-the-agile-age/에서 열람.

91. 윌슨(Wilson), I, 2012, "히치하이커의 가이드...: 마이어스빌의 남성, 영화 제작자 존 워터스를 태워주다(A hitchhiker's guide...: Myersville man gives filmmaker John Waters a ride)", FrederickNewsPost.com, 5월 24일.

92. 로젠(Rosen), J, 2012, "볼티모어 인사이더(Baltimore Insider)", 볼티모어 선(The Baltimore Sun), 5월 22일.

93. 이츠코프(Itzkoff), D, 2012, "존 워터스, 국토를 횡단하는 무모한 히치하이킹의 긴 여정에 도전하다.(John Waters Tries Some Desperate Living on a Cross-Country Hitchhiking Odyssey.)", The New York Times, 5월 25일, 2014년 3월 20일, http://artsbeat. blogs.nytimes.com/2012/05/25/john-waters-tries-some-desperate-living-on-a-cross-country-hitchhiking-odyssey/?_php=true&_type=blogs&_php=true&_type=blogs&_r=1에서 열람.

94. 던(Dunn), M, 2012 "미지의 세계로의 진입-펠릭스 바움가르트너처럼 극한 도전을 극복하기 위해 노력하는 모험가들(Stepping into the unknown-adventures working towards nailing extreme challenges like Felix Baumgartner)", 선데이 헤럴드 선(Sunday Herald Sun), 10월 28일, 2013년 7월 29일, http://www.daulytelegraph.com.au/news/the-last-six-frontiers/story-e6freuy9-1226504379167에서 열람.

95. "프랭클린 D. 루스벨트의 업적, 오글소프 대학에서의 연설(Works of Franklin D. Roosevelt, Address at Oglethorpe University), 1932년, 5월 22일", 뉴딜 네트워크(New Deal Network), 2013년 12월 10일, http://newdeal.feri.org/speeches/1932.d.htm에서 열람.

96. "이것이 우리 경제에 대한 오바마의 프랭클린 D. 루스벨트식 '실험'인가?(Is this Obama's FDR style 'experiment' for our economy?)", 클라인 온라인(Klein Online), 2012년 9월 9일, 2013년 12월 10일, http://newdeal.feri.org/speeches/1932d.htm에서 열람.

97. 밀러(Miller), M, 1983, 프랭클린 D. 루스벨트: 친밀한 역사(FDR: An Intimate History), 가든 시티(Garden City), N.Y., p.263, http://geogiainfo.galieo.usg.edu/FDRarticle1. htm#anchor329597에서 인용.

98. 싱어(Singer), SJ & 에드먼드슨(Edmondson), AC, 2006, "배움과 성과가 상충할 때: 긴장에 맞서기(When Learning and Performance are at Odds: Confronting the Tension)", p. 10, 2014년 2월 3일, http://www.hbs.edu/faculty/Publication%20Files/07-032. pdf에서 열람.

99. 같은 글.

100. 같은 글. p. 15.

101. 같은 글.

102. "IDEO 차이(The IDEO Difference)", 헤미스피어스(Hemispheres), 유나이티드 항공사(United Airlines), 2002년 8월, p. 56.

103. 그녀의 실제 이름이 아니다.

104. 콜린스(Collins), C, 2002, '바보의 예지력과 몇 가지 이야기(The Vision of the Fool and Other Writings)', 골고누자 프레스(Golgonooza Press).

105. 푸다(Fuda), P & 배드햄(Badham), R, "불, 눈덩이, 가면, 영화: 어떻게 리더가 변화를 촉발하고 지속하는가(Fire, Snowball, Mask, Movie: How Leaders Spark and Sustain Change)", 하버드 비즈니스 리뷰(Harvard Business Review), 2011년 11월.

106. 쵸드론(Chodron), P, 2002, '당신을 두렵게 하는 곳: 어려울 때 용감할 수 있는 가이드(The Places That Scare You: A Guide to Fearlessness in Difficult Times)', 샴발라 클래식스(Shambhala Classics).

107. 클리블랜드 클리닉(The Cleveland Clinic), http://www.youtube.com/watch?v=cDDWvj_q-o8.

108. 검은 토요일의 산불(Black Saturday Bushfires), 2013년 12월 20일, http://www.blacksaturdaybushfires.com.au/에서 열람.

109. 같은 글.

110. 탈레브(Taleb), N, 2012, '안티프래질: 불확실성과 충격을 성장으로 이끄는 힘(Antifragile: Things That Gain from Disorder)', 랜덤 하우스(Random House).

111. 비세르(Visser), C, 2005, "위기에서 조직의 회복력(Organizational Resilience in Times of Crisis)", 2013년 12월 29일, http://articlescoertvisser.blogspot.com.au/2007/11/organizational-resilience-in-times-of.html에서 열람.

112. 같은 글.

KI신서 6226

팀장인데, 1도 모릅니다만

1판 1쇄 인쇄 2017년 4월 24일
1판 1쇄 발행 2017년 5월 2일

지은이 스티븐 더수자 · 다이애나 레너 **옮긴이** 김상겸
펴낸이 김영곤 **펴낸곳** (주)북이십일 21세기북스

해외사업본부장 서정석
정보개발팀 이남경 김은찬 이현정
해외기획팀 박진희 임세은 채윤지
해외마케팅팀 나은경
디자인 이든디자인

영업본부장 신우섭
출판영업팀 이경희 이은혜 권오권 홍태형
프로모션팀 김한성 최성환 김주희 김선영 정지은
제휴마케팅팀 류승은
홍보팀 이혜연 문소라 최수아 박혜림 백세희 김솔이 **제작팀** 이영민

출판등록 2000년 5월 6일 제406-2003-061호
주소 (우 10881) 경기도 파주시 회동길 201 (문발동)
대표전화 031-955-2100 **팩스** 031-955-2151 **이메일** book21@book21.co.kr

(주)북이십일 경계를 허무는 콘텐츠 리더
21세기북스 채널에서 도서 정보와 다양한 영상자료, 이벤트를 만나세요!
북이십일과 함께하는 팟캐스트 '[북팟21] 이게 뭐라고'
페이스북 facebook.com/21cbooks   블로그 b.book21.com
인스타그램 instagram.com/21cbooks   홈페이지 www.book21.com

ⓒ 스티븐 더수자 · 다이애나 레너, 2017

ISBN 978-89-509-6173-2   03190